JUAN CRUZ ANSELMI - ENRIQUE BORRELLI

Las siete fases madurativas del futbolista / Juan Cruz Anselmi; Enrique Borrelli. - 1a ed. - LIBROFUTBOL.com, 2018.

246 páginas; 15,2 x 22,9 cm.

ISBN 978-987-3979-40-8

1. Fútbol Infantil. 2. Fútbol Juvenil. I. Borrelli, Enrique II. Título

CDD 796.334083

LAS SIETE FASES MADURATIVAS DEL FUTBOLISTA
de Juan Cruz Anselmi y Enrique Borrelli

Diseño de cubierta: Luciano Medvetkin
Diagramación interior: Luciano Medvetkin
Fotos del libro: © Juan Cruz Anselmi y Enrique Borrelli

LIBROFUTBOL.com
Olga Cossettini 1112 - oficina 8F - Ciudad de Buenos Aires - Argentina
ediciones@librofutbol.com - whatsapp +54 9 11 2215 1982

1ª edición: marzo de 2018

ISBN 978-987-3979-40-8

ÍNDICE

PRÓLOGO
DE JORGE BERNARDO GRIFFA

Recuerdo perfectamente aquel primer encuentro en el Complejo de Alto Rendimiento Deportivo del Club Atlético Independiente, fue para fines de 2014 y yo me encontraba trabajando en mi segundo libro, retirado de toda batalla, y me resultó raro pero intrigante a la vez el llamado de Independiente para volver a trabajar.

El profesor Juan Cruz Anselmi se encontraba, en ese momento, a punto de retirarse del club, en busca de otros rumbos luego de muchos años en esa institución. Yo ni bien lo vi desenvolverse me convencí y me dije a mí mismo: "Acá está nuestro profe".

Para que yo, después de sesenta años dando vueltas por el fútbol, entre los casi veinte que viví como jugador y los más de cuarenta trabajando en la búsqueda y formación de jugadores juveniles, me viera sorprendido, algo diferente tenía que tener el profesor.

Creo que en parte vi algo de mí, reflejado en su andar, esa mezcla de pro acción con rigidez, pero siempre regado con una avasallante capacidad de trabajo y un gran amor y dedicación por esto que tanto amamos "el fútbol infantojuvenil".

No lo dudé y el tiempo me dio la razón, no me había equivocado, Juan Cruz se hizo cargo nuevamente de la Coordinación del Departamento de Preparación Física y Entrenamiento del Club Atlético Independiente, club donde yo volvería al ruedo como Director General del Área Juvenil y en donde compartimos dos años maravillosos desde el punto de vista humano y profesional.

Pocas veces vi a alguien trabajar con tanto conocimiento en el área, con tanta disciplina, orden y, a la vez, con tanto amor por su profesión.

Sé y no me equivoco al decir que Juan Cruz, "El Profe", tiene mucho recorrido por delante, tiene mucho más para aportarle a nuestro fútbol

infantojuvenil, pero lo que más feliz me pone es que quiera y vuelque ese conocimiento en forma de libro, para la formación y capacitación del que educa y enseña. Como siempre recalco en mi libro y en mis charlas, quienes trabajamos con jóvenes futbolistas en formación no somos directores técnicos, somos ni más ni menos que educadores y docentes, y como tales tenemos el compromiso de hacerlo con capacidad y conocimiento.

A mi regreso de Europa, luego de doce años en el Atlético de Madrid y el Espanyol de Barcelona, ya retirado como jugador y después de un intento fallido por dirigir la Primera División en mi Newell's Old Boys de Rosario, me di cuenta que el fútbol argentino necesitaba un cambio y que para generarlo había que hacerlo desde "las bases", y allí fui, un poco sin saberlo, en busca de mi camino que me llevaría hasta acá.

Con el correr de todos estos años fui adquiriendo muchos conocimientos, varios de ellos por el propio recorrido o por medio de la experiencia. A veces, fue por medio de errores, aprendizajes propios del andar, capitalizando aciertos y también aprendiendo de los sinsabores. Éstos me convirtieron sin buscarlo en un referente del área, hasta adquirir el mote de "Maestro", como muchos me llaman con cariño y respeto.

Me veo en la obligación de entregar la posta, hay gente joven altamente capacitada siguiendo la huella trazada por nosotros. Me llena de tranquilidad y de alegría saber que tantos años de trabajo o legado, si es que hay un legado, está garantizado y que el fútbol juvenil argentino queda en buenas manos.

Jorge Bernardo Griffa[1]

1 Surgió como futbolista en el club Newell's Old Boys de Rosario, donde jugó cuatro temporadas. Antes de emigrar al fútbol europeo se consagró campeón de América con la Selección Argentina. En 1959 llega a España, donde juega para el Atlético de Madrid durante diez años con gran éxito, siendo hoy muy querido y recordado por la afición del "Aleti". Luis Aragonés, compañero de Griffa en aquel Atlético de Madrid y luego uno de los técnicos más importantes de la historia del fútbol español, dijo de él: "Jorge Griffa nos enseñó a ganar, nos cambió la mentalidad".

De regreso a la Argentina, ya retirado como jugador, en 1972, se hizo cargo de la Divisiones Inferiores de Newell's Old Boys de Rosario, donde permaneció veintidós años, en lo que fue uno de los procesos más exitosos de formación de futbolistas a nivel mundial.

En esa etapa en Newell's promovió a Primera a jugadores de la talla de: Jorge Valdano, Américo Gallego, Ricardo Giusti, Roque Alfaro, Abel Balbo, Gabriel Batistuta, Fabián Basualdo, Roberto Sensini, Gustavo Dezzotti, Fernando Gamboa, Mauricio Pochettino, Gerardo Martino, Juan Simón, Walter Samuel, Aldo Duscher, Eduardo Berizzo, Julio Zamora, Maxi Rodríguez, Pablo Guiñazú y Gabriel Heinze, entre otros.

También se destacó en la formación de entrenadores que luego marcaron tendencia en el fútbol mundial. Entre sus discípulos se encuentra Marcelo Bielsa, quien dijo del Maestro: "Tuve la suerte de pertenecer a una generación en Newell's donde el conductor fue Jorge Griffa, el verdadero artífice y arquitecto de todos los éxitos posteriores. Nunca conocí a un líder como él. Me marcó para siempre, sus conceptos, sus palabras, sus consejos, todo su trabajo. Jorge Griffa fue mi mentor".

Tras esos exitosos años en Rosario, en 1995, pasaría a ser el Director General de las Divisiones Inferiores del Club Atlético Boca Juniors, cargo que ostentó hasta 2004, donde promovió a Primera jugadores como: Nicolás Burdisso, Éver Banega, Sebastián Battaglia, Fernando Gago, Carlos Tevez, Mauro Boselli y otras figuras.

Realizó un paso de dos años muy positivo como asesor principal de la Federación Mexicana de Fútbol, para luego ser el Director General de la Fuerzas Básicas del Club Necaxa de México.

En diciembre de 2014 le ofrecieron hacerse cargo de la Dirección General del Fútbol Juvenil del Club Atlético Independiente, donde trabajó dos años con el profesor Juan Cruz Anselmi como Coordinador del Departamento de Preparación Física y Entrenamiento del Fútbol Juvenil. Con más de cuarenta años de experiencia en el fútbol juvenil, Jorge Griffa es, para muchos, el más importante formador de futbolistas juveniles de la historia argentina.

INTRODUCCIÓN

Cuando en marzo de 2015 presentamos nuestro primer libro Proceso formativo del futbolista infantil y juvenil hasta el fútbol profesional en el Hotel Savoy de Buenos Aires, jamás imaginamos la positiva aceptación que tendría no sólo en Argentina, sino en toda Latinoamérica y en algunas otras partes del mundo.

En octubre de 2016 fuimos invitados a presentar una clínica de entrenamiento en la ciudad de Bogotá, Colombia. La misma fue realizada en "El Coliseo El Salitre", un hermoso estadio de la capital colombiana. Durante esos tres días de exposiciones teóricas y muestreos prácticos en doble turno, a los que concurrieron casi mil entrenadores de toda Colombia, país futbolero como pocos, nos llevamos una muy grata sorpresa al comprobar que muchos de esos colegas nos estrechaban en un abrazo teniendo en sus manos nuestro primer libro.

Sabíamos ya de la enorme repercusión del libro por medio de la fan page, que cuenta con más de quince mil seguidores de toda Latinoamérica, y también por cada congreso o simposio que nos tocaba participar donde las menciones alentadoras hacia el libro Proceso formativo del futbolista infantil y juvenil hasta el fútbol profesional eran constantes.

De todas formas, la experiencia de Colombia fue realmente reveladora e increíble porque pudimos ver en vivo el impacto que había tenido y aún tiene el libro en un país hermano con gran tradición futbolística como Colombia.

Al regreso de Bogotá recibimos un llamado de la gente de la editorial LIBROFUTBOL.com en el cual nos manifestaban la propuesta para escribir un segundo libro. Las ocupaciones profesionales de ese final de 2016 hacían casi imposible la realización del mismo, aunque las ganas de hacerlo eran enormes y las ideas, muchas.

Luego de varias semanas de análisis y pensamientos, nos decidimos a comenzar esta nueva aventura que hoy, tras ocho meses de arduo tra-

bajo, se refleja en este nuestro segundo libro Las siete fases madurativas del futbolista.

El contenido del libro es una conjunción de muchos temas novedosos, algunas nuevas ideas que ya llevamos a la práctica, la profundización de contenidos que ya hemos presentado en Proceso formativo del futbolista infantil y juvenil hasta el fútbol profesional y material muy rico, a nuestro entender, que nos había quedado sin publicar en el primer libro por una cuestión de espacio editorial.

El nombre de Las siete fases madurativas del futbolista responde a una organización y división del "mega" proceso que consideramos esencial y que realizamos en toda la etapa trascurrida por el futbolista infantil y juvenil hasta convertirse en jugador profesional, un período que también abordaremos.

Pero en esta ocasión presentada de manera más minuciosa y profundizando las características de cada estadio evolutivo, en lo que llamamos la división de cada fase madurativa por subciclos, lo que confluye en un estudio más preciso y detallado de cada período con sus consiguientes planificaciones de entrenamiento en los módulos físico, técnico, táctico y mental.

En este nuevo libro explicamos la interrelación de la programación didáctica y la programación práctica de la etapa infantil, desarrollando temas nuevos como las características que debe tener la sesión de entrenamiento de fútbol en la niñez, entre los seis y los doce años de edad. En ese capítulo brindamos los seis pasos para la correcta confección de la sesión de entrenamiento en el fútbol infantil.

Cada una de las tres fases madurativas infantiles presenta una planificación para cada subciclo, por medio de lo que llamamos el microciclo "dinámico sostenido", que luego tendrá su correlación y progresión metodológica en el fútbol juvenil y profesional.

Presentamos en efecto, ya en las áreas juvenil y profesional como nuevo tema, el "Modelo de programación dinámico sostenido", una nueva forma de entender y programar todo el proceso de entrenamiento integral juvenil trasladable hasta el fútbol profesional.

En esa parte del libro analizamos, además, toda la estructura macro, pasando por todos los eslabones didácticos intermedios hasta llegar al análisis detallado de la estructura del microciclo dinámico sostenido, el cual será utilizado en las tres fases madurativas juveniles y el último período profesional.

Todos estos contenidos teóricos, muchos de los cuales surgen de los estudios del campo de entrenamiento, confluyen en programaciones prácticas con los métodos y medios prácticos adecuados para cada fase madurativa.

En el libro Proceso formativo del futbolista infantil y juvenil hasta el fútbol profesional hemos desarrollado detalladamente la cualidad física de resistencia (con todos sus métodos) y las diferentes manifestaciones de la cualidad de fuerza (metodología del entrenamiento de la fuerza en ocho niveles de complejidad); en el presente libro presentamos el entrenamiento de la velocidad como cualidad física esencial, entendida como capacidad física-motriz y mental por medio de tareas de entrenamiento en circuitos de forma ortodoxa y situacionales.

En el capítulo 12 presentamos un tema tan interesante como necesario en búsqueda de la excelencia deportiva: nos referimos a la organización y funciones de lo que debe ser el "Departamento de Entrenamiento Físico-Motor, Neurocognitivo y de Medicina de Alto Rendimiento Deportivo". Es una estructura que consideramos imprescindible para las instituciones deportivas en el fútbol actual, hablamos de un departamento compuesto de diferentes áreas y disciplinas que trabajen en forma conjunta con el área técnica, acompañando el crecimiento y desarrollo del futbolista juvenil y profesional.

Para este cometido hemos convocado a profesionales de gran nivel y experiencia en diversas disciplinas, que han trabajado muchos años con nosotros en forma conjunta como: nutricionistas, kinesiólogos, médicos deportólogos con formación infanto-juvenil y médicos del área del fútbol profesional.

En este punto queremos agradecer muy especialmente al doctor Sergio Aguerreche, al licenciado en nutrición deportiva Sergio Rocha, a los licenciados en kinesiología deportiva Martín Besasso y Marcelo Bustos, y al licenciado en educación Fernando Langenauer. Todos ellos ex compañeros del Club Atlético Independiente, que han presentado los trabajos realizados en conjunto en cada uno de las subáreas que conforman esta mega estructura.

En el capítulo correspondiente a la captación y detección del talento hemos aprovechado los más de veinte años de experiencia de Enrique Borrelli en sus pasos por clubes como Chacarita Juniors, Independiente y Argentinos Juniors como responsable máximo del área de captación.

Tuvo formación como futbolista en las divisiones infantiles y juveniles de Chacarita Juniors en la década del 70, cuando dicho club era potencia en la generación de talentos, y sumó la riquísima influencia en su vida profesional de quien era el captador oficial del club, Don Ernesto Duchini, un hombre poseedor de un ojo clínico inigualable.

Al igual que en el primer libro, hemos convocado para el capítulo de medicina deportiva y la tecnología como aportes fundamentales del proceso de entrenamiento a dos grandes amigos y compañeros de trabajo en un sinfín de tareas realizadas de manera conjunta, estamos hablando de los doctores Roberto Peidró y Sergio Mauro.

Con ambos hemos compartido muchas temporadas de trabajo tanto en el fútbol juvenil como en el área profesional del Club Atlético Independiente, además de realizar gran cantidad de estudios e investigaciones en el campo de entrenamiento.

El doctor Roberto Peidró, con una carrera de más de quince años como futbolista profesional, es uno de los médicos más prestigiosos de nuestro país, con tres décadas de trabajo en la medicina social y de alto rendimiento deportivo. El doctor Sergio Mauro, con casi veinte años en el campo de la medicina deportiva con experiencias en el fútbol juvenil y profesional, es parte desde hace doce temporadas del staff médico de la Primera División del Club Atlético Independiente. Para nosotros, como autores de este libro, es un verdadero honor contar con la participación de tan grandísimos profesionales de este medio.

Finalizamos el libro con un capítulo dedicado a valores y educación, ya que consideramos que en un ámbito formativo como es el fútbol infanto-juvenil no deberíamos abandonar aspectos tan sensibles en el desarrollo integral de la persona, si bien en la sociedad actual están un poco olvidados y relegados.

Y si hablamos de formadores y docentes con mayúsculas de nuestro fútbol, no queremos soslayar la enorme influencia que ha tenido el "Maestro" Jorge Bernardo Griffa (autor del prólogo del libro) en nuestra formación. Sin ninguna duda, el más grande formador de jugadores de la historia del fútbol argentino, con más de cuarenta años en el fútbol juvenil.

Un verdadero maestro del fútbol y la vida, fuente inagotable de conocimientos y experiencias, con quien compartimos dos años de trabajo únicos, con largas charlas personales, reuniones sobre fútbol, entrenamientos y competencias que sirvieron como una especie de "máster" personalizado en fútbol formativo. Todos esos momentos, atesorados para siempre, como una riqueza intelectual y futbolística invaluable.

Queremos señalar que todo el contenido del libro surge de la combinación de tres grandes columnas que deberían formar, a nuestro parecer, la base de sustentación de todo entrenador juvenil o profesional (ya sea preparador físico o director técnico). 1) Todo aquello que hemos incorporado como conocimiento teórico y aún seguimos estudiando; 2) Todo lo que hemos visto de otras formas de entrenar de grandes profe-

sionales de nuestro país y en el mundo; 3) Lo vivido a través de nuestra propia experiencia, la cual siempre hemos expuesto a una constante evaluación y autocrítica para, de esa forma, poder desarrollarla y mejorarla.

De todo lo mencionado emerge la conformación de una idea propia del proceso de entrenamiento. Ésta no es rígida, por el contrario, está en constante evolución, cambio y progreso, que es, en definitiva, el camino que marca el deporte.

Estamos convencidos de que el fútbol argentino necesita un cambio de mentalidad, requiere de una estructura directiva y deportiva moderna que venga de la mano de la capacidad, de la preparación y de los valores humanos, para que acompañen la formación de esos miles de talentosos futbolistas juveniles con los que cuenta nuestro país.

Hablamos de una organización a nivel nacional, una estructura deportiva integral, que esté a la altura de nuestros futbolistas y entrenadores (muchos de ellos exitosos en el mundo), la cual se desarrolle y trabaje con coherencia en un camino hacia el largo plazo y la excelencia, para que de esa forma pueda potenciar el tesoro tan preciado que Argentina posee y que para otros países es lo más complejo de conseguir: la materia prima, el futbolista de talento.

Anhelamos, fervientemente y de todo corazón, con este segundo libro poder contribuir, aunque sea mínimamente, para que ese objetivo pueda algún día ser alcanzado.

Juan Cruz Anselmi y Enrique Borrelli

CAPÍTULO 1. LAS SIETE FASES MADURATIVAS

LA IMPORTANCIA DE LAS SIETE FASES MADURATIVAS

El camino que recorre un niño desde que ingresa a un club de fútbol a los seis o siete años, hasta que llega al mundo de la Primera División, puede ser incluso más extenso que la propia carrera de un futbolista profesional.

La gran etapa del fútbol formativo es conformada por el período que va desde los seis hasta los diecinueve o veinte años. Este conjunto de años y temporadas deportivas, proceso plurianual de catorce o quince años de duración, será fundamental, no sólo para la formación del futbolista, sino para la conformación integral de la persona.

Esta mega etapa organizativa deberá estar muy bien estructurada y diagramada, ya que le brindará al deportista una base imprescindible en su camino hacia el fútbol de élite. En caso de que no logre ese objetivo, habremos realizado un aporte positivo en la formación personal del joven.

Es importante saber distinguir tres grandes áreas: fútbol infantil, fútbol juvenil y fútbol profesional, tres mundos distintos dentro del mismo deporte que deben convivir de manera cohesionada. Pero esa división no es suficiente para poder diagramar un trabajo óptimo y adecuado: es necesario que todos los integrantes responsables del proceso formativo del niño, primero, y el joven, después (entrenadores, coordinadores, médicos, dirigentes y otras especialidades), tomen conciencia de lo delicado y serio que es dicho camino y que al tomar la responsabilidad de enseñar y entrenar con un grupo de edades formativas es imprescindible una especialización en cada fase de maduración infantil y juvenil.

En efecto, las fases del fútbol infantil deben ser vistas como la base de una pirámide donde se comienzan a cimentar aspectos fundamentales que servirán de plataforma para todo lo que vendrá en el gran período juvenil, donde se solidifican y perfeccionan aprendizajes.

Como mencionamos en nuestro primer libro Proceso formativo del futbolista infantil y juvenil hasta el fútbol profesional, no es lo mismo el entrenamiento que deberá tener un niño de seis años a aquel que deba experimentar uno de trece. En toda la etapa infantil encontramos notables diferencias físicas, motrices y cognitivas debido a los constantes cambios que los chicos experimentan en su desarrollo y crecimiento.

Los entrenadores y profesores de educación física (ambos formadores y con inclinación docente) especializados en fútbol deben entender el perfil mental, sensorio-motor del niño, estudiar y comprender la realidad psicológica y física de cada etapa madurativa del gran período infantil.

Debajo, en el gráfico, presentamos las siete fases que conforman la pirámide estructural desde el punto de vista madurativo:

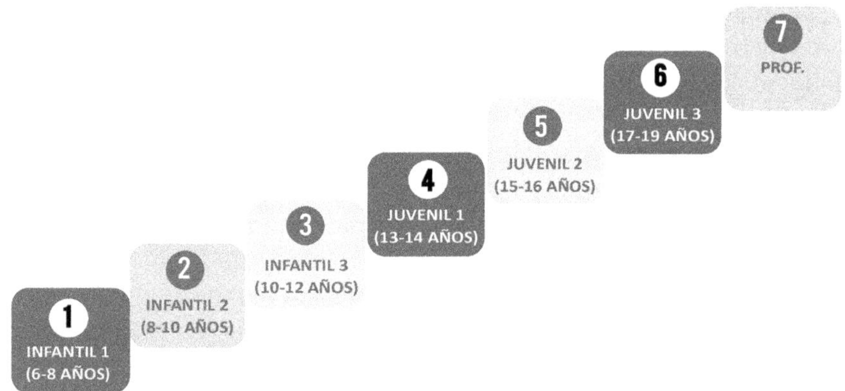

Como vemos, en los tres primeros bloques de la pirámide se encuentran los tres períodos correspondientes al fútbol infantil (fases I, II y III, desde los seis hasta los 12 años de edad) sobre el cual se forjan las etapas subsiguientes: fútbol juvenil (fases IV, V y VI, desde los 13 a los 19 años) y fútbol profesional (fase VII, 20 años en adelante).

DISTINCIÓN DE LAS CARACTERÍSTICAS GENERALES DE CADA ETAPA EVOLUTIVA

Durante siete años de crecimiento (seis a 12 años), el niño transcurre diferentes momentos evolutivos que van modificando sus aspectos mentales, físicos, sensorio-perceptivos y coordinativos. Es por esta razón que debemos organizar el sector infantil en tres fases bien diferenciadas.

Cada una de éstas tendrá contenidos de entrenamiento y porcentajes de programación distintas tomando en cuenta las diferentes realidades en las tres etapas madurativas. Esas diferencias se desprenden del estudio minucioso del perfil integral de cada edad.

Parámetros físicos, fisiológicos, madurativos, mentales, coordinativos, técnicos y tácticos que se van presentando de manera diferente en cada año que el niño transcurre en su desarrollo hacia la adolescencia y que deberán ser tomados en cuenta en el proceso de programación.

Debemos considerar que este es un punto vital dentro del proceso de entrenamiento del niño, para tal objetivo cada entrenador de estos tres períodos deberá lograr un conocimiento exhaustivo de la realidad madurativa de cada fase.

Con el área juvenil sucede algo similar en cuanto a los cambios notorios que se producen en cada una de sus tres fases. Modificaciones que están relacionadas a aspectos psicológicos, físicos, fisiológicos (hormonales), que vuelven imprescindible la diagramación fina de los contenidos a desarrollar, así como los parámetros cualitativos y cuantitativos del entrenamiento. En todo esto no hay que olvidar la importancia de los aspectos socio-culturales de los niños y jóvenes futbolistas.

Debajo presentamos un cuadro con las diferentes características generales de los períodos evolutivos, realizado por el prestigioso Profesor de la Federación Italiana de Fútbol Sergio Roticiani, especialista en entrenamiento del fútbol en etapas formativas infantiles (fases I, II y III). El cuadro fue complementado por nosotros, en lo que respecta a las características generales de los períodos del área juvenil (fases IV, V y VI).

FASES/AÑOS	PERFIL GENERAL DE LA FASE	NIVEL DE APRENDIZAJE	PERFIL FÍSICO-MOTOR
FASE I 6-8 AÑOS	FASE EGOCÉNTRICA ACCIONES CONCRETAS	APRENDIZAJE GLOBAL ATENCIÓN INTERNA	CORRER, GOLPEAR PARA REMATAR POSICIONARSE PARA INTERCEPTAR
FASE II 8-10 AÑOS	FASE DE DESCENTRALIZACIÓN ACCIONES FORMALES ANÁLISIS DE LA SITUACIÓN	APRENDIZAJE LIGADO A LA ACTIVIDAD INDIVIDUAL, COORDINACIÓN FINA, COMBINACIÓN Y SUCESIÓN DE LA SITUACIÓN DE JUEGO	GOLPEAR PARA PASAR O REMATAR CON PRECISIÓN RECIBIR EN FORMA VARIADA HABILIDAD PARA RESOLVER SITUACIONES DE JUEGO
FASE III 10-12 AÑOS	PENSAMIENTO ABSTRACTO ANTICIPACIÓN, ELABORACIÓN Y PROGRAMACIÓN DE SITUACIONES PROBLEMA RESPONDE A INDICACIONES TACTICAS REQUERIDAS	DE ACCIONES VERBALES RECONSTRUYE LA ACCIÓN MOTORA, CREATIVIDAD, HABILIDAD TÉCNICA Y TÁCTICA	ESTABILIZACIÓN DE LAS CONDUCTAS MOTORAS Y CAPACIDAD DE UTILIZARLAS EN SITUACIONES TÉCNICO-TÁCTICAS (DEFINICIÓN DEL ROL)
FASE IV 13-14 AÑOS	ETAPA PRE Y POST PUBERAL CAMBIOS MORFOLÓGICOS Y MENTALES (GRUPOS HETEROGÉNEOS)	CORRECTO POR ETAPA DE DESARROLLO SE PRODUCEN FALLAS TÉCNICAS Y COORDINATIVAS	LEVE RETROCESO COORDINACIÓN GRAL. REESTRUCTURA ESQUEMAS CORPORALES
FASE V 15-16 AÑOS	ETAPA DE CONSOLIDACIÓN NIVELACIÓN DE ASPECTOS FÍSICOS (GRUPOS HOMOGÉNEOS)	EXCELENTE DISPONIBILIDAD APRENDIZAJES COMPLEJOS	ARMONÍA MOTRIZ GRAL. GANANCIA FUERZA
FASE VI 17-19 AÑOS	ETAPA DE MADURACIÓN COMPLETA	NIVEL DE COMPLEJIDAD ADULTA	CAPACIDADES FÍSICAS Y COORDINATIVAS IDEALES

LAS FASES MADURATIVAS Y LOS SUBCICLOS

Comprender por medio del estudio y la experiencia (como ya analizaremos más adelante) las realidades de cada fase, es el punto inicial e insoslayable que cada entrenador-formador debe emprender.

En este segundo libro queremos profundizar aún más en el estudio de cada fase madurativa y para ello hemos realizado la construcción de subciclos dentro de cada etapa infantil y la primera fase juvenil, ya que dentro de cada fase (dos años de duración) se manifiestan también diferencias que son interesantes distinguir y comprender. Cada subciclo tendrá la duración de un año calendario, donde planificaremos y entrenaremos de forma más específica y cercana a la realidad de cada edad evolutiva.

Imaginemos un grupo de treinta niños de la fase madurativa infantil I, chicos de seis a ocho años. El desarrollo cognitivo del niño de seis años será diferente a aquel que esté por cumplir los ocho años, que ya se encuentra más cercano a la fase infantil II. También lo será en experiencias motrices y situacionales específicas vividas. Por ello la importancia de la organización en estos subciclos dentro del mismo período a la hora de planificar y entrenar.

Lo mismo sucede con la etapa juvenil I, con niños/jóvenes de 13 a 14 años (fase madurativa IV), como veremos más adelante. Es necesario dentro de un mismo grupo de igualdad cronológica analizar las diferencias en el aspecto biológico y cognitivo para una programación que tenga relación con la realidad que el deportista en formación esté transitando en ese momento.

Esta diferenciación debe estar presente no sólo en el estudio (ámbito teórico), sino sobre todo en la programación didáctica y práctica (escena de entrenamiento), que analizaremos en capítulos siguientes. En esos presentaremos un nuevo modelo de programación llamado "Modelo dinámico sostenido", con bloques de contenidos y programas de entrenamientos específicos para cada subciclo.

Debajo, en el gráfico, observamos las siete fases madurativas con la subdivisión de cada fase en ciclos cortos de un año de duración/evolución.

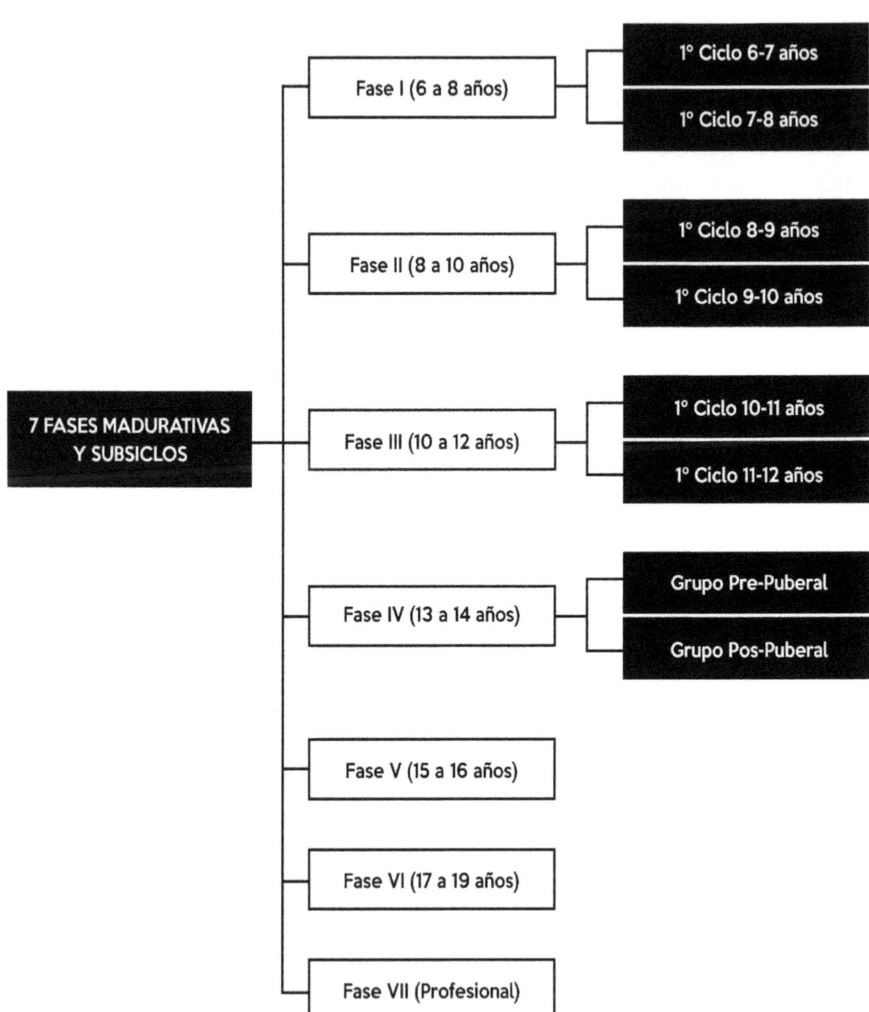
7 FASES MADURATIVAS Y SUBSICLOS
Fase I (6 a 8 años)
1° Ciclo 6-7 años
1° Ciclo 7-8 años
Fase II (8 a 10 años)
1° Ciclo 8-9 años
1° Ciclo 9-10 años
Fase III (10 a 12 años)
1° Ciclo 10-11 años
1° Ciclo 11-12 años
Fase IV (13 a 14 años)
Grupo Pre-Puberal
Grupo Pos-Puberal
Fase V (15 a 16 años)
Fase VI (17 a 19 años)
Fase VII (Profesional)

CAPÍTULO 2. LA PROGRAMACIÓN DEL PROCESO DE ENTRENAMIENTO EN EL FÚTBOL INFANTIL

A LA HORA DE PLANIFICAR: ¿TEORÍA O PRÁCTICA?

La formación de un entrenador debe comenzar con una sólida base de conocimientos adquiridos por el estudio, la capacitación y actualización constante. Pero esta es sólo una parte de la construcción de un entrenador, la otra debe ser realizada en el mismo campo de entrenamiento, a través del cúmulo de experiencias prácticas vividas.

Con respecto a cuál sería la formación ideal de un preparador físico o un técnico de fútbol nos apoyamos en la idea del gran "maestro" Carlos Timoteo Griguol, quien sostiene que "el entrenador debería realizar la misma carrera que el futbolista, es decir, tener experiencias en el fútbol infantil, después pasar por el fútbol juvenil para luego, aquellos que estén capacitados, puedan alcanzar el fútbol profesional de forma más preparada".

Esa suma de experiencias de entrenamientos con diferentes grupos y edades evolutivas brindarán a ese entrenador (PF o DT) una acumulación y riqueza de conocimientos que lo harán más completo en su formación integral.

Con todo lo expresado, consideramos que la práctica tiene una supremacía sobre la teoría en el fútbol, deporte en el que factores que marcan la experiencia nada tienen que ver con elementos surgidos de un estudio matemático o de laboratorio. Esto no implica que desvaloricemos los estudios científicos o estadísticos, ni tampoco prescindimos de la tecnología, muy importante en el deporte moderno. Incluso en

este libro presentaremos estudios realizados y la implementación de la tecnología como elemento de aporte fundamental para el proceso de entrenamiento.

Pero la experiencia nos indica que el campo de entrenamiento brinda una información invalorable que debemos saber interpretar y decodificar de manera correcta, y que muchas veces se acerca más a la realidad que un frío estudio estadístico o informe tecnológico.

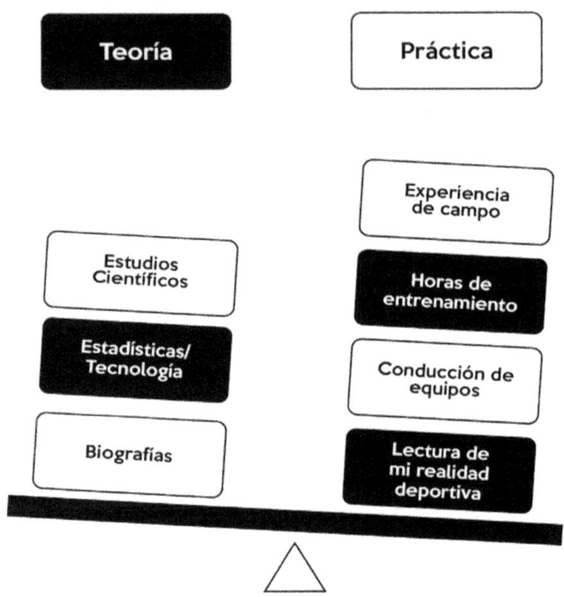

"Sólo existe una fuente de conocimiento, la experiencia", frase contundente de una mente brillante como Albert Einstein. Con ella queremos significar que los estudios teóricos son importantes, pero nada se compara con la información que vamos recolectando en los años de trabajo desde el "laboratorio" más preciado que existe en el deporte, que es el campo de entrenamiento y la competencia, fuente inagotable de conocimiento, siempre que tenga como base de sustentación el estudio y perfeccionamiento diario.

De la combinación de ambas, teoría y práctica, debe surgir el entrenador con perfil docente y formador, que guíe de manera exitosa el proceso de enseñanza, desarrollo y crecimiento del futbolista en formación, como aquel que se prepare para el difícil fútbol profesional.

Por todo lo expresado consideramos muy interesante que las nuevas y jóvenes generaciones de entrenadores de fútbol formativo (englobamos en la palabra entrenador a profesores de educación física, preparadores físicos, técnicos y técnicos especiales) se formen con una sólida base de estudio teórico y científico, la cual debe ser acompañada y enriquecida de la experiencia de aquellos grandes formadores que dedicaron miles de horas al campo de entrenamiento.

LA PLANIFICACIÓN DIDÁCTICA: BASE DE SUSTENTACIÓN

Como ya mencionamos, la etapa infantojuvenil es un proceso que puede tener una extensión de doce, trece o catorce años de duración, desde que el niño arriba al club hasta su llegada al plantel profesional.

Durante todos esos años, el niño/joven deberá transcurrir un mega-ciclo, que debería estar organizado en cuanto a las diferentes etapas madurativas que los futbolistas van transcurriendo, así como los contenidos de aprendizaje y entrenamiento que van experimentando en los diferentes estadios.

Esta planificación plurianual, que puede ir sufriendo modificaciones a lo largo de los años, debe ser un plan institucional, deportivo y metodológico de cada club, independientemente de los cambios de nombres que se produzcan en las conducciones de las instituciones.

Debemos proyectar un aprendizaje en forma de proceso de entrenamiento que signifique coordinar todos los factores internos y externos que conforman la formación de los futbolistas que componen el sector formativo, el cual será el futuro de los clubes.

Dentro de ese mega-proceso se debe contemplar la enseñanza de las habilidades técnicas, nociones tácticas, desarrollo de las capacidades físicas y coordinativas, sin olvidar el desarrollo de la personalidad del individuo (aspectos cognitivos y mentales unidos a las realidades sociales), hoy de suma importancia y prioridad.

Cuando nos referimos a una programación de una tarea a largo plazo se debe tener presente que las capacidades del desarrollo integral motriz se desarrollan en períodos de larga duración, respetando etapas cronológicas y biológicas que el niño y el adolescente deberán transcurrir de manera metódica. El entrenador-formador deberá conocer de forma específica las características y problemáticas de cada uno de los períodos por los cuales transcurren los futbolistas que les toca formar y entrenar en las tres fases infantiles, las tres juveniles y la etapa de inicio profesional.

Como primer paso, antes de hablar de los formatos de entrenamiento práctico, los responsables de conducir los destinos de las áreas in-

fantiles y juveniles de los clubes deberían proponer un Plan Didáctico, que consiste, en primera medida, en formular principios esenciales que aseguren un lineamiento y dirección que debe tener la planificación de los dos grandes sectores (infantil y juvenil) y por ende, cada una de las categorías y equipos que las conforman.

El segundo eslabón de la planificación didáctica es el estudio de las características mentales, cognitivas, fisiológicas y motrices del joven futbolista en sus diversas etapas evolutivas. En esta parte de la programación didáctica es necesario involucrar a los especialistas del área de medicina deportiva para ejecutar una tarea interdisciplinaria, como ya veremos en el capítulo 12 del libro, en el que hablamos del "Departamento Físico-Motor, Neurocognitivo y de Medicina Deportiva".

Todos los profesionales deben aportar sus conocimientos de cada área en un trabajo en equipo para luego sí abordar la diagramación de los objetivos (eslabón tres), la elección de medios didácticos (eslabón cuatro) y cómo se distribuirán los mismos en cada fase madurativa.

Para todo ello es muy importante contar con un Modelo de Programación (eslabón cinco) que, como desarrollamos en el primer libro, servirá como herramienta fundamental del largo proceso. En este segundo libro presentaremos y desarrollaremos las características del modelo diseñado por nosotros llamado "Modelo de Planificación Dinámico Sostenido".

En el gráfico de la página siguiente observamos los cinco pasos de la planificación didáctica.

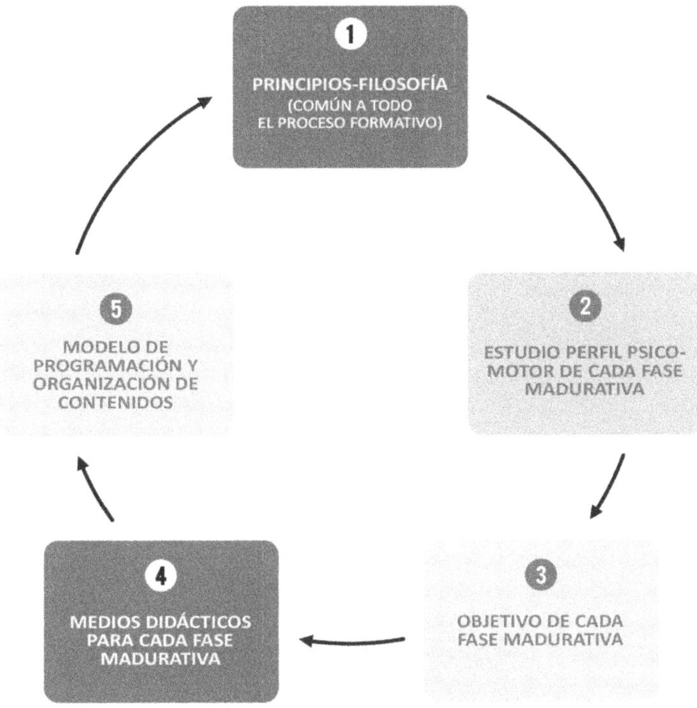

Luego de la programación del plan didáctico pasaremos a la segunda etapa, lo que conocemos como Programación Práctica o puesta en escena, que se desprende de la primera y que estudiaremos más adelante en el libro. Aquí aparecerá la organización de actividades prácticas adecuadas a cada una de las siete fases madurativas, microciclos o programas de entrenamiento semanal, sesiones y test control. Ambas programaciones se entrelazan y están relacionadas de manera directa. Podríamos decir que la planificación didáctica es la "madre" de la planificación práctica.

CONTENIDOS GENERALES ESENCIALES EN EL PROCESO DE APRENDIZAJE DEL NIÑO

En el libro Proceso formativo del futbolista infantil y juvenil hasta el fútbol profesional hemos desarrollado de manera extensa la importancia de las habilidades motoras de base, las capacidades coordinativas y las capacidades sensoriales y perceptivas en la etapa de formación inicial del niño, y cómo éstas construyen la base de las habilidades téc-

nicas (aspecto fundamental del proceso de enseñanza-aprendizaje del fútbol infantil).

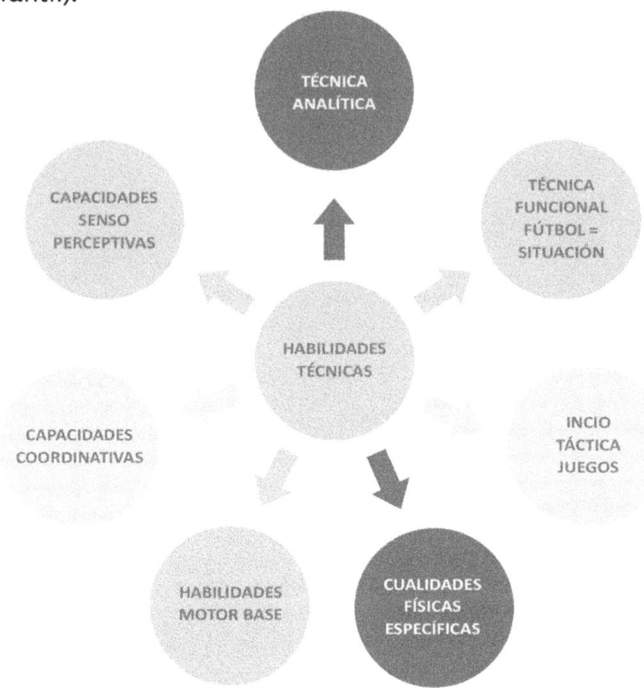

Nos parece sumamente importante recalcar la necesidad de un óptimo desarrollo de las habilidades motoras de base, las capacidades sensoriales y perceptivas, y aquellas coordinativas en lo que consideramos la base de sustentación de la construcción técnica ideal.

Las primeras (HMB) guardan relación directa con movimientos básicos que los niños deben desarrollar en su primera infancia: caminar, correr, saltar. Pero bien sabemos que todas estas acciones generales vienen cada vez menos desarrolladas por el bajo estímulo al cual son expuestas, producto de un cambio en la sociedad (notorio avance tecnológico, uso desmedido de las redes sociales y pérdida de espacios para juegos que van en detrimento de experiencias de motricidad general). Es difícil pensar en un correcto gesto integral del cabezazo si ese niño no tiene afianzado una correcta técnica del salto (habilidad motora de base). Por ello, la importancia de una óptima estimulación y consolidación de las mismas en la etapa formativa.

En esa línea, las capacidades sensoperceptivas también deben ser estimuladas desde edades tempranas, entendiendo por sensorio-perceptivo la relación que se produce entre el niño y su mundo externo. Este proceso se produce por medio de los órganos de los sentidos, que captan y registran diversos tipos de estímulos para luego ser elaborados por los procesos mentales. La información (o estímulos) van de la periferia (órganos sensoriales) al sistema nervioso central y son traducidos en percepciones.

El primer estadio sensoperceptivo se produce a través de los receptores, éstos son estructuras anatómicas de gran sensibilidad destinadas a recoger estímulos de naturaleza diversa.

Los analizadores los distinguimos en dos grupos: los exteroceptores y los propioceptores. Los primeros están situados en toda la superficie del cuerpo, como el sentido táctil, o bien en órganos de sentidos especializados, como el ojo para el canal visual o el oído para el canal auditivo. Los segundos están localizados en el aparato muscular esquelético (tendones, articulaciones y oído interno). Éstos tienen la función de informar sobre los diversos estímulos de percepciones internas provocadas por movimientos de segmentos corpóreos o del cuerpo entero.

Los cinco tipos de analizadores sensoperceptivos:

1. El analizador visual es por orden de importancia el primero que interviene en el aprendizaje de un movimiento nuevo. Este receptor resulta de fundamental importancia para el aprendizaje y mucho más en un juego de orden situacional como el fútbol. El niño alcanza a través del ojo a observar modelos externos de referencia. Entiende y evalúa una situación simple o compleja, trayectoria de un balón, movimientos de uno o más compañeros y rivales (entrenamiento situacional). El analizador óptico brinda al niño la posibilidad de analizar el propio cuerpo en relación al espacio y a los objetos que lo rodean y modifican.
2. El analizador acústico permite al niño recibir información sonora y traducirla en proyectos motores. Con los estímulos acústicos se desarrollan capacidades fundamentales para el deporte, tales como el ritmo y la reacción motora simple. Los sonidos son captados a través del tímpano y transmitidos al oído interno, el cual transforma los impulsos mecánicos en impulsos eléctricos del sistema nervioso central.
3. El analizador táctil permite percibir estímulos mecánicos mediante receptores que se encuentran en la superficie. Por medio de estos analizadores, el niño está en grado de reconocer la superficie de diferentes objetos. Este tipo de contacto con objetos como, por ejemplo, la pelota, se produce tanto con

la mano como con los pies, la famosa sensibilidad al patear o controlar una pelota está relacionado con el analizador táctil.

4. El analizador cinestésico pertenece al área propioceptiva, el cual recibe los estímulos de receptores situados en el interior de las fibras musculares, en los tendones y en las articulaciones, fundamental para el equilibrio funcional. El analizador cinestésico tiene como objetivo señalar las diversas tensiones a nivel muscular, articular y tendinoso a los centros superiores de control (cerebro). La capacidad de poder recibir información sobre las diversas tensiones de fuerza permite al niño percibir diferentes dimensiones espacio temporales del movimiento. Estos analizadores cinestésicos intervienen en todos los movimientos, tanto segmentarios como del cuerpo entero, brindando información al sistema nervioso central. Esta información posibilita controlar la posición exacta durante la ejecución de un movimiento (equilibrio funcional).
5. Los analizadores vestibular o dinámico-estático están situados en el interior del oído. Este analizador envía continuamente información al sistema nervioso central sobre la posición de la cabeza en el espacio. En sinergia con los analizadores visuales, cinestésico y táctiles, el analizador vestibular resulta fundamental para la capacidad de orientación. Este analizador actúa de manera determinante en el equilibrio estático y dinámico, de suma trascendencia para un equilibrio funcional óptimo.

Las capacidades coordinativas, otra columna esencial en el armado motor integral del niño, funcionan como complemento de las capacidades sensoperceptivas y ambas son sumamente necesarias como paso previo de una adquisición técnica óptima.

Las capacidades coordinativas deben comprenderse como un aspecto de la regulación de la conducta. La coordinación es la armonización de todos los procesos parciales del acto motor, con vistas al objetivo que debe ser alcanzado a través del movimiento.

La capacidad de regular, organizar y controlar el movimiento a través del sistema nervioso central representa la finalidad última para la adquisición de un gesto técnico bien estructurado.

Las capacidades coordinativas son determinadas por las funciones parciales, que sirven de base para el proceso coordinativo (percepción y elaboración de informaciones, programación y anticipación, comparación de los parámetros ideales y reales del movimiento, impulsos eferentes).

Los procesos de conducción y regulación de la actividad motora se desarrollan en todos los individuos según las mismas normas, pero esto no significa que los mismos transcurran en cada persona con igual velocidad, exactitud, diferenciación y movilidad. Estas particularidades cualitativas del transcurso de los procesos conductivos y regulativos son las que determinan las particularidades de su desarrollo, precisamente, las que definen la esencia de las capacidades coordinativas.

Debajo, un excelente cuadro de referencia extraído del libro Guida Tecnica per le scuole di calcio, de la Federazione Italiana di Gioco Calcio (F.I.G.C.), perteneciente al gran profesor y amigo italiano, Stefano Dóttavio, de la Universitá Tor Vergata de Roma, en el cual manifiesta la correcta relación de las capacidades senso-perceptivas (con sus respectivos analizadores) con las capacidades coordinativas específicas ubicadas en los bloques inferiores.

RELACIÓN CAPACIDADES SENSO-PERCEPTIVAS Y COORDINATIVAS				
ESTEROCEPTIVAS			PROPIOCEPTIVAS	
ANALIZADOR VISUAL	ANALIZADOR ACÚSTICO	ANALIZADOR TÁCTICO	ANALIZADOR CINESTÉSICO	AN.ESTÁTICO DINÁMICO
PERCEPCIÓN E-T ORIENTACIÓN E-T	ANTICIPACIÓN	REACCIÓN	DIFERENCIACIÓN RITMO EQUILIBRIO	ADAPTACIÓN TRANSFORMACIÓN COMBINACIÓN

Las capacidades sensoperceptivas y coordinativas conformarán la base de la adquisición de todos los movimientos y acciones técnicas de los deportes colectivos, en este caso, el fútbol. Ambas capacidades interactúan de manera directa en la formación de la acción técnica. Las habilidades motrices de base, como ya hemos mencionado, también poseen responsabilidad en la concreción de la habilidad técnica.

Podríamos sostener, a modo de explicación práctica, que las capacidades sensoperceptivas tienen como objetivo la recepción y elaboración de la respuesta; en cambio, las capacidades coordinativas son responsables de la organización, control y dirección del movimiento o acción técnica. De la correcta interacción de ambas capacidades surge el gesto técnico óptimo adecuado a una determinada situación de juego. Todo confluye en un embudo orientado a la ejecución de un óptimo gesto técnico como vemos en el gráfico debajo.

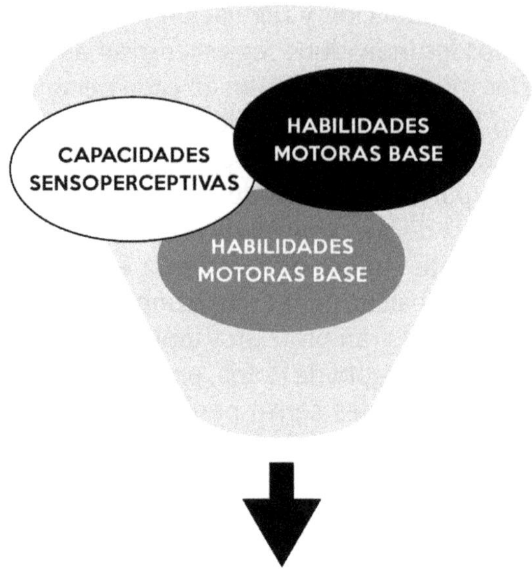

Pensemos en aquellos futbolistas de súper élite. Generalmente se dice de ellos: "Que gran técnica tienen" o "que rápidos y potentes son". Sin embargo, debemos entender que además de poseer cualidades técnicas excelsas y parámetros físicos superiores, lo que distingue a esos futbolistas de excepción de los buenos futbolistas es justamente que los jugadores "cracks" o "distintos" presentan, además, los aspectos coordinativos y sensoperceptivos más desarrollados que el común de los deportistas de manera natural. Poseer un óptimo autocontrol corporal en relación armoniosa con un ámbito externo (elemento/balón y situación de juego) hace que ese futbolista muestre una calidad diferente al resto.

Por todo lo descripto, podemos decir que las habilidades motoras base y capacidades (sensoperceptivas y coordinativas), conjuntamente con las tareas técnicas analíticas, funcionales o globales y las tareas situacionales como base e introducción a la táctica en diferentes regímenes físicos (velocidad, resistencia), deben conformar el "menú" de medios didácticos que el niño debe experimentar en todo el largo proceso del fútbol infantil, que como ya señalamos, tendrá una duración en el niño desde los seis hasta los doce años.

La técnica como elemento didáctico central del proceso de entrenamiento infantil

El niño debería culminar la etapa infantil con un bagaje técnico general lo suficientemente desarrollado para luego ser perfeccionado en el período juvenil. De todas formas, este entrenamiento técnico no debe ser llevado a cabo de manera indiscriminada o desordenada, todo lo contrario, debe tener una planificación.

Es interesante conocer cuándo es conveniente estimular y desarrollar de manera más efectiva y predominante cada fundamento o acción técnica, y eso dependerá nuevamente del estudio y conocimiento del perfil de cada fase madurativa.

Brindamos un ejemplo, la conducción y la gambeta son acciones técnicas ideales para ser estimuladas en la fase infantil I, con niños de seis a ocho años. La naturaleza egocéntrica de los niños hace que este gesto netamente individual se vea favorecido y forme parte importante en la planificación del entrenamiento en estos períodos.

Luego, en las fases II y III seguirá siendo estimulado, pero en menor medida. La fase infantil II, ocho a diez años, se destaca por un aprendizaje bastante uniforme de casi todos los aspectos técnicos del juego. Los niños ingresan en la fase de descentralización de la personalidad, lo cual es ideal para la socialización y actividades más grupales, por ello toma trascendencia el aprendizaje del pase y por relación directa el gesto del control o recepción del balón, ambas acciones que serán definitivamente consolidadas en la fase infantil III, con niños de diez a doce años, período en el cual, además de los dos fundamentos ya mencionados, debemos comenzar a entrenar la técnica del cabezazo en la parte final de esta fase (no desarrollada en los períodos anteriores debido a que se trata de una acción que requiere de una coordinación fina que los niños aún no poseían en las etapas previas).

Con respecto a la acción del juego del cabezazo es interesante proponer ejercicios y actividades con balones acorde a los niños, en lo que respecta al peso y tamaño. Empezar a estimular esta técnica con balones de esponja o de goma es ideal, para no crear en el pequeño futbolista ese temor al dolor que causan los balones profesionales. La técnica del remate será abordada de manera pareja tanto en las fases infantil II y III. En este caso, al igual que en el gesto del cabezazo, recomendamos utilizar balones de diferentes medidas que se adapten a la maduración y fuerza de los niños.

Debajo en el cuadro, detallamos el grado de estimulación y dosificación que consideramos ideal para cada uno de los gestos técnicos

en función del período madurativo en que se encuentra el niño (X: Baja estimulación: XX: Media estimulación; XXX: Alta estimulación).

ACCIÓN TÉCNICA	FASE I 6-8 años	FASE II 8-10 años	FASE III 10-12 años
CONDUCCIÓN	XXX	XX	X
GAMBETA/ DRIBBLING	XXX	XX	X
PASE CORTO	X	XX	XXX
PASE MEDIO Y LARGO	---	X	XX
CONTROL	X	XX	XXX
REMATE	X	XX	XX
CABEZAZO	---	---	XX

La metodología que aconsejamos para incorporar todo este bagaje técnico es a través del método de entrenamiento mixto. Esta forma de entrenar los aspectos técnicos consiste en la combinación de ejercicios analíticos y funcionales dentro de la misma sesión de entrenamiento, que ya fue presentada de manera extensa en el libro Proceso formativo del futbolista infantil y juvenil hasta el fútbol profesional.

El entrenamiento analítico se realiza a través de ejercitaciones básicas, en las cuales el niño experimenta la relación con el balón de manera simple y directa, sin la inclusión dentro de un esquema de juego situacional. Se trata de una práctica repetitiva de determinado gesto técnico. En cambio, el entrenamiento funcional es la realización de entrenamientos situacionales, en los que se buscará como objetivo didáctico el aprendizaje y desarrollo de un aspecto técnico dominante en función de una situación de juego.

En el entrenamiento técnico mixto se combinan tiempos de entrenamiento de técnica analítica (de uno a tres minutos de duración) con situaciones de juego consecutivas (de cinco a diez minutos), en el que el aspecto técnico dominante es el mismo que se desarrolla en el entrenamiento analítico. Se intenta crear en el niño un doble estímulo: aprendizaje mecanizado, asociado a una funcionalidad creativa de esa enseñanza.

Presentamos ejemplos prácticos de entrenamiento técnico mixto para cada fase madurativa:

Fase madurativa infantil I (6 a 8 años)

1. Actividad analítica: Recorrido técnico coordinativo de conducción y dribbling (1')

2. Actividad funcional: Juegos 1 vs. 1 en dimensiones pequeñas 10 x 15 metros (5')

Fase madurativa infantil II (8 a 10 años)
1. Actividad analítica: Pase y control en cuadrados de cuatro niños (2')
2. Actividad funcional: Juegos 3 vs. 3 de pase y control en 15 x 30 metros (6')

Fase madurativa infantil III (10 a 12años)
1. Actividad analítica: Juego 1 contra 1 de cabeza sin oposición con balones de goma (3')
2. Actividad funcional: Juegos 5 vs. 5 pase con la cabeza y gol de cabeza 20 x 20 metros (7')

Aclaramos que en el microciclo dinámico sostenido que tendrá cada fase madurativa infantil deberán interactuar actividades analíticas y funcionales de todos los fundamentos técnicos del juego, sólo que en cada fase habrá acciones y gestos técnicos que tendrán mayor dominancia en la planificación y en la escena práctica de entrenamiento por su relación con el momento ideal o la etapa sensible madurativa para ser estimulado.

Entrenamiento situacional para el desarrollo de la técnica funcional y nociones tácticas

En el modelo de Planificación Dinámico Sostenido que proponemos será muy común, de aquí en adelante, encontrar el término situación o situacional. Esta metodología situacional será predominante en toda la etapa infantil y también tendrá gran intervención en el proceso de entrenamiento juvenil.

De nuestro primer libro rescatamos una frase del profesor Stefano D'Ottavio como una definición que confirma la elección de esta metodología en el proceso de enseñanza-aprendizaje del niño con el fútbol: "El fútbol es un deporte de situación, por ello toma trascendencia la comprensión del entorno del juego, las decisiones, las elecciones realizadas y la adaptabilidad de las técnicas utilizadas, subrayando la importancia de los procesos mentales y el dominio de éstos sobre la formación y desarrollo de la técnica específica".

Arriba en la foto: Entrenamiento situacional 2 vs. 1 + portero – fase madurativa infantil III

Dentro de la metodología situacional distinguimos diferentes tipos de situación de entrenamiento. Esta terminología deberá ser entendida a la perfección, ya que dominará gran parte del modelo de planificación.

Debajo, el texto le corresponde al profesor Sergio Roticiani, F.I.G.C. Italia, en el que escribe acerca del desarrollo de la técnica a través de la metodología situacional:

El juego del fútbol está clasificado como deporte de situación y este aspecto condiciona todos los procedimientos metodológicos referidos a la formación técnica. La formación técnica debe estar inserta dentro de un ámbito táctico o de juego, en constante integración con el aspecto cognitivo del futbolista.

El gesto técnico debe ser el instrumento operativo para resolver los "problemas" de juego que pueden ser identificados, por ejemplo, en el dominar un balón que ha tenido un pique en el piso imprevisto, de calcular un pase en profundidad a un compañero particularmente rápido, decidir en el mínimo tiempo posible. Es la situación determinada de juego la que justifica el comportamiento técnico y la que condiciona la elección operativa y el tipo de ejecución. Sólo enormes jugadores de fútbol, aquellos llamados "cracks", logran con su excelencia técnica y maestría adaptar la situación y modificarlas a través de una calidad técnica superlativa.

Por todo lo mencionado la formación técnica no puede prescindir del parámetro táctico y viceversa, en cada acto del juego el jugador ejecuta el gesto correspondiente (acto técnico) sólo después de haber elaborado una respuesta sobre cómo resolver los problemas ligados a la situación de juego (acto táctico).

La formación táctica es un proceso integrado que nace del juego mismo y representa en la génesis de la evolución futbolística una constante referencia didáctica. Donde exista una actividad consciente, una sistemática actividad de elaboración y de respuestas a los estímulos ambientales, debemos hablar de táctica.

La automatización de ciertos gestos técnicos (habilidad técnica) influyen, sobre planos elaborados más complejos, el comportamiento del futbolista, empeñado ahora en recordar las propias acciones con aquellas de los compañeros, en régimen de juego donde se torna siempre más indispensable la presencia de adversarios.

Los planos didácticos elaborados para la formación táctica deben contener actividades que estén en línea o en estrecha relación con:

1. la edad del futbolista
2. la calidad técnico/táctica del futbolista
3. el grado de maduración psicofísica
4. la motivación

Hemos pensado en codificar y clasificar los diferentes tipos de ejercitaciones, diferenciadas en cuatro tipos de situación diversas.

1. Situación simple
2. Situación standard
3. Situación funcional
4. Situación competencia

La capacidad de juego individual y colectivo posee su código genético en la capacidad de saber organizar de manera funcional el propio comportamiento técnico. La acción técnica representa un devenir constante en estrecha simbiosis con el desenvolverse de la situación de juego, entonces debe adaptarse, transformarse y conjugarse en línea con el juego. Las situaciones arriba descriptas representan un momento imprescindible para construir capacidad de juego altamente calificada. La distribución en el proceso de formación futbolística estará relacionada con la edad madurativa del niño.

Los tipos de situación son:

Situación simple: Son actividades realizadas en dimensiones reducidas, donde el futbolista aplica su bagaje técnico en régimen de juego, con la presencia de compañeros y adversarios. Estas situaciones simples no contemplan ningún comportamiento impuesto por el entrenador; comúnmente se realizan situaciones en superioridad o inferioridad numérica para facilitar el comportamiento técnico-táctico. En situaciones individuales y colectivas, los futbolistas desarrollan el bagaje de opcio-

nes operativas, resolviendo en forma autónoma los problemas de juego. Se favorece así el desarrollo de aquellas operaciones que conocemos con el nombre de capacidad táctica de base.

Relación con parámetros físicos: Este tipo de situaciones son adecuadas para acciones en régimen de resistencia aeróbica, ya que se realizan sin consigna por parte del entrenador ni plazos temporales por cumplir. De esta manera, el futbolista controla su propia prestación y se entrena en una frecuencia que oscila en el rango aeróbico. Por ejemplo, juego desde 2 vs. 1 hasta 8 vs. 8, con dimensiones variadas.

Situación standard: Son acciones orientadas a la capacidad de aprender esquemas de movimiento "tipo", estereotipos de comportamiento base que darán señales de reconocimiento cada vez que en competencia se presenten determinadas señales. Son ejercitaciones consideradas a seco, sin la presencia de adversarios activos, donde el acento está puesto sobre las modalidades de aprendizaje de ciertos movimientos, por ejemplo, movimientos de avance (ataque), diagonales, cruces, con la combinación de elementos técnicos intervinientes en la situación.

Relación con parámetros físicos: Este tipo de situaciones son adecuadas para acciones en régimen de velocidad, secuencias de duración corta (5"- 12") a intensidades altas con pausas de larga duración (40"-60"). Ejercicios que se puedan llevar a cabo sin la aparición de fatiga.

Situación funcional: Es la aplicación de determinadas situaciones standard en régimen de juego, donde la influencia activa del adversario/s determina el aprendizaje de comportamientos flexibles y funcionales. Estos medios de entrenamiento son ejercitaciones altamente sofisticadas en grado de generar respuestas eficaces a los requerimientos de la competencia. Se adquirirán, a través de estas situaciones funcionales, patrones de comportamiento con una cualidad de reconocimiento, que con la experiencia tendrán respuestas cada vez más eficaces.

Relación con parámetros físicos: Este tipo de situaciones son adecuadas para acciones en régimen de resistencia intermitente, la secuencia de trabajo de la situación posee una duración de 15"- 30" (tiempos promedio de secuencia en competencia), y la relación con la pausa es siempre de 1>1, 1>2 o 1>3, es decir 15" x 15", 20" x 40" o 10"x 30". Estas secuencias de trabajo se realizan de manera continua en bloques de 8'-10'-12'

Situación competencia: Representan ámbitos de juego, de competencia o similar a la misma. Son partidos aplicados con variación de reglas, que controlan el tipo de comportamiento que se quiere hacer aprender. El comportamiento colectivo, en relación al objetivo táctico, se produce por medio de estas actividades reiteradas en función de la dinámica del juego (en fase de posesión y fase de posesión del rival). En relación al tipo de comportamiento buscado, se irán modificando las variables cuantitativas y cualitativas presentes en el juego, por ejemplo: espacio, número de jugadores, tiempo de juego, número de toques permitidos, zonas neutras, superioridad e inferioridad numérica.

Relación con parámetros físicos: Este tipo de situación se utiliza para entrenar la resistencia especial de juego, ideales para esfuerzos de un alto estrés físico. La intensidad del ejercicio-juego se controla a través de las variables arriba mencionadas.

Programación de los tipos de entrenamiento situacional en función de los diferentes períodos madurativos

Dentro de la programación mega y macro anual, y teniendo en cuenta las características madurativas de cada etapa o fase evolutiva del futbolista, consideramos que cada uno de los tipos de ejercicios situacionales deben tener una relación acorde a las características y posibilidades de cada período. Por ello, en cada fase proponemos programar un porcentaje de utilización de cada tipo de situación estudiado, la cual se verá reflejada en la planificación anual, mensual y semanal del niño y el joven futbolista.

A continuación, en el gráfico, detallamos el porcentaje de utilización de cada tipo de situación dentro de la Planificación anual de cada una de las fases infantiles y juveniles, la cual deberá verse reflejada cuando hablemos del microciclo dinámico sostenido:

TIPOS DE SITUACIÓN	FASE INFANTIL I 6-8 AÑOS	FASE INFANTIL II 8-10 AÑOS	FASE INFANTIL III 10-12 AÑOS	FASE JUVENIL I 13-14 AÑOS	FASE JUVENIL II 15-16 AÑOS	FASE JUVENIL III 17-19 AÑOS
SITUACIÓN SIMPLE	65%	50%	35%	20%	10%	5%
SITUACIÓN STANDARD	15%	20%	25%	20%	15%	10%
SITUACIÓN FUNCIONAL	15%	20%	25%	30%	35%	40%
SITUACIÓN COMPETENCIA	5%	10%	15%	30%	40%	45%

Aclaramos que esta metodología situacional deberá ser acompañada por otros medios de entrenamiento a lo largo de todo el recorrido plurianual del futbolista, que más adelante desarrollaremos, si bien creemos que el entrenamiento situacional ocupará un lugar de privilegio en el desarrollo del proceso de enseñanza del futbolista infantil y juvenil.

CONTENIDOS DEL MEGA PROCESO INFANTIL POR FASE MADURATIVA

Debajo en el cuadro, a modo de resumen, presentamos los contenidos que deberán formar parte de la planificación didáctica y práctica del período infantil de seis a doce años. Como vemos, cada uno de los tres períodos debe estimular y desarrollar aspectos relacionados a lo físico-motriz, técnico coordinativo, táctica individual y táctica colectiva.

FASES/AÑOS	FÍSICO-MOTOR NEURO-COGNITIVO	TÉCNICO COORDINATIVO	TÁCTICA INDIVIDUAL	TÁCTICA COLECTIVA
FASE I 6-8 AÑOS	FASE EGOCÉNTRICA DOMINANTE F.MOTOR VELOCIDAD REACCIÓN PROPIOCEPCIÓN	CAPACIDAD COORD. RITMO, EQUILIBRIO TÉCNICA DOMINANTE CONDUCCIÓN/DRIBBLING	DOMINANTE JUEGO 1 VS. 1 EN TODAS SUS FORMAS	LIBRE EXPLORACIÓN JUEGO HASTA 4 VS. 4 POCOS PARTICIPANTES DIMENSIONES PEQUEÑAS ORDEN BÁSICO DEFENSA – ATAQUE
FASE II 8-10 AÑOS	FASE DESCENTRALIZACIÓN DOMINANTE F.MOTOR VELOCIDAD REACCIÓN EQUILIBRIO FUNCIONAL RESISTENCIA AERÓBICA BAJA-MEDIA	CAPACIDAD COORD. RITMO, ORIENTACIÓN, COMBINACIÓN TÉCNICA DOMINANTE PASE/CONTROL	2 VS. 1 SUPERACIÓN DEL ADVERSARIO 3 VS. 2 POSESIÓN DEL BALON 2 VS. 1 + DEFINICIÓN	JUEGO 5 VS. 5 HASTA 9 VS. 9 CON NOCIONES TÁCTICAS DE EQUIPO ORDEN TÁCTICO BÁSICO DEFENSA-MEDIO-ATAQUE
FASE III 10-12 AÑOS	FASE SOCIAL/GRUPAL DOMINANTE F.MOTOR VELOCIDAD REACCIÓN EQUILIBRIO FUNCIONAL FUERZA EXPLOSIVA FLEXIBILIDAD RESISTENCIA AERÓBICA MEDIA-ALTA	CAPACIDAD COORD. PERCEPCIÓN, E-T ANTICIPACIÓN, COMBINACIÓN TRANSFORMACIÓN TÉCNICA DOMINANTE PASE/CONTROL REMATES	MARCACIÓN POSICIONAMIENTO DEFENSIVO CONQUISTA DEL ESPACIO EN AVANCE PROFUNDIDAD+AMPLITUD DESDOBLAMIENTO OFENSIVO	JUEGO 11 VS. 11 MOVIMIENTOS TÁCTICOS COLECTIVOS COBERTURAS - RELEVOS 11-12 AÑOS INTRODUCCION AL SISTEMA TACTICO 4-3-3

Dependiendo del grado de maduración, cada uno de esos parámetros o temas, tendrá contenidos diferenciados de programación por las fases sensibles para ser estimuladas. Estos contenidos tendrán un análisis y desarrollo más profundo cuando ingresemos en el estudio de cada fase madurativa y subciclo en particular.

LA PLANIFICACIÓN PRÁCTICA: LA PUESTA EN ESCENA

Cuando desarrollamos los pasos de la planificación didáctica mencionamos que era la "madre" de la planificación práctica. No es posible encarar el plan práctico sin comprender y elaborar aquel didáctico.

Del estudio del perfil integral del niño en cada estadio, los objetivos y medios didácticos surgirá el primer eslabón de la Planificación Práctica: nos referimos a la elección de las actividades óptimas para cada fase madurativa. El segundo paso es planificar la distribución de esos contenidos y actividades en la confección de bloques trimestrales que estarán compuestos por microciclos sostenidos. El Plan semanal dinámico sostenido pertenece al tercer eslabón de la planificación práctica y consiste en el armado del microciclo compuesto por sesiones (eslabón cuatro). Todos los contenidos semanales deberán estar minuciosamente distribuidos y organizados de manera tal que el microciclo tenga una relación y progresión metodológica en la misma semana y en el bloque trimestral propuesto en el eslabón número dos.

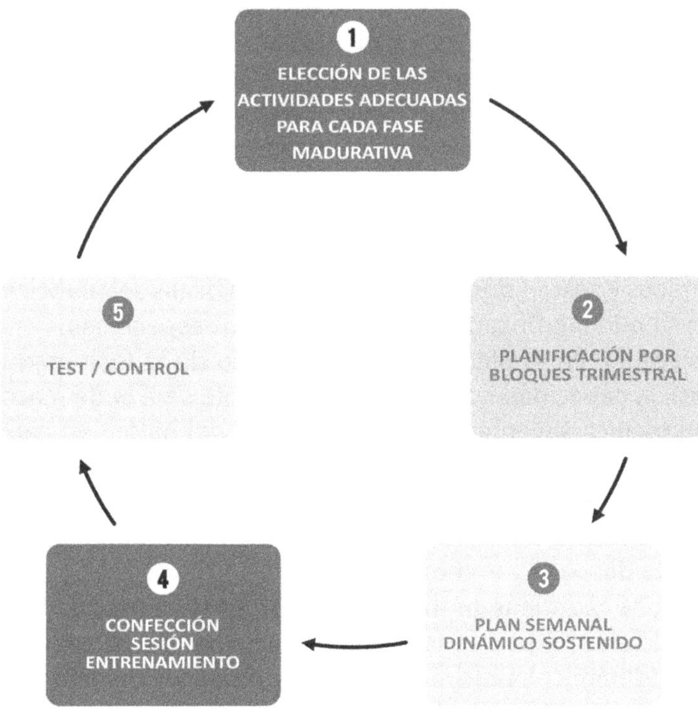

Como paso final del plan práctico es importante que aquellos profesionales que estén a cargo de las categorías infantiles expongan las actividades programadas en campo a un tiempo de reflexión, test y autocontrol de lo programado y llevado a la práctica.

ORGANIZACIÓN DE LOS CONTENIDOS EN EL MICROCICLO DINÁMICO Y SOSTENIDO ANUAL

Como veremos más adelante en la conformación de los microciclos semanales de cada fase madurativa, los contenidos irán cambiando en función de la etapa evolutiva física y mental del niño.

Llamamos al microciclo infantil "dinámico y sostenido", ya que cada fase madurativa con sus respectivos subciclos de dos años, contendrán diferentes contenidos y fundamentos dependiendo del nivel madurativo, que se irán interrelacionando entre sí, por ello el carácter de cambiante y dinámico.

Sostenido es debido a que el formato global del microciclo anual se mantendrá en los siguientes aspectos: elección metodológica, contenidos generales esenciales ya mencionados, así como los aspectos cuantitativos del proceso de entrenamiento como cantidad de sesiones, volumen, intensidad, densidad. Sólo el pasaje de una fase madurativa a otra y de un subciclo al subsiguiente producirá leves y progresivas modificaciones en estos últimos aspectos, no siendo trascendentales en el desarrollo y crecimiento del niño.

Para tal motivo programaremos un total de seis microciclos semanales dinámicos y sostenidos (uno para cada uno de los seis subciclos), que sólo irán siendo modificados en sus contenidos específicos.

Por ejemplo, en el plan semanal sostenido de la fase madurativa I (6-8 años), la capacidad coordinativa dominante será la de reacción y la habilidad técnica saliente será la conducción del balón; en cambio, en el plan semanal sostenido de la fase madurativa II (8-10 años), la capacidad coordinativa dominante será la de combinación de movimientos y orientación espacio-temporal y la habilidad técnica preponderante será el desarrollo del pase y el control del balón.

Es decir, se mantiene un hilo conductor en las capacidades y cualidades esenciales generales (sostenido) y se van modificando aquellas especiales (dinámico), pero siempre bajo un mismo modelo de programación didáctico.

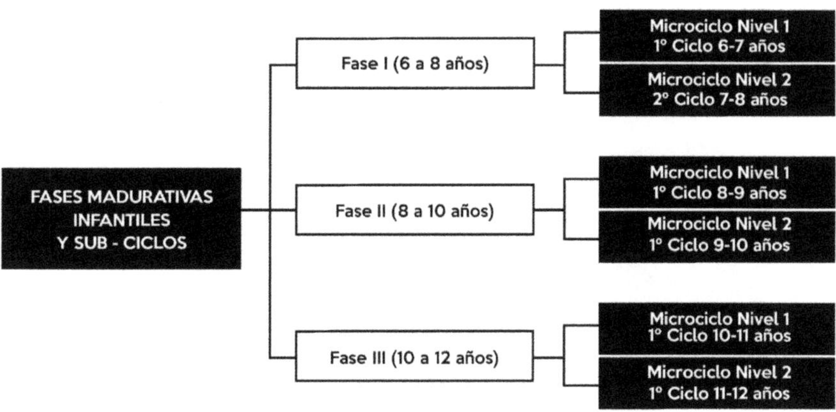

En el gráfico de arriba referenciamos la subdivisión de los seis subciclos del fútbol infantil a los cuales debe corresponder una planificación específica niveladas es seis microciclos.

LA SESIÓN DE ENTRENAMIENTO EN FÚTBOL INFANTIL

Más allá de la interpretación y programación de cada etapa evolutiva, hay aspectos que no deberían estar ausentes en todas las sesiones de entrenamiento del sector infantil.

Partiendo de la base que hay una planificación por parte del entrenador-formador, la escena de entrenamiento debe poseer ciertas características como son: el permitir la libre exploración del niño (principal protagonista del proceso de enseñanza-aprendizaje) y por ende, del tiempo que dure la sesión de entrenamiento. Éste debe tener, además de un carácter deductivo (libre exploración), un alto porcentaje de tareas técnicas (método de entrenamiento técnico mixto con 70% de actividades funcionales acompañadas de un 30% de ejercicios analíticos). También debe contar con un docente que sepa valorar la iniciativa de los niños.

El formador deberá ser un "acompañante" en el proceso de enseñanza-aprendizaje, nunca deberá olvidar que el "artista principal" de este recorrido de aprendizaje hasta el fútbol profesional es el pequeño futbolista.

El docente debe estar en un camino de guía, favoreciendo y no inhibiendo la creatividad, por ello es importante en la planificación de las actividades, proponer problemas y estimular soluciones para no exponer al niño a sesiones de entrenamiento estructuradas y conductistas.

En el gráfico presentamos las características esenciales de la sesión de fútbol infantil.

La sesión también deberá tener un "¿para qué?" muy claro antes de comenzar la misma. "El niño debe tener la sensación que aquello que está haciendo le servirá para jugar y competir" (Profesor Rocca, Italia).

El niño disfruta y aprovecha mucho más cuando su cerebro conoce el objetivo final de la actividad que está realizando, el saber el "¿por qué hago esto? ¿con qué finalidad?", produce un nivel de concentración y satisfacción mayor en el ejercicio o juego realizado, y eso debe ser evacuado por el entrenador-formador en todo inicio de sesión. Esos procesos de entendimiento y aprovechamiento mental serán explayados en capítulos venideros.

Por último, es importante que toda sesión de entrenamiento infantil cuente con variedad de juegos adaptados a la posibilidad de los niños en aspectos tales como espacio, cantidad de participantes y consignas o

reglas. Recordemos que todas las condiciones del deporte (en entrenamiento y competencia) deben adaptarse al niño y no el niño al deporte.

Estos juegos deberían tener carácter competitivo, ya que el niño disfruta la linda competencia, sobre todo a partir de los ocho años. El niño goza realizando goles en mini-juegos de diferentes formas, por ello tampoco debería faltar este ingrediente, que los entrenamientos y partidos como así las competencias, finalicen con gran cantidad de goles.

Todo lo mencionado debe confluir en un “armado” de sesión de entrenamiento, en la cual el pequeño futbolista goce, disfrute y pueda desarrollarse no sólo como deportista sino a nivel personal y social.

CONFECCIÓN DIDÁCTICA DE LA SESIÓN DE ENTRENAMIENTO INFANTIL (LOS SEIS PASOS)

Debajo presentamos un cuadro de los seis pasos progresivos que todo educador y docente deportivo debería realizar en la confección de una sesión de entrenamiento.

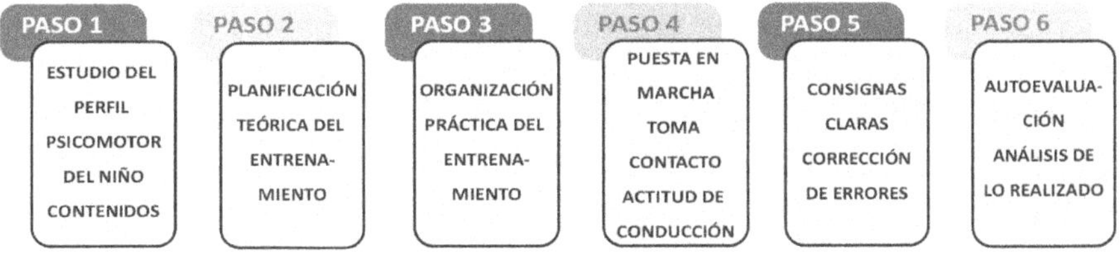

Paso 1: Como fuera mencionado en varios pasajes del libro, para la planificación didáctica es de suma importancia el estudio y conocimiento del perfil psicomotor integral del niño a la hora de planificar la sesión práctica.

Paso 2: La planificación teórica de la sesión de entrenamiento se desprende de la programación del microciclo semanal dinámico sostenido. Los tiempos de duración de cada tarea o juego, así como los tiempos de pausa y recuperación, deben ser muy bien estructurados para un mayor aprovechamiento de la unidad de entrenamiento y un óptimo rendimiento del niño.

Paso 3: La organización previa es de vital importancia. Allí debe aparecer una faceta previsora y responsable de cada uno de los integrantes del staff técnico. Los entrenadores formadores deben chequear todo el material de entrenamiento, según lo programado, trasladarlo al campo y organizarlo de manera tal que los espacios sean adecuados a los niños que entrenan (adaptabilidad óptima). Es importante que todo esté preparado en el momento que los chicos ingresan al campo de entrenamiento y no caer en improvisaciones y pérdidas de tiempo.

Paso 4: Con este paso comienza el entrenamiento, es trascendente que el entrenador-formador se tome unos pocos minutos para introducir a los pequeños en la actividad que realizarán con una breve explicación verbal de la misma. Como ya detallamos, el niño debe saber "qué" es lo que va a hacer y "para qué" lo va a realizar.

Paso 5: Este eslabón es fundamental, sobre todo cuando hablamos de niños que se encuentran en una fase de aprendizaje e incorporación de conocimientos, movimientos y gestos nuevos. Nos referimos a la corrección de errores, la cual no debe simular un castigo o reprimenda, sino que debe tratarse de una corrección docente, clara, concisa y, en la mayoría de los casos, con el ejemplo ilustrativo o muestra práctica por parte del profesor. Muchas veces, sobre todo en la fase madurativa I, no alcanza con explicaciones verbales abstractas, sino que debemos implementar ejemplos motrices prácticos, reales y palpables de la actividad a desarrollar.

Paso 6: Este es un momento que transcurre una vez finalizado el entrenamiento y que será de vital aprovechamiento en las futuras sesiones. Estamos hablando de la evaluación interna que debe hacer cada profesional sobre lo sucedido en la sesión de entreno.

Sacar conclusiones sobre lo realizado significa hacer un autoevaluación sobre lo sucedido. Cuanta mayor sea el nivel de autocrítica, mejor será el balance. En referencia a este punto, citamos una frase de Jorge Bernardo Griffa, gran formador de futbolistas, quien sostiene que "la autocrítica, tan incómoda como necesaria, es fundamental en el proceso de crecimiento de los educadores y docentes que estén a cargo del área formativa".

CAPÍTULO 3.
FASE MADURATIVA I - PERÍODO INFANTIL I (6-8 AÑOS) "PERÍODO DEL DESCUBRIMIENTO E INICIACIÓN DEPORTIVA GENERAL"

PERFIL NEUROCOGNITIVO Y FÍSICOMOTOR DEL PERÍODO INFANTIL I

La fase madurativa inicial de este proceso tan largo que emprende el pequeño futbolista tiene un marcado perfil de nuevos conocimientos y experiencias para el niño, un mundo nuevo se abre ante sus ojos. La inserción en un club, el participar de un grupo de entrenamiento y experimentar ese nuevo ámbito es toda una aventura para el chico.

Lo llamamos el período del descubrimiento porque, si bien el niño ya conoce el juego "de la pelota", está ingresando a un ámbito deportivo organizado, donde forma parte de un grupo de aprendizaje y, sobre todo de juegos, que tendrán como objetivo final, al culminar la etapa infantil a los 12 años, que el niño desarrolle los aspectos técnicos generales e incorpore las nociones básicas del deporte.

Justamente esos juegos presentan el escenario ideal para el descubrimiento por medio de la libre exploración. En estos es muy importante que los chicos realicen otras actividades psico-motrices en la escuela o en el club del barrio, esa acumulación de experiencias (iniciación deportiva general) conforman una psico-motricidad más enriquecida y completa en lo que respecta a habilidades motoras de base y capacidades coordinativas y sensoperceptivas.

En esta etapa, los objetivos deben estar centrados en actividades lúdicas con gran contenido de exploración, casi prescindiendo de ejer-

citaciones conducidas. Los niños deben ser expuestos a situaciones de juego y ejercitaciones donde ellos mismos puedan ir descubriendo el juego del fútbol con entusiasmo y sin presiones de reglas estrictas o resultados.

Una correcta combinación de habilidades motoras de base, capacidades sensoperceptivas y coordinativas será la base del programa de los niños de esta fase, como veremos más adelante en los módulos base de contenido de cada fase madurativa.

El entrenador-formador de estos períodos tan precoces debe ser de un perfil muy docente. El niño tiene que comenzar a conocer las diferentes técnicas del juego sin demasiadas correcciones específicas y, por supuesto, sin represalias que produzcan inhibición y miedos. Por el contrario, en esta etapa es más productivo que los niños realicen acciones exploratorias de ensayo y error constante, las cuales serán combinadas con la imitación tan común en esta etapa. Es allí donde se vuelve trascendente el ejemplo ilustrativo del formador. En este libro hemos decidido dividir en subciclos cada una de las fases madurativas, ya que consideramos que dos años es mucho tiempo en la evolución de estas edades.

Por ello es interesante distinguir una subdivisión entre el primer año (seis años) y la fase final de la etapa, cuando el niño se acerque a los ocho. La edad de comienzo es una etapa netamente egocéntrica y con menos experiencias a nivel motricidad general y específica. La maduración hace que ya en el segundo año el niño comience a estar dispuesto a algunos juegos y actividades de colaboración. Esto último también se basa en las experiencias que el niño ha ido transitando en el primer año de la fase infantil inicial.

Esta diferenciación dentro de la misma etapa deberá ser tenida en cuenta en el momento de la programación didáctica. Por ejemplo, en el último año (siete-ocho años), la construcción cognitiva que parte de su cuerpo comienza a considerar otros puntos de referencia en el espacio. Eso hace que las situaciones simples y juegos que tienen un alto porcentaje dentro de esta fase contengan un nivel de complejidad más elevado que en la fase inicial del período.

El papel fundamental del formador será la comprensión de las realidades del niño, en todos los aspectos que conforman la maduración psíquica, física-motriz y cognitiva de cada período.

Como ya mencionamos, el estudio profundo y minucioso de cada perfil servirá como base para la programación de los medios didácticos, actividades y ejercicios prácticos utilizados en la programación de los dos años de la fase madurativa I, que se verán reflejados en los módu-

los base que finalmente confluyen en el microciclo dinámico sostenido, como veremos en la planificación práctica de cada subciclo madurativo.

LOS CONTENIDOS DIDÁCTICOS A DESARROLLAR EN EL PERÍODO INFANTIL I

Fase infantil I - Primer ciclo (6-7 años)

En este modelo de planificación cada subciclo contará con un cuadro que llamamos "Módulos base del programa semanal dinámico sostenido". Esta organización tiene tres grandes bloques primarios: 1. Técnico-coordinativo, 2. Táctico-situacional y 3. Físico-motor neurocognitivo.

Cada uno de estos módulos o bloques contemplan contenidos que serán los dominantes de cada subciclo o año de maduración.

En el primer año de la fase infantil I tendrán predominancia actividades lúdicas con libre exploración. Sesiones de entrenamiento en las que prevalece la metodología situacional simple de baja complejidad y juegos que dominen la escena de entrenamiento. Juegos con poca colaboración, producto de la realidad egocéntrica que transcurren los niños.

El aspecto técnico ideal para desarrollar en esta etapa es la conducción del balón por la naturaleza egocéntrica del período, sobre todo en el primer año. La conducción se estimulará desde el nivel I, el más básico, con mayoría de acciones lineales. Es interesante combinar acciones técnicas de conducción con una capacidad coordinativa (CC).

En las actividades lúdico-técnicas será muy importante contar con balones de diferentes medidas y materiales, con pesos adecuados a los índices de fuerza de los niños. Balones de goma, plástico y cuero liviano son esenciales para que el niño se sienta cómodo con el elemento fundamental, que es la pelota. Además jugar con balones de diferente tamaño y peso optimiza los procesos cinestésico y propioceptivo del niño.

Proponer respuestas motoras rápidas y sencillas a las señales visuales o acústicas es una forma de juego atrayente para los niños del período, donde se incentiva la velocidad de reacción de manera efectiva y que debe reflejarse en la programación.

En el módulo táctico-situacional tendrá preponderancia los juegos 1 contra 1, 2 contra 2 y actividades similares con superioridad numérica a favor de los atacantes (dos atacantes contra un defensor) para fomentar el inicio al juego asociado entre dos participantes y, además, estimular el juego ofensivo que despierta gran atracción en los niños.

Durante el primer año de la fase madurativa I, los niños deberían experimentar juegos que no pasen los seis participantes, es decir el juego 3 vs. 3 en dimensiones pequeñas y todas sus variables posibles.

Con respecto al módulo físico-motor y neurocognitivo se tendrá en cuenta la velocidad de reacción, las capacidades coordinativas de ritmo y equilibrio, y la implementación de estímulos sensoperceptivos de complejidad baja.

MÓDULOS BASE DEL PROGRAMA PRÁCTICO DINÁMICO SOSTENIDO, FASE I – CICLO 1° (6-7 AÑOS)

FASE INFANTIL (6-8 AÑOS) - PRIMER CICLO: 6-7 AÑOS		
TÉCNICO Y TÁCTICO		FÍSICOMOTOR Y NEUROCOGNITIVO
TÉCNICO-COORDINATIVO	TÁCTICO-SITUACIONAL	FÍSICO-COORDINATIVO-PERCEPTIVO
CONDUCCIÓN NIVEL 1	SITUACIÓN SIMPLE DOMINANTE 1 VS 1 TODAS SUS FORMAS	VELOCIDAD REACCIÓN
GAMBETA NIVEL 1	JUEGOS DIMENSIONES PEQUEÑAS JUEGOS DE CORTA DURACIÓN	CC RITMO + CC EQUILIBRIO
CONDUCCIÓN + 1 CC	POSICIONAMIENTO BÁSICO DIFERENCIACIÓN DEFENSA-ATAQUE	ESTÍMULOS SENSOPERCEPTIVOS COMPLEJIDAD BAJA

MICROCICLO DINÁMICO SOSTENIDO, PERÍODO INFANTIL I – CICLO 1° (6-7 AÑOS)

MICROCICLO BASE SOSTENIDO		
FASE MADURATIVA I - PERÍODO INFANTIL (6-8 AÑOS)		PRIMER CICLO (6-7 AÑOS)
SESIÓN 1	SESIÓN 2	SESIÓN 3
RECORRIDO TÉCNICO COORDINATIVO (20')	CIRCUITO SENSOPERCEPTIVO (20')	COMPETENCIA
JUEGOS DE CONDUCCIÓN (20')	JUEGOS DE DRIBBLING NIVEL 1 (20')	FORMATO: JUEGO 3 VS 3
SITUACIÓN SIMPLE 1 VS 1 (20')	SITUACIÓN SIMPLE 2 VS. 1 (20')	TIEMPOS: 3 BLOQUES 15'

Fase infantil I - Segundo ciclo (7-8 años)

El aspecto técnico dominante continúa siendo la gambeta y la conducción, pero en este subciclo desarrollaremos el nivel II de manera más acentuada. Nos referimos a un tipo de conducción con cambios de dirección, obstáculos y mayor complejidad.

Cuando el niño ingresa en el segundo año de esta primera fase, podremos incluir juegos y situaciones simples, con un nivel de complejidad mayor, donde la colaboración entre los participantes de los juegos comienza a tener una orientación más colectiva y con mínimas normas de juego, que darán indicios de los primeros pasos hacia la comprensión de la actividad grupal.

Ya en este segundo año se pueden programar combinaciones funcionales entre los gestos de correr-conducción-rematar. Combinación de acciones técnicas con capacidades coordinativas son realizables y beneficiosas para el desarrollo del niño.

Desde el módulo táctico-situacional, es posible ampliar los espacios de juego, campos de acción y se produce una introducción al juego asociado, sobre todo en el segundo semestre de este segundo subciclo. Los juegos deben ser de corta duración, es importante el papel de las pausas, las cuales deben ser varias, pero cortas para no producir aburrimiento en los niños.

La aproximación al juego 4 vs. 4 en esta segunda etapa producirá avances en el conocimiento y entendimiento de nociones tácticas básicas que formarán parte esencial de la fase madurativa siguiente (fase II, 8-10 años).

La velocidad de reacción es posible estimularla con ejercicios de mayor complejidad que en el subciclo anterior y, además de las capacidades de ritmo y equilibrio, comenzamos a desarrollar la capacidad de orientación espacio-temporal ligada a los espacios de juego. Los estímulos sensoriales y perceptivos también ascienden en la escala de complejidad, como presentamos en el módulo base del programa dinámico sostenido del subciclo.

MÓDULOS BASE DEL PROGRAMA PRÁCTICO DINÁMICO SOSTENIDO, FASE I – CICLO 2° (7-8 AÑOS)

FASE INFANTIL (6-8 AÑOS) - SEGUNDO CICLO: 7-8 AÑOS		
TÉCNICO Y TÁCTICO		FÍSICOMOTOR Y NEUROCOGNITIVO
TÉCNICO COORDINATIVO	TÁCTICO SITUACIONAL	FÍSICO COORDINATIVO PERCEPTIVO
CONDUCCIÓN NIVEL 2	SIT. SIMPLE DOMINANTE PREDOMINANTE 1 VS1 Y 2 VS 2	VELOCIDAD REACCIÓN COMPLEJA
GAMBETA/DRIBBLING NIVEL 2	INTRODUCCIÓN INICIAL JUEGO ASOCIADO	CC ORIENTACIÓN ESPACIO TEMPORAL
DRIBBLING + 2 CC	AMPLÍA LEVEMENTE ESP. ACCIÓN ORDENAMIENTO JUEVO 4 VS 4	ESTÍMULOS SENSOPERCEPTIVOS COMPLEJIDAD MEDIA

MICROCICLO DINÁMICO SOSTENIDO, PERÍODO INFANTIL I – CICLO 2° (7-8 AÑOS)

MICROCICLO BASE SOSTENIDO		
FASE MADURATIVA I - PERÍODO INFANTIL (6-8 AÑOS)		SEGUNDO CICLO (7-8 AÑOS)
SESIÓN 1	SESIÓN 2	SESIÓN 3
RECORRIDO TÉCNICO COORDINATIVO (20')	CIRCUITO SENSOPERCEPTIVO (20')	COMPETENCIA
JUEGOS DE CONDUCCIÓN 1 VS 1 (20')	JUEGOS DE DRIBBLING NIVEL 2 (20')	FORMATO: JUEGO 4 VS 4
SITUACIÓN SIMPLE 2 VS 2 (20')	SITUACIÓN SIMPLE 4 VS. 4 (20')	TIEMPOS: 3 BLOQUES 15'

CAPÍTULO 4.
FASE MADURATIVA II - PERÍODO INFANTIL II (8-10 AÑOS) "LA ETAPA DEL CONOCIMIENTO Y ADQUISICIÓN TÉCNICA"

PERFIL NEUROCOGNITIVO Y FÍSICOMOTOR DEL PERÍODO INFANTIL II

Llamamos a esta fase madurativa la etapa del conocimiento y adquisición técnica, ya que es conocida dentro del mundo del aprendizaje motor del niño como un período ideal para la enseñanza psicomotriz, un momento sensible que se caracteriza por un óptimo nivel general para incorporar enseñanzas y experiencias motrices nuevas y consolidar las ya conocidas.

Los niños de esta edad ya han superado la fase egocéntrica que ha caracterizado su comportamiento en el estadio precedente. Comienzan a adquirir una predisposición a la cooperación y la descentralización en el comportamiento de sus acciones motrices. Esto conlleva a un gran avance en lo que respecta a la idea de juego colectivo, la posibilidad de implementación de actividades grupales.

Este estado permite una adquisición de la técnica en todas sus variantes. Las enseñanzas de las diferentes técnicas del deporte no deberían ser mecanizadas, es más conveniente una prevalencia funcional de las ejercitaciones programadas, dentro de una dialéctica donde la calidad y la aplicabilidad del mismo gesto interactúen y se complementen entre sí. Las tareas situacionales simples, con un grado mayor de complejidad, son el ámbito ideal para el desarrollo del bagaje técnico. En el módulo táctico aparecen situaciones de juego colectivo más acentuadas, como la colaboración, la posesión del balón, el juego de pases asociados, que en la fase madurativa anterior no era fácil de encontrar.

Todo lo mencionado hace que esta fase sea propicia para la adquisición de las acciones técnicas del pase y el control del balón en todas sus formas, ambos gestos que contienen una alta y comprobada "socialización deportiva", ya que necesitan ambos, de uno o varios compañeros para poder ejecutarlas.

El aprendizaje y la consolidación de esos gestos técnicos tendrán relación directa con los conceptos tácticos básicos, tales como el apoyo, la transición o el juego de pases para avanzar en el campo, el posicionamiento defensivo, la cobertura del espacio y el movimiento hacia el oponente en posesión de la pelota.

Todos estos comportamientos específicos del juego deberán ser estimulados mediante la exploración continua a medida que el niño avanza en su desarrollo y acumulación de experiencias por medio de diferentes formas de juego, donde la función del director técnico formador será, mediante la programación adecuada de tareas, generar la curiosidad y la investigación en el pequeño.

Con esto último, queremos señalar que los juegos tan ligados a los aprendizajes de los primeros conceptos tácticos deben conservar una relación de armonía con las posibilidades de los niños. Tarea esencial del grupo técnico de cada fase de edad (8-9 y 9-10 años) será la de saber interpretar qué dimensiones de espacio de juego y número de participantes será el adecuado para que los entrenamientos sean productivos y atractivos.

En lo que refiere al entrenamiento físico-motor, el objetivo estará puesto en los aspectos de velocidad y coordinación, cualidades que deben ser combinadas con acciones técnicas.

Los juegos de velocidad de reacción a estímulos acústicos y visuales y las acciones en régimen de velocidad con frecuencias de movimiento altas también se adecúan al perfil psicomotor que transcurren los niños de estas edades. Los tiempos de recuperación deberán ser bien dosificados, sin caer en largos tiempos de espera entre acción y acción, debido a que los niños necesitan estar en constante movimiento.

El entrenamiento de la resistencia en esta etapa del fútbol infantil deberá ser realizado a través de juegos con el balón; el corazón y las fibras musculares cardíacas del niño muestran un desarrollo armonioso en el crecimiento y en la formación. Los métodos ortodoxos o puros quedarán para etapas juveniles posteriores.

De todas formas, es posible comenzar a programar actividades con objetivos de resistencia dentro de la metodología situacional (diferentes tipos de juegos adaptados a las posibilidades), ya que durante el desarrollo, el número de fibras musculares cardíacas sigue siendo el mismo, pero las fibras individuales se alargan y se vuelven más gruesas. Con el aumento de la longitud de las fibras, se reduce la frecuencia cardíaca. En respuesta a la hipertrofia, causada por el desarrollo por los mismos juegos y entrenamientos, se dilata también el espacio interior del corazón y aumenta el volumen de choque cardíaco. De esta manera, el trabajo del corazón se vuelve más eficiente y armonioso.

Con referencia a la conducción de la actividad grupal, los profesionales a cargo de estas categorías no deben olvidar que, más allá de un progreso notorio con respecto a la fase anterior, continúan entrenando con niños y no con adultos profesionales, por ende será importante saber interpretar no sólo los aspectos fisiológicos, sino también su psicología y desarrollo cognitivo.

Las desaprobaciones o correcciones agresivas no ayudan en nada al crecimiento de los niños, sino que, por el contrario, lo inhiben ocasionando un proceso negativo en la persona y el pequeño deportista. El entrenador no debería perder de vista que ante todo es un formador, que tiene un rol fundamental en la conformación de la personalidad del pequeño deportista creando confianza y autoestima en él.

LOS CONTENIDOS DIDÁCTICOS A DESARROLLAR EN EL PERÍODO INFANTIL II

Fase infantil II - Primer ciclo (8-9 años)

El primer su-ciclo de esta segunda fase infantil estará dominado por un alto contenido técnico-coordinativo y táctico-situacional.

El módulo táctico, muy relacionado al avance de los aspectos técnicos, contiene ejercicios y juegos con la aparición de conceptos tácticos generales tales como el juego asociado y nociones básicas como la posesión del balón, superación del rival y un correcto posicionamiento. Para el aprendizaje de lo detallado, en esta subfase serán dominantes los juegos 5 contra 5 y 7 contra 7.

El entrenamiento en situación simple sigue teniendo gran preponderancia en la etapa y hay una mayor participación de situación standard y funcional con respecto al período precedente.

Foto arriba: Entrenamiento situacional 5 vs. 5 + portero – fase madurativa infantil II

Existe una interrelación directa entre los módulos técnico-coordinativo y táctico-situacional, en los cuales debemos volcar en la programación práctica actividades con diferentes variaciones de juegos. Éstos tienen gran contenido técnico con predominancia del pase y control, y comienzan a aparecer algunas reglas e indicaciones, pero con un espíritu aún exploratorio, incentivando la investigación propia de cada técnica, haciendo hincapié en juegos para el desarrollo del pase y el control.

Los niños de estas fases madurativas y de este subciclo en particular están capacitados para agrandar campos de acción desde el punto de vista físico e intelectual, lo cual se ve reflejado a la mayor adaptabilidad a espacios de juego más amplios y, por ende, con mayor cantidad de participantes.

En este subciclo empezamos a implementar la metodología del entrenamiento técnico-mixto de manera sistemática, proponiendo la combinación de tareas analíticas con actividades funcionales consecutivas, ambas dentro de un marco lúdico y atractivo. Los recorridos con acciones técnicas, coordinativas y con leves exigencias físicas y reglas predeterminadas son propicios para este primer período.

En el módulo físico-motor y neurocognitivo los circuitos técnicos, coordinativos y de frecuencia son muy importantes en el presente ciclo, así como la iniciación a los ejercicios de saltos programados con obstáculos bajos para ser combinados con acciones de velocidad de reacción y velocidad de carrera o sprint. A las capacidades coordinativas ya estimuladas en el período anterior se le suma la capacidad de percepción espacio-temporal.

MÓDULOS BASE DEL PROGRAMA PRÁCTICO DINÁMICO SOSTENIDO, FASE II – CICLO 1° (8-9 AÑOS)

FASE INFANTIL II (8-10 AÑOS) - PRIMER CICLO: 8-9 AÑOS		
TÉCNICO Y TÁCTICO		FÍSICOMOTOR Y NEUROCOGNITIVO
TÉCNICO COORDINATIVO	TÁCTICO SITUACIONAL	FÍSICO COORDINATIVO PERCEPTIVO
PASE CONTROL NIVEL 1	SIT. SIMPLE DOMINANTE JUEGOS 5 VS 5 A 7 VS 7	VELOCIDAD REACCIÓN VELOCIDAD SPRINT
CONTROL CONDUCCIÓN PASE	JUEGO ASOCIADO NOCIONES BASE DE EQUIPO	CC PERCEPCIÓN ESPACIO TEMP. CC EQUILIBRIO + RITMO
PASE CONTROL + 2 CC	AMPLÍA ESPACIO ACCIÓN POSESIÓN BALÓN SUPERACIÓN RIVAL	ESTÍMULOS SENSOPERCEPTIVOS COMPLEJIDAD MEDIA

MICROCICLO DINÁMICO SOSTENIDO, PERÍODO INFANTIL II – CICLO 1° (8-9 AÑOS)

MICROCICLO BASE SOSTENIDO		
FASE MADURATIVA II - PERÍODO INFANTIL 2 (8-10 AÑOS)		PRIMER CICLO (8-10 AÑOS)
SESIÓN 1	SESIÓN 2	SESIÓN 3
CIRCUITO COORDIANATIVO Y SENSOPERCEPTIVO (15')	CIRCUITO VEL. REACCIÓN + GESTO TÉCNICO PASE (15')	COMPETENCIA
PASE Y CONTROL SIT. SIMPLE 2 VS 2 (25')	SIT. STANDARD 1 VS 1 + SIT. FUNCIONAL 4 VS 3 (25')	FORMATO: JUEGO 7 VS 7
PASE Y CONTROL SIT. FUNCIONAL 2 VS 2 (25')	SITUACIÓN SIMPLE 6 VS 6 (25')	TIEMPO DE JUEGO: 3 X 18'

Fase infantil II - Segundo ciclo (9-10 años)

Luego de transcurrir tres años en el fútbol infantil y favorecidos por un desarrollo cognitivo y físico-motriz casi ideal, en este segundo período de la fase madurativa II podemos incluir en la programación acciones técnicas y tareas situacionales con un índice de complejidad mayor.

El pase y el control seguirán siendo los aspectos técnicos más preponderantes, pero en un nivel mayor de complejidad, siendo combinados con tres capacidades coordinativas. Además, se desarrollarán diferentes tipos de control combinados con la acción del dribbling.

Las actividades tácticas-situacionales continúan ampliando los espacios de acción alcanzando el 9 vs. 9, con un juego de mayor complejidad, en el que ya debe haber una distinción y comprensión clara entre defensa, mediocampo y zona ofensiva. Esos contenidos deben representarse claramente en lo que es el módulo base y el microciclo práctico dinámico sostenido.

Dentro de la metodología situacional, prevalecen los tipos de situación simples, como en toda la etapa infantil, pero en este subciclo hay una aparición de juegos reglados de forma más elevada desde la faz cognitiva. Esa complejidad debe estar ligada a la ampliación del espacio, mayores opciones de decisión (compañeros disponibles) y lectura más amplia del escenario de juego por la sumatoria de dimensiones del juego, compañeros y rivales (máximo 18 participantes).

Las situaciones standard y funcional tienen en este subciclo de 9-10 años una preponderancia importante, sin llegar aún a poseer la dominancia que tendrán en los períodos venideros.

La característica competitiva se acrecienta en este segundo subciclo, por ello en la programación práctica tendremos en cuenta los juegos con mayor influencia competitiva. En este subciclo los aspectos de fuerza de base serán estimulados a través de formas de juegos, recorridos coordinativos y actividades lúdicas.

La cualidad de resistencia baja y media será estimulada por medio de la batería de ejercicios situacionales y también por recorridos técnicos y coordinativos con programación más estructurada en relación a tiempos de duración en formas de bloques o series.

A las capacidades coordinativas de reacción, equilibrio y ritmo le agregamos el estímulo dominante de la capacidad coordinativa de orientación, muy sensible en este período por todo lo mencionado. En este segundo subciclo los estímulos senso-perceptivos deben ser muchos, variados y complejos.

MÓDULOS BASE DEL PROGRAMA PRÁCTICO DINÁMICO SOSTENIDO, FASE II – CICLO 2° (9-10 AÑOS)

MICROCICLO DINÁMICO SOSTENIDO, PERÍODO INFANTIL II – CICLO 2° (9-10 AÑOS)

MICROCICLO BASE SOSTENIDO		
FASE MADURATIVA II - PERÍODO INFANTIL 2 (8-10 AÑOS)		PRIMER CICLO (9-10 AÑOS)
SESIÓN 1	SESIÓN 2	SESIÓN 3
CIRCUITO COORDIANATIVO Y SENSOPERCEPTIVO (15')	CIRCUITO VEL. SPRINT + GESTO TÉCNICO PASE (15')	COMPETENCIA
PASE Y CONTROL SIT. SIMPLE 3 VS 3 (25')	SIT. STANDARD 1 VS 1 + SIT. FUNCIONAL 3 VS 2 (25')	FORMATO: JUEGO 9 VS 9
PASE Y CONTROL SIT. FUNCIONAL 5 VS 5 (25')	SITUACIÓN SIMPLE 8 VS 8 (25')	TIEMPO DE JUEGO: 3 X 18'

CAPÍTULO 5.
FASE MADURATIVA III - PERÍODO INFANTIL III (10-12 AÑOS) "INTRODUCCIÓN AL JUEGO COLECTIVO Y CONSOLIDACIÓN TÉCNICA"

PERFIL NEUROCOGNITIVO Y FÍSICO-MOTOR DEL PERÍODO INFANTIL III

Con muchas experiencias técnicas y coordinativas en los dos períodos que la anteceden, la fase madurativa III es el momento evolutivo ideal para alcanzar la consolidación técnica y comenzar a introducir al niño en el juego colectivo del fútbol en medidas profesionales, sobre todo en el último año de esta fase madurativa (subciclo 2, 11-12 años).

Al comenzar a analizar la fase madurativa infantil I (seis años), manifestamos que el chico llega al club sabiendo lo que es "jugar a la pelota"; al finalizar esta fase madurativa III a los doce años y por ende la culminación del gran período infantil, el niño debe ingresar a la fase madurativa IV (primer período juvenil) con un conocimiento general afianzado sobre el juego del fútbol.

La etapa que va de los 10 hasta los 12 años es el último tramo que los niños transitan en el fútbol infantil, si bien las características de los niños de estas edades son similares, realizaremos una subdivisión dentro de la misma etapa en dos subciclos como en las dos fases anteriores.

En el primer subciclo del período infantil III, los niños de 10 años conservan un perfil similar al período anterior, pero luego, a partir del segundo año, comienzan a manifestar avances notables en todos los aspectos que hacen al aprendizaje motor.

Los procesos mentales madurativos presentan un desarrollo mayor y esta realidad conjuntamente a la escolaridad, que ya lleva cuatro años en la vida de los niños, hace que el pequeño futbolista esté preparado para afrontar procesos mentales de anticipación y elaboración, y de esa forma programar situaciones técnico-tácticas complejas.

Comienzan a adquirir una cierta autonomía intelectual que se refleja en ser el protagonista de su propio aprendizaje. La capacidad de formular hipótesis, a pensar de manera abstracta, de mantener en mente los conceptos recibidos y traducirlos de forma operativa, orientar la dirección del modelo de enseñanza hacia una metodología de concepto, que se traduce en la aplicación de patrones de movimiento que definen el modelo de juego colectivo.

Una consideración fundamental que debe hacerse se refiere a la capacidad del preadolescente para evaluar objetivamente los hechos, poniendo en una situación crítica tanto a sus propias acciones y las de los demás.

En el módulo técnico, los objetivos fundamentales del proceso de enseñanza seguirán siendo los de incrementar el aprendizaje de las diferentes técnicas del fútbol, que deben tender a la automatización, a la coordinación fina del gesto y su consiguiente utilización funcional dentro de un ámbito de juego determinado.

Tabla del estudio de Mirwald de maduración biológica con un grupo de 10-12 años

Como entrenadores-formadores de esta fase madurativa debemos entender que no debe ser el resultado de la competencia o el rendimiento físico en los entrenamientos de los pequeños futbolistas un parámetro fundamental y determinante. Como analizaremos, es esencial tener en cuenta la edad biológica y la maduración física precoz, que en muchos casos provocan óptimos rendimientos del momento en una parte del equipo o grupo, relegando a niños con gran talento y proyección futura en la elección que experimentan un desarrollo físico-motor tardío.

Un profesor de educación física está muy bien preparado, por su estudio y experiencia de entrenamiento, para poder determinar el nivel madurativo de los integrantes de un equipo o categoría. De todas formas es importante el aporte científico que otorga una mayor exactitud en un diagnóstico madurativo. Para ello, es interesante apoyarse en los nuevos estudios y evaluaciones médicas que brindan los especialistas en medicina deportiva.

En la siguiente tabla, presentamos el estudio de Mirwald (que será desarrollado más adelante por un especialista de alta experiencia en la materia), el cual fue realizado con niños fichados en un club de la Asociación del Fútbol Argentino (AFA).

Las edades oscilan entre 11 y 13 años. Como podemos observar en las columnas correspondientes a peso, talla, índice masa corporal e índice madurativo, todos los datos presentan una marcada diferencia entre niños que se llevan tan sólo un año de edad cronológica. He aquí la justificación del porqué debemos realizar la subdivisión en sub-ciclos.

El dato de la columna Peak Height Velocity (PHV), que en español significa "pico de máxima velocidad de crecimiento", es utilizado para pronosticar el ingreso del niño/adolescente a la etapa de la pubertad, momento madurativo ideal para el comienzo del entrenamiento de la fuerza, por ejemplo.

La última columna de la tabla ofrece un dato de predicción de talla por fórmulas estándar, compuestas por diferentes mediciones, que explicamos más adelante en los capítulos de fútbol juvenil y en el capítulo12 del libro, en el que mostramos la organización y funciones del Departamento Físico-Motor y de Medicina Deportiva, en el cual presentamos el estudio de maduración biológica de Mirwald de manera completa.

FASES INFANTIL 3 10-12 AÑOS	DATOS DEMOGRÁFICOS					DATOS BÁSICOS			DERIVADAS DEL CÁLCULO			
JUG. PUESTO	F. NAC.	F. EVAL.	EDAD	PESO	TALLA	SEN	L. PIER.	I. CORM	IMC	I. MAD	E. PVH	TALLA
ARQUERO	11/07/04	19/03/15	10,68	41,5	148	80,5	67,50	54,4%	18,95	-2,12	12,80	175,8
ARQUERO	14/04/03	19/03/15	11,93	61,4	156	80,5	75,50	51,6%	25,23	-1,26	13,19	179,2
DEF. CENTRAL	17/03/04	19/03/15	11,00	38,2	153	79	74	51,6%	16,32	-2,16	13,17	177,3
DEF. CENTRAL	22/03/04	19/03/15	10,98	35,6	144,5	82	62,50	56,7%	17,05	-1,93	12,91	182,4
MEDIO C. CENTRAL	02/05/04	19/03/15	10,87	41,8	147	75	72	51%	19,34	-2,54	13,41	180,6
MEDIO C. CENTRAL	21/03/02	19/03/15	12,99	81,5	169	89	80	52,7%	28,54	0,41	12,58	173,5
MEDIO C. EXTER.	14/04/02	19/03/15	12,93	65,2	172,5	89,5	83	51,9%	21,91	0,21	12,72	176,80
MEDIO C. EXTER.	02/09/03	19/03/15	11,54	44,2	158	82	76	51,9%	17,71	-1,54	13,08	177,5
ATACANTE	10/09/04	19/03/15	10,54	35,8	150	76	74	50,7%	15,91	-2,68	13,22	178,90
ATACANTE	17/09/02	19/03/15	12,51	42,3	159,5	81,5	78	51,1%	16,63	-1,71	13,68	172,40

Gráfico arriba: Tabla de Estudio de Mirwald para control de maduración biológica y predicción de talla.

LOS CONTENIDOS DIDÁCTICOS A DESARROLLAR EN EL PERÍODO INFANTIL III

Fase infantil III - Primer ciclo (10-11 años)

El módulo base físico-motor y neurocognitivo de los niños de este sub-ciclo abarca dos áreas bien distintas: por un lado, el desarrollo de los aspectos de resistencia y velocidad (con diferentes subtipos de esta cualidad), a través de entrenamiento situacional (situaciones de juego en espacios con diferentes dimensiones), en el que el niño aparte de desarrollar las capacidades aeróbicas y de velocidad también es estimulado desde lo técnico-coordinativo, ya que el futbolista experimenta acciones técnicas en un ámbito de juego.

En esta fase, este tipo de entrenamientos situacionales comienzan a tener objetivos con un régimen físico orientado y programado, además de los objetivos técnico-tácticos.

Las situaciones standard y funcional, además de ejercicios de competencia, se combinan con las situaciones simples y forman parte fundamental de las actividades del subciclo. Los circuitos de coordinación, frecuencia y equilibrio funcional deben ser estimulados en dos sesiones semanales (estímulos coordinativos y sensoperceptivos).

Lo físico-motor se desarrollará a través de circuitos de complejidad baja a dos secuencias. Secuencia 1: acción de salto o frecuencia y secuencia 2: gesto técnico.

El módulo técnico-coordinativo muestra como aspecto dominante el pase y control de diferentes niveles de complejidad, en lo que deber ser la consolidación de ambos gestos, combinados con otras acciones de índole técnica, como el remate y capacidades coordinativas.

El módulo táctico-situacional sigue presentando a la situación simple como dominante en lo que será el último del juego 9 contra 9 antes de la inserción al fútbol formal 11 vs. 11 propiamente dicho.

La metodología situacional viene aparejada de conceptos tácticos de base nuevos, como la marcación y el posicionamiento defensivo en equipo. Además de movimientos de ataque diferentes en lo que respecta a la conquista del espacio. Las transiciones y elaboración del medio juego también deben ser programados y estimulados dentro del sistema.

MÓDULOS BASE DEL PROGRAMA PRÁCTICO DINÁMICO SOSTENIDO, FASE III – CICLO 1° (10-11 AÑOS)

MICROCICLO DINÁMICO SOSTENIDO, PERÍODO INFANTIL III – CICLO 1° (10-11 AÑOS)

MICROCICLO BASE SOSTENIDO		
FASE MADURATIVA III - PERÍODO INFANTIL 3 (10-12 AÑOS)		PRIMER CICLO (10-11 AÑOS)
SESIÓN 1	SESIÓN 2	SESIÓN 3
EJERCICIOS SENSORIO COORDINATIVOS + TÉCNICA	CIRCUITO VELOCIDAD REACCIÓN Y DECISIÓN (20')	COMPETENCIA
PASE Y REMATE SIT. SIMPLE 3 VS 3 (20')	ENTRENAMIENTO TÉCNICO - MIXTO (30')	FORMATO: JUEGO 9 VS 9
SITUACIÓN FUNCIONAL 7 VS 7 (30')	SITUACIÓN FUNCIONAL 9 VS 9 (20')	TIEMPO DE JUEGO: 3 X 20'

Fase infantil III - Segundo ciclo (11-12 años)

Este es el año final de lo que llamamos el largo período infantil, ya que el niño comienza un desarrollo progresivo hacia su mente y cuerpo adolescente alcanzando niveles cognitivos elevados.

Las situaciones simples son combinadas con muchas tareas de situación funcional, donde conviven las tomas de decisiones por medio de los procesos mentales: anticipación, elaboración y ejecución.

Por ello es factible en el módulo táctico-situacional programar tareas y juegos de mayor complejidad para ser entrenados y desarrollados. Los entrenamientos tácticos "más reales", aunque aún en sus formatos básicos, serán protagonistas de este segundo subciclo de 11 y 12 años.

Nos referimos a contenidos más especiales dentro de los diferentes tipos de situaciones estudiados, en los que aparecen acciones del juego colectivo como relevos, coberturas, y la incorporación de conceptos de profundidad y amplitud en ataque.

Todo ellos confluyen en movimientos generales de defensa, mediocampo y ataque, bajo formas de juegos que deberían ser la base introductoria al sistema de juego 4-3-3 y 4-3-1-2, ambos esquemas de juego que se adecúan a la evolución y posibilidad física y cognitiva de los niños.

El módulo técnico-coordinativo del subciclo es propicio para la práctica y desarrollo de acciones técnicas combinadas, como así también el entrenamiento del pase y control en niveles de alta complejidad y variedad.

Las cualidades condicionales toman mayor trascendencia dentro del módulo físico-motor y neurocognitivo, donde las actividades deberían poseer alto contenido de programación en las capacidades coordinativas ya entrenadas en fases anteriores y, en especial, con ejercicios de diferenciación y anticipación, sensibles en este estadio.

La velocidad física motriz (reacción, sprint y velocidad combinada) y la velocidad mental (anticipación, decisión) son entrenadas tanto desde los circuitos por niveles de complejidad 1 y 2 y también a través de la metodología situacional.

La fuerza explosiva comienza a desarrollarse de manera más programática por medio de circuitos de saltos y coordinación nivel 1 y 2 y juegos de tracción del tren superior, combinado con la introducción a ejercicios de fuerza general.

Como ya mostramos en estudios realizados, los niños de 11 y 12 años alcanzan niveles en fuerza y resistencia superiores, sobre todo en el segundo semestre del segundo subciclo, fase muy sensible donde muchos chicos están en pleno desarrollo hacia la pubertad, con muchas varia-

ciones y diferencias intergrupales a las que debemos prestar atención, estudio y cuidados.

MÓDULOS BASE DEL PROGRAMA PRÁCTICO DINÁMICO SOSTENIDO, FASE III – CICLO 2° (11-12 AÑOS)

MICROCICLO DINÁMICO SOSTENIDO, PERÍODO INFANTIL III – CICLO 2° (11-12 AÑOS)

CAPÍTULO 6.
LA PROGRAMACIÓN DEL PROCESO DE ENTRENAMIENTO JUVENIL
"EL MODELO DE PLANIFICACIÓN DINÁMICO - SOSTENIDO"

LAS BASES DEL MODELO DINÁMICO - SOSTENIDO

Un modelo de planificación no determina el éxito definitivo de un proceso infantojuvenil y profesional, pero sí asegura un ordenamiento de ese proceso. En el libro Proceso formativo del futbolista infantil y juvenil hasta el fútbol profesional, presentamos el modelo ATR adaptado al fútbol como plan central de la etapa juvenil y profesional, además de mencionar la importancia de otros modelos divididos en dos grandes grupos: los basados en la realidad del deporte como aquellos modelos orientados en el perfil del deportista.

A lo largo de tantos años de experimentación hemos conformado lo que denominamos el "Modelo de Planificación Dinámico Sostenido". Podríamos incluirlo en el conjunto de modelos de planificación pertenecientes a aquellos que se basan en el perfil del deportista, con una característica abierta y no rígida. También este modelo permite una programación más extensa, ya que abarca las tres áreas: infantil, juvenil y profesional (a diferencia del modelo ATR que era implementado recién desde el fútbol juvenil).

El modelo de planificación dinámico sostenido se rige por bloques o módulos (ver gráfico). Por un lado, tenemos los bloques del programa plurianual, que tendrán alcance de largo plazo. La duración de este

programa puede extenderse hasta quince años (de seis a veinte años de edad de un futbolista).

Esta programación a largo plazo deberá contar con principios esenciales y uniformes que rijan todo el mega-proceso de entrenamiento. Estos principios no deben ser muchos, pero sí muy claros y dominantes en toda la etapa infantil y juvenil. Todos los técnicos, profesores y docentes que participen de la estructura, como aquellos que se vayan insertando con el correr de las temporadas deportivas, deben adecuarse y compenetrarse con esa filosofía de trabajo.

Los principios fundamentales del modelo de planificación son:

1. Un principio que debe regular la generalidad del modelo es que el balón debe estar siempre presente en las actividades y sesiones infantiles y en la mayoría de las sesiones juveniles y profesionales.
2. Las diferentes capacidades físicas, coordinativas y sensoperceptivas serán desarrolladas, en gran parte, a través de ejercicios analíticos, situacionales y entrenamientos integrados sin dejar de lado metodologías ortodoxas y puras de entrenamiento físico, las cuales tendrán porcentajes de estimulación diferentes según cada fase madurativa juvenil y profesional.
3. Este estilo de entrenamiento específico debe orientarse a una didáctica que favorezca la creatividad, la iniciativa y auto-confianza del futbolista y no un adiestramiento rígido.
4. En todas las fases madurativas, las planificaciones deben adaptar el deporte a la realidad del momento madurativo del niño y el joven. Desde todos los módulos: físico, mental, táctico y técnico.
5. A lo largo de todo el recorrido del modelo dinámico sostenido, el futbolista debe experimentar, de manera progresiva, diferentes enseñanzas en lo que refiere a sistemas tácticos. Para ello debemos contar con entrenadores docentes, que sepan manejar todos los sistemas tácticos conocidos, en favor de un futbolista que domine en amplitud los sistemas tácticos, por encima de sus preferencias o gustos personales.
6. Entrenar para formar y para competir. No debemos olvidar que estamos ayudando a formar una persona y un deportista para un mundo competitivo y exigente, por ello estimular la competencia, en su justa medida, es parte vital de este proceso de formación integral, tema sobre el cual nos explayaremos en el último capítulo del libro cuando hablemos de educación y valores en el deporte.

Al comenzar cada nueva temporada deportiva (en el microciclo destinado a la planificación), todos los entrenadores a cargo de cada categoría deben tener de manera muy clara y presente esta primera parte de la programación del modelo. Nos referimos a los principios presentados, desde los formadores y docentes de la primera fase madurativa (sub-ciclo 6-7 años) hasta los entrenadores de las fases madurativas juvenil mayor (17-19 años) y profesional del club.

Es importante detallar que la formulación de los principios puede ser variable, dependiendo de las realidades socio-deportivas de cada institución. Lo importante es contar con esos principios como base fundamental del modelo y sostenerlos en el tiempo.

Como tercer bloque del modelo de planificación encontramos la determinación de objetivos y medios de entrenamiento diferenciado por fases madurativas. Como veremos más adelante en los cuadros de módulos base de programación correspondiente a cada fase madurativa juvenil y profesional, cada estadio contará con contenidos acordes y adaptados a cada etapa.

Una vez que estén bien estipulados, fijados y elaborados los módulos y pertenecientes al programa plurianual (primera parte del modelo de programación) es posible entonces pasar al segundo paso, nos referimos a la planificación de los bloques del Programa Anual con una duración de once a doce meses, que a su vez se subdivide en dos grandes

bloques el previo a la competencia (más pequeño) y el de la competencia propiamente dicha (más grande).

En ambos bloques, los contenidos serán los mismos por cada fase de evolución, distinguiéndose solamente en lo que respecta a un mayor volumen, intensidad y densidad del entrenamiento en el primer bloque de preparación pre-campeonato.

Hasta llegar, por último, al bloque asignado a la diagramación del microciclo competitivo dinámico sostenido que tendrá cada fase madurativa y que se mantendrá en toda la temporada deportiva con las modificaciones mínimas ya mencionadas y que presentaremos y analizaremos en los capítulos posteriores en la programación práctica de cada período.

ESTRUCTURA DEL MICROCICLO DINÁMICO SOSTENIDO

El microciclo Dinámico Sostenido tendrá un formato y organización homogéneos en todo el proceso juvenil (fases juveniles IV, V y VI) los cual serán trasladables al fútbol profesional (Fase madurativa VII).

Esa característica estará puesta en la organización de las seis sesiones incluida la competencia, las cuales tendrán una estructura con contenidos dominantes en cada unidad de entrenamiento, por ello cada sesión recibirá una denominación que la distingue y caracteriza. Cada sesión estará dividida en tres bloques en casi la mayoría de las veces.

Debajo presentamos la estructura del microciclo dinámico sostenido y desarrollamos los contenidos de cada sesión que lo compone:

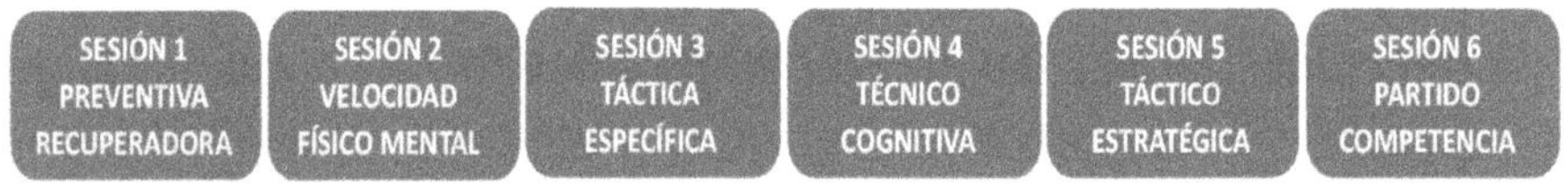

Sesión 1: Preventiva-recuperadora

La primera sesión de la semana tendrá una orientación predominantemente recuperadora. Lo fundamentamos desde los aspectos fisiológicos y los tiempos necesarios para producir una recuperación general en la mayoría de los casos. Entre el día de la competencia y la próxima sesión exigente, desde el punto de vista físico y mental, deberían pasar setenta y dos horas. Aquí brindamos dos alternativas válidas:

La primera es realizar esta sesión de recuperación al día siguiente del partido (fácil de implementar en el fútbol profesional y muy difícil en fútbol juvenil, donde se juegan los sábados y entonces implementar esta sesión un domingo es complejo).

Como segunda opción para esta sesión es programarla dos días después del partido (la más utilizada), dejando un día libre a los futbolistas entre competencia y primera sesión semanal. Por ejemplo: la competencia es el sábado, el día libre es el domingo y el lunes se aplica la sesión 1 con orientación preventiva recuperadora.

De ambas formas conseguimos el objetivo de dejar pasar setenta y dos horas para cuando se aplique la sesión número 2 (velocidad físico-mental), que tendrá alta exigencia a nivel general y que deberá encontrar un futbolista recuperado, sin fatiga ni molestias.

Sesión 2: Velocidad físico-mental

Esta sesión tendrá una dominante en la cualidad de velocidad física y mental (tema desarrollado en el capítulo 11 del presente libro), por medio de actividades en circuitos de diferentes niveles de complejidad, tareas de potenciamiento en gimnasio y la metodología situacional ya explicada. Aclaramos nuevamente que la denominación de cada sesión no implica un predominio absoluto de esa cualidad o contenido, sino que nos referimos a una dominante que interactuará con otros aspectos secundarios, como ya veremos en las planificaciones prácticas semanales de cada período. Por ejemplo, en el caso de esta segunda sesión con un alto contenido técnico, el entrenamiento también deberá realizarse con altos niveles y componentes de ejecución neuromuscular y concentración mental.

Sesión 3: Táctica específica

Esta tercera sesión del microciclo dinámico sostenido estará dominada por aspectos tácticos colectivos e individuales. En el primer bloque de la sesión se implementará una actividad bajo el formato de situación competencia de orden táctico, que será introductoria de la parte central del entrenamiento en la actividad de fútbol 11 vs. 11. Esta sesión debería finalizar con acciones de perfeccionamiento técnico específico por puesto, sobre todo a partir de la fase juvenil V (15-16 años), cuando se produce el período de la especialización táctica.

Sesión 4: Técnico-cognitiva

En el primer bloque de esta cuarta sesión semanal implementamos tareas en lo que llamamos el área neuro-cognitiva. Allí el futbolista realiza acciones técnicas, todas ellas cortas y específicas, donde desarrolla: la concentración, la atención, la toma de decisiones, la anticipación mental de la acción o situación, visión periférica del campo de acción, desarrollo de la memoria visual, y reacción ante diferentes estímulos sensoriales. Estas actividades deben tener un perfil específico cercano a la realidad del deporte. Las actividades de área neuro-cognitiva son divididas por tres niveles de complejidad en función de la maduración a nivel de corteza cerebral y desarrollo mental.

El segundo bloque irá en orden con el primero, ya que el programa contempla la inclusión de la metodología situacional para el desarrollo de la velocidad especial del juego (física y mental). En los entrenamientos situacionales no se deberían comprometer intensidades altas en régimen físico de resistencia debido a la cercanía con la competencia.

Sesión 5: Táctica estratégica

Este tipo de sesión está dominada por situaciones competencia, orientadas a la preparación táctica final. Se contemplan también acciones de balón detenido, que son muy importantes en la realidad y estadística del fútbol moderno. Esta sesión es un complemento de la sesión 3.

Sesión 6: Competencia

El día más esperado por los futbolistas, donde se requiere llevar a cabo todo lo entrenado o al menos gran parte del desarrollo semanal. En lo previo, la concentración y control mental juegan un papel trascendental para afrontar la competencia.

En el momento del post-partido es importante encarar rápidamente los procesos de recuperación muscular por medio de actividades kinésicas e hidroterapia. También es trascendente el papel que cumple la nutrición deportiva en los instantes inmediatos posteriores a la competencia, para acelerar procesos de regeneración, la cual debe complementarse con el descanso adecuado para luego insertarse nuevamente en el ciclo semanal.

CONTENIDOS GENERALES ESENCIALES EN EL PROCESO DE APRENDIZAJE

Las cualidades físicas específicas a desarrollar en cada fase juvenil

Las diferentes capacidades condicionales del futbolista serán desarrolladas y entrenadas durante todo el modelo de planificación dinámico sostenido. Pero ya en las etapas juvenil y profesional debemos distinguirlas de manera más específica, en función del perfil del deporte que estamos entrenando, aclarando que, como mencionamos en la formulación de los principios, si bien el entrenamiento situacional será preponderante, de ninguna manera debemos prescindir de las metodologías clásicas y ortodoxas.

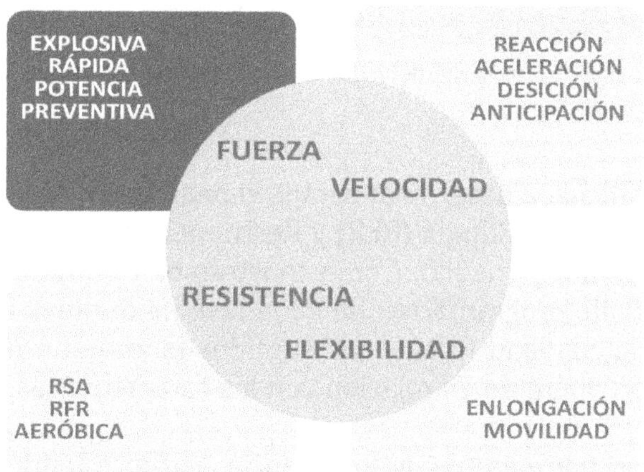

Muchos de estos métodos tradicionales son fundamentales para conseguir adaptaciones fisiológicas muy necesarias para un deporte como el fútbol, si bien están lejos de la especificidad de este deporte, son complementos y bases de sustentación importantes de otros factores que sí son fundamentales.

Dentro de la búsqueda de la especialidad cualitativa entendemos que la fuerza (aspecto físico fundamental que hemos analizado en extenso en el primer libro Proceso formativo del futbolista infantil y juvenil hasta el fútbol profesional con la metodología de circuitos de ocho niveles de complejidad) posee subtipos esenciales para ser desarrollados a lo largo de todo el proceso. Estos son: fuerza explosiva, fuerza rápida, fuerza potencia y la fuerza preventiva.

Foto arriba: Entrenamiento de fuerza explosiva y velocidad, fase madurativa VI

Las resistencias a desarrollar serán: Repeat Sprint Ability (RSA), Resistencia a la Fuerza Rápida (RFR) y Resistencia Aeróbica en todas sus formas (baja, alta y media). Como mostramos en los cuadros de los bloques base de programación de cada fase madurativa juvenil y profesional, cada cualidad física y sus subtipos tendrán un porcentaje de programación diferente en relación con las características de cada fase madurativa.

Es así que, por ejemplo, la Resistencia Aeróbica tendrá mayor preponderancia en la fase madurativa IV (13-14 años), así como la Repeat Sprint Ability (RSA) será dominante en las fase VI (17-19 años) y fase VII (profesional), pero ambas siempre tendrán un espacio dentro de la programación anual, según el momento del calendario deportivo.

La elongación y movilidad, que conforman la flexibilidad del deportista, también deben ser enseñadas y estimuladas en todas las etapas, sobre todo en la fase madurativa IV (13-14 años), cuando se produce un acortamiento tendinoso y muscular producto de un estiramiento óseo acelerado. Pero también como medios de recuperación y prevención de lesiones.

La velocidad, en todas sus formas conocidas física y mental, aspecto fundamental del deporte en general, tendrá un desarrollo especial en un capítulo del libro teniendo en cuenta su importancia para el juego del fútbol.

Los aspectos técnicos: desarrollo general y específico por puesto

En el fútbol juvenil se produce un perfeccionamiento y consolidación de todos los aspectos técnicos que fueron enseñados y desarrollados en el período del fútbol infantil.

En las cuatro fases mayores, desde los 13 a los 20 años, deberemos implementar un entrenamiento técnico más especializado. El entrenamiento con perfil más general de la etapa inicial infantil debe ir, de manera progresiva, convirtiéndose en una tarea técnica más específica. Esa especificidad estará influenciada por la especialización táctica a medida que el futbolista vaya avanzando etapas. En relación al rol táctico, habrá gestos técnicos más relacionados a cada función que deberán ser entrenados en forma especial.

Esos aspectos están bien especificados en los cuadros del modelo dinámico sostenido de los módulos-base de programación de cada fase madurativa juvenil y profesional, cada estadio contará con contenidos técnicos relacionados a cada etapa.

En la fase madurativa IV serán entrenados los aspectos técnicos del pase y control como base dominante, en cambio, en la fase madurativa V, la planificación se inclinará por un entrenamiento técnico relacionado a las funciones y acciones técnicas en campo (remates y golpes de cabeza ofensivo para atacantes y pases cortos, medios y largos para futbolistas de mediocampo, por poner dos ejemplos prácticos).

Con respecto a los métodos para ser utilizados (analíticos, funcionales, situacionales), también habrá una programación de porcentajes de uso diferente para cada fase, la misma se podrá observar en los cuadros de los módulos base de programación para cada fase madurativa.

Los principios del proceso de aprendizaje táctico del período juvenil

En la formulación de los principios fundamentales del modelo de planificación dejamos en claro que los sistemas tácticos deben ser enseñados en su totalidad.

Si bien este aprendizaje comienza en la fase madurativa III, a partir de la fase madurativa IV los jóvenes comienzan a experimentar sistemas tácticos tradicionales.

Es importante señalar que estos esquemas de juego serán el punto final en el recorrido de la enseñanza táctica. Antes, el futbolista juvenil, debe conocer la base de la táctica: nos referimos a los principios tácticos

defensivos y principios tácticos ofensivos. No debemos confundir táctica con estrategia.

La táctica es conformada por todas las acciones de defensa y ataque que se desarrollan durante el partido para dominar y superar al equipo adversario; en cambio, la estrategia son todas aquellas acciones que se pueden desarrollar previo al partido usufructuando los errores del equipo rival e intentando bloquear sus virtudes.

Cuando hablamos de táctica debemos diferenciar cuatro conceptos que si bien suenan parecidos en la práctica tienen objetivos diferentes:

1. La táctica individual: son acciones individuales en las que se tienen en cuenta los mecanismos del acto motor (anticipación, percepción y toma de decisiones).
2. La táctica colectiva: acciones del jugador, en sus interacciones con sus compañeros y adversarios, ya sea en pos de ataque o defensa en busca del logro del objetivo.
3. La táctica estática: todas las acciones de inicio de juego. Ejemplos: tiros de esquina, tiro libre, laterales, saque del mediocampo, saque de arco, penal; éstas deben tener un espacio para ser entrenadas porque forman parte fundamental del fútbol.
4. Sistema de juego: es la posición de un equipo dentro del terreno de juego, una vez definida la posición de partida de los jugadores y antes de sus movimientos ofensivos y defensivos. Esta disposición de los jugadores se observa normalmente después de un repliegue, un saque de meta y otras situaciones similares.

El entrenamiento de la táctica durante el proceso de enseñanza-aprendizaje juvenil lo dividimos en tres grandes módulos:

Nos referimos a principios defensivos, principios ofensivos y sistemas tácticos. Cada uno de estos contenidos será distribuido en la programación del megaciclo en relación a la maduración física y cognitiva de cada fase madurativa en una progresión metodológica que debe ser progresiva.

Como principio defensivo nos referimos a todos aquellos movimientos tácticos y estratégicos que puede desarrollar un equipo cuando no se encuentra en posesión de balón (temporización, equilibrio y recuperación).

Como principio ofensivo entendemos a todos aquellos movimientos tácticos y estratégicos que puede desarrollar un equipo cuando está en situación de posesión de balón (control, progresión y definición).

No es aconsejable comenzar por el final (sistemas tácticos rígidos), sino que los entrenadores y docentes deben tener muy presente en sus planificaciones semanales ejercicios destinados a la incorporación de estos conceptos tácticos básicos, que despliega el cuadro debajo, para sí luego comenzar a introducirse en los sistemas de juego colectivos (columna de la derecha).

PRINCIPIOS TÁCTICOS DEFENSIVOS	PRINCIPIOS TÁCTICOS OFENSIVOS	SISTEMAS TÁCTICOS
DE TEMPORIZACIÓN: REPLIEGUE BASCULACIÓN	DE CONTROL: POSESIÓN DEL BALÓN CONTROL DEL JUEGO	MOVIMIENTOS TÁCTICOS COMPLEJIDAD ALTA EJERCICIOS A BALÓN PARADO
DE EQUILIBRIO: MARCACIÓN COBERTURA PERMUTA RELEVO	DE PROGRESIÓN: CAMBIOS DE RITMO DESMARQUES SUPERIORIDAD NUMÉRICA CAMBIOS DE ORIENTACIÓN	ENTRENAMIENTO TÁCTICO SITUACIONAL STANDARD FUNCIONAL COMPETENCIA
DE RECUPERACIÓN: INTERCEPCIÓN DOBLAJE ANTICIPACIÓN	DE DEFINICIÓN: JUEGO ASOCIADO DIAGONALES/DESBORDES PENETRACIONES DESDOBLAMIENTO OFENSIVO	SISTEMA TÁCTICO 4-4-2 SISTEMA TÁCTICO 4-3-2-1 SISTEMA TÁCTICO 4-3-1-2 SISTEMA TÁCTICO 4-3-3 SISTEMA TÁCTICO 4-1-4-1 SISTEMA TÁCTICO 3-5-2 SISTEMA TÁCTICO 3-4-3 SISTEMA TÁCTICO 4-2-2-2

El primer sistema táctico tradicional que el futbolista en formación experimenta, a los doce años, en un campo de juego con medidas oficiales es el 4-3-3. Esto tiene una explicación en términos de maduración, ya que se trata de un esquema de distribución armoniosa de los espacios de cada posición en relación a la capacidad física y desarrollo cognitivo del niño.

Algo similar sucede con el sistema de juego 4-3-1-2, ambos esquemas que mantienen una cierta similitud desde la distribución y que forman parte de las fases madurativas III y IV, por su nivel de complejidad medio y bajo adaptables a estos estadios.

Los sistemas tácticos que contemplan defensas con tres defensores no son entrenados hasta la etapa madurativa VI (17-19 años), ya que el

nivel de complejidad es mayor, entre otros aspectos, por los espacios que se tienen que cubrir.

Cada fase o período tendrá, en el módulo base del modelo dinámico sostenido que le corresponda, un sistema táctico dominante en la programación anual de la temporada deportiva y otro sistema secundario que se irá desarrollando para ser consolidado en la fase madurativa siguiente.

El mayor aprendizaje posible de los sistemas de juego confluirá en mayor información para que ese futbolista tenga herramientas necesarias ante un deporte tan plural, cambiante y dinámico como el fútbol.

En ese sentido citamos una frase de Julio Velasco (actualmente entrenador de la Selección Argentina de vóley y uno de los mejores entrenadores del mundo): "Los sistemas de juego sirven para que la mente no se tenga que ocupar de todo. Para que se pueda ocupar de las cosas más importantes. Muchas veces se piensa que el sistema anula la creatividad de un jugador. Eso es un mal sistema. El buen sistema permite que el jugador creativo pueda crear más".

CONTENIDOS DEL MEGA PROCESO JUVENIL POR FASE MADURATIVA

Durante varios tramos del libro manifestamos la importancia de aplicar una metodología orientada a actividades situacionales o técnico-tácticas en gran parte del proceso.

De todas formas también señalamos que, a partir de la etapa juvenil I (13-14 años) en adelante, el futbolista debe experimentar también metodologías de entrenamientos tradicionales u ortodoxas para alcanzar adaptaciones y niveles de rendimiento óptimo en las diferentes cualidades físicas.

Debajo, en el cuadro de métodos y etapas madurativas, observamos que no todo se basa en entrenamientos situacionales, sino que debe haber un espacio dentro del programa juvenil y profesional para las metodologías tanto de fuerza-potencia y metabólicas o resistencia.

(X: Baja programación, XX: Media programación, XXX: Alta programación).

MÉTODOS ENTREN.	SIT. STANDARD	SIT. FUNCIONAL	SIT. COMPETENCIA	ENT. TÁCTICO	FUERZA - VEL CIRCUITOS NVL COMPLEJ. 1 A 8	RESISTENCIA MÉTODOS TRADICIONALES
FASE JUVENIL I (13-14 AÑOS)	XX	XX	X	X	XX	X
FASE JUVENIL II (15-16 AÑOS)	XX	XX	XX	XX	XXX	XX
FASE JUVENIL III (17-19 AÑOS)	X	XX	XXX	XXX	XXX	XXX

Hay parámetros relacionados a las diferentes manifestaciones neuromusculares (tipos de fuerza) que no pueden ser entrenados sólo bajo el formato de situación de juego, en esa línea de pensamiento presentamos en el primer libro Proceso formativo del futbolista infantil y juvenil hasta el fútbol profesional, metodología implementada por nosotros de los circuitos de ocho niveles de complejidad para el desarrollo de la fuerza.

Lo mismo sucede con los métodos para el entrenamiento de la resistencia. Si bien hoy existe una tendencia a que sean abandonados y dejados de lado, creemos por nuestra experiencia que deben formar parte de la formación integral del futbolista juvenil y profesional.

En línea con este pensamiento citamos una frase del profesor Oscar Ortega, del Atlético de Madrid: "No se puede trabajar sólo con balón, sino que hay que combinar lo físico con métodos ortodoxos, lo técnico y las situaciones de juego".

Este tema, tan interesante, tendrá un extenso desarrollo en el capítulo donde desarrollamos "Diferentes tendencias de entrenamiento en el fútbol profesional".

Es así como la metodología de entrenamiento situacional (dominante en todo el proceso) será combinada con métodos tradicionales continuos, intervalados, intermitentes y RSA, los cuales serán parte del modelo de planificación dinámico sostenido en su correcta y justa medida dependiendo del momento del calendario deportivo y la fase evolutiva.

LA CONCENTRACIÓN MENTAL Y LOS DIFERENTES TIPOS DE ENTRENAMIENTO

En los puntos anteriores hemos desarrollado tres aspectos trascendentes del desarrollo futbolístico de un joven (físico-motor, técnico y táctico), pero ninguno de los tres tiene relevancia si no son acompañados y complementados por el desarrollo y entrenamiento de los factores mentales.

A lo largo de muchos años de trabajo en el campo de entrenamiento, tanto en el campo infantil, juvenil y profesional, hemos experimentado una cantidad importante de entrenamientos.

Esa experiencia nos hizo llegar a la conclusión de que hay tres formas de vivir o realizar un entrenamiento por parte de un futbolista.

El tipo de entrenamiento 1, al que denominamos "presencial", es aquel que el futbolista realiza sin atención mental, sin esfuerzo y dedicación, sólo con su presencia física. Ese tipo de entreno no produce obviamente ninguna mejora en el deportista.

El segundo tipo de entrenamiento se distingue por la ejecución correcta de las actividades programadas por el preparador físico y el director técnico, pero sin la suficiente concentración a las consignas y objetivos de las tareas. Esa forma de entrenar produce mejoras a medias, solamente optimizando los niveles fisiológicos (capacidades metabólicas y neuromusculares).

Por último llegamos al tercer nivel, en el que sí se produce un efecto positivo en el futbolista entrenado, ya que además de aplicar esfuerzos físicos máximos, todas las tareas diagramadas son hechas con concentración (mantiene la atención mental durante todo el entrenamiento).

El tipo de entrenamiento 3 será el que produzca elevación en todos los aspectos que hacen a la conformación de un deportista de alta performance. En el deporte de alto rendimiento, en el que los niveles técnicos y tácticos presentan bastante paridad, la diferencia entre un buen deportista y un deportista de elite la marca la concentración. Y esa compenetración mental y física comienza en el campo de entrenamiento para luego poder transferirla a la competencia real.

LA SESIÓN DE ENTRENAMIENTO EN FÚTBOL JUVENIL

De lo descripto arriba se desprenden ciertas características que debería tener toda sesión de fútbol juvenil y también profesional.

La planificación siempre está en primer lugar, como antesala a todo lo que vendrá. La palabra orden obedece a la necesidad de mantener un ordenamiento práctico de lo programado en la teoría y un respeto por las tareas programadas, así como los tiempos de acción y recuperación de cada una de ellas.

La atención a todas las normativas, consignas y aprendizajes es de suma trascendencia para que el futbolista sepa lo que debe realizar en cada mínimo detalle para un mayor aprovechamiento.

Hablamos ya en extenso sobre la importancia de la planificación, pero la misma debe dejar lugar a la impronta del futbolista en determinadas tareas, sobre todo las técnicas y situacionales, donde la creatividad es fundamental en un deporte como el fútbol, en el que la capacidad de resolución de los futbolistas es determinante.

El "qué´", "para qué" y "cómo" lo desarrollaremos en el próximo punto. Otro aspecto que no debería estar ausente en la unidad de entrenamiento es la competitividad bien entendida, que conduce a la superación.

Ya en estas edades avanzadas, un alto porcentaje de las actividades programadas deben conservar un grado de especificidad con el deporte y con el rol que cada futbolista desempeña en el campo de juego.

Por último, consideramos que los entrenamientos deben presentar una intensidad alta y ritmos intensos en todas las manifestaciones y capacidades desarrolladas.

LA PREPARACIÓN MENTAL PARA EL ENTRENAMIENTO: ¿QUÉ? ¿PARA QUÉ? ¿CÓMO?

Un denominador común dentro del modelo de planificación dinámico sostenido debe ser la preparación mental previa a la actividad práctica en sí misma (entrenamiento y competencia).

En muchas ocasiones hemos presenciado entrenamientos donde el entrenador omite la explicación de lo que se va a realizar (varias veces para ganar tiempo de entrenamiento). Esta omisión va en detrimento del aprovechamiento de esa sesión. De la misma manera que preparamos el músculo en el calentamiento, también debemos preparar al cerebro para la actividades que los futbolistas realizarán en campo.

Tomarse un mínimo tiempo para explicar qué vamos a entrenar, para qué lo vamos a hacer y cómo realizarlo introduce al futbolista juvenil y profesional de una manera más preparada a nivel mental, lo cual confluye en un mejor aprovechamiento del ejercicio realizado (gráfico).

Un ejemplo práctico básico es el que presentamos en el gráfico debajo:

1. "Hoy vamos a entrenar la velocidad física y mental" (responde a la pregunta qué).

2. “Esto nos va a servir para mejorar la reacción en determinadas situaciones del juego y mejorar la toma de decisiones en tiempo y calidad” (responde al para qué).
3. Y por último se llega a la explicación del ejercicio, tarea o actividad la cual debe ser clara y concisa (responde al cómo).

Estas tres secuencias explicativas introducen al deportista en la actividad que realizará y producen efectos fisiológicos (hormonales), que confluyen en beneficios del entrenado.

RESPUESTAS HORMONALES Y NEUROTRANSMISORES

Todos estos pasos tienen una fundamentación en relación a ciertos procesos hormonales que se producen en el cerebro.

En el paso 1 (¿Qué vamos a entrenar?), el cerebro de los futbolistas segrega dopamina, la cual estimula los deseos y las ganas en este caso de aprender, de mejorar.

La dopamina es una hormona y neurotransmisor que cumple funciones muy específicas en el sistema nervioso central. La mayoría de sus funciones se desarrollan en el cerebro, coordinando actividades impor-

tantes como aspectos cognitivos, actividad motora, comportamientos y estados motivacionales que confluyen en deseos y ganas de aprender.

En el paso 2 (¿Para qué lo hacemos?), el cerebro produce serotonina, la cual excita el sentido de satisfacción, ya que encontramos un objetivo y razón superadora para ejecutar dicha actividad.

La serotonina es una molécula capaz de transmitir, este neurotransmisor brinda información a todo el cuerpo por medio del sistema nervioso central. La serotonina es la hormona relacionada al sentirse bien, la hormona de la satisfacción. El cerebro la produce, por ejemplo, cuando consumimos carbohidratos, también es producida durante el ejercicio. El cerebro segrega gran cantidad de serotonina durante la mañana, es esa una de las razones por la cual el entrenamiento se aprovecha y rinde mucho más en horas de la mañana.

En el paso 3 (¿Cómo lo vamos a hacer?), el cerebro crea adrenalina en el cuerpo, la cual es propicia para producir una reacción, una acción.

La adrenalina es una hormona y neurotransmisor producido por las glándulas suprarrenales. Esta hormona se produce especialmente en momentos de estrés, excitación o nerviosismo, como lo pueden ser situaciones de alto nivel competitivo. Es conocida como la hormona de la competencia y del “miedo”. En cantidades pequeñas está presente de manera natural en la sangre.

Con respecto al tema del miedo en el deporte, debemos decir que existe y es totalmente normal que aparezca en situaciones de presión, la clave está en saber controlarlo y utilizarlo para bien. Con referencia a esto último, un interesante concepto de Diego Simeone, ex futbolista de gran trayectoria internacional y actualmente director técnico del Atlético de Madrid, palabra autorizada en el mundo súper profesional: “En el fútbol el miedo es bueno y necesario, ya que te hace estar pendiente de las situaciones que puedan generar un peligro. La confianza desmedida te hace relajar en exceso. El miedo hace que no te confíes y estés alerta ante todo lo que pueda pasar”.

Muchas veces en un vestuario previo a una competencia importante o partido definitorio, observamos futbolistas con sensación de contracturas en la entrada en calor o en los minutos iniciales del partido, esa sensación está relacionada a un exceso de adrenalina. Con la aparición de la adrenalina hay un aumento del flujo sanguíneo hacia los músculos y de oxígeno a los pulmones. Además, aumenta los niveles de azúcar en la sangre, lo que significa que influye sobre el metabolismo de glucógeno (proceso de degradación del glucógeno).

Los importantes efectos son parte de la respuesta del organismo ante el miedo y el estrés. Los efectos se traducen también en aumento del ritmo cardíaco, contracción de los vasos sanguíneos, dilatación de las vías respiratorias y tensión muscular entre otros efectos.

En diferentes estudios hemos comprobado que la adrenalina mejora la fuerza, la velocidad y la resistencia, y puede hacerlo consciente o inconscientemente por la influencia del estrés que se produce en los deportes de alta competencia.

Los tres pasos (qué, para qué, cómo) y la relación con la producción hormonal-cerebral y la acción de los neurotransmisores se visualiza en el gráfico debajo y es muy interesante tenerla presente dentro de la programación práctica diaria, aclarando que son perfectamente aplicables tanto a las fases juveniles como profesionales.

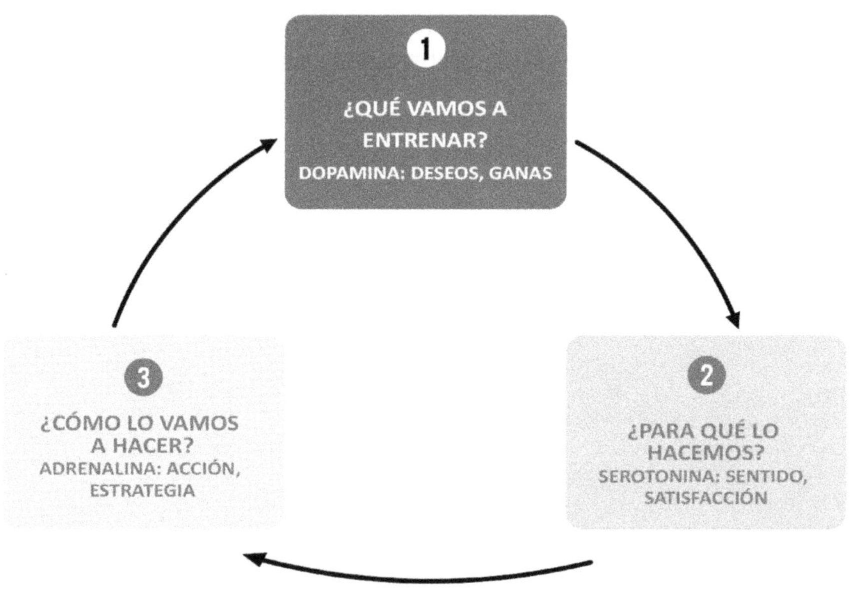

Adrenalina, cortisol y estrés competitivo

El estrés (palabra generalmente relacionada a cuestiones negativas) es en varias ocasiones auspicioso para el deporte, siempre y cuando se presente en su justa medida. Nos referimos a un tipo de estrés provocado por la presión de la competencia (estrés deportivo) y no al estrés social que surge de la vida en sociedad por el trabajo o hábitos diarios exigentes.

Estas dos hormonas, adrenalina y cortisol, en conjunto aumentan la tensión muscular, presión arterial, glucosa en sangre y la velocidad

de activación de las neuronas. Este proceso produce mayor velocidad de ejecución física y mental, muy beneficiosos cuando estamos en situación de estrés competitivo. Sin embargo, estas hormonas también bloquean otros procesos, tales como los digestivos y el sistema inmunológico. Por este motivo es que no son productivas cuando se presentan en exceso.

Estas hormonas relacionadas al estrés causan que nuestras neuronas se disparen más rápido, razón por la cual el futbolista puede alcanzar altos niveles de concentración en competencia. Esto provoca un aumento de la motivación y rendimiento, dos aspectos muy importantes cuando se trata de alcanzar un alto rendimiento deportivo.

Todos estos procesos mentales, con sus consiguientes efectos fisiológicos y hormonales a nivel de neurotransmisores del sistema nervioso central, tienen consecuencias directas en el rendimiento de cada deportista y deberán ser conocidas e interpretadas por los entrenadores y preparadores físicos.

CAPÍTULO 7. FASE MADURATIVA IV - PERÍODO JUVENIL I (13-14 AÑOS) "FASE PRE Y POST PUBERAL, UNA ETAPA DELICADA Y DE CAMBIOS"

PERFIL NEUROCOGNITIVO Y FÍSICOMOTOR DEL PERÍODO JUVENIL I

Período Pre y Post Puberal: Conformación de grupos heterogéneos

La fase madurativa IV (período juvenil III, de 13 a 14 años) marca un quiebre en el aspecto madurativo de los niños y jóvenes, ya que algunos se encuentran en el período previo a la pubertad, otros en la fase de transición y el resto en la etapa post-puberal. Es decir que dentro de una misma categoría o equipo juvenil podemos encontrar diferencias notorias y significativas con respecto al crecimiento y maduración físico-motor.

Se trata de un período muy delicado, en el que se producen numerosos cambios en los niños en su camino a la pubertad y en el que también coexisten diferencias notorias entre los integrantes de este grupo sectario. Es en esta fase de maduración donde podemos encontrar las siguientes características: disparidad en la maduración biológica, despegue hormonal (testosterona) y, por ende, encontramos diferentes niveles de fuerza dentro de un mismo grupo de entrenamiento, crecimiento óseo pronunciado, el cual provoca acortamiento y pérdida de la flexibilidad.

Todo esto confluye en la reconstrucción del esquema corporal, lo cual provoca en varios casos pérdida momentánea de la técnica y también un retroceso inicial en la coordinación general.

Este crecimiento, que no es homogéneo dentro de un mismo grupo o equipo de niños de 13 a 14 años (e incluso puede estirarse a la fase madurativa siguiente), y esta heterogeneidad hacen que muchas veces los entrenadores se inclinen a la hora de la elección de los futbolistas por los chicos más maduros y desarrollados físicamente, relegando a aquellos que son maduradores tardíos.

Debemos tener mucho cuidado con este tipo de situaciones, ya que estamos priorizando, en la elección de futbolistas, las cualidades físicas más desarrolladas que luego con el tiempo se regularizarán en fases madurativas siguientes. En esa decisión estamos postergando a los jóvenes técnicamente más aptos y quizás con mayor posibilidad de proyección futura.

Este aspecto debe ser tratado minuciosamente por todo el grupo de trabajo (Departamento Físico-Motor, Neurocognitivo y de Medicina Deportiva, capítulo 12 del presente libro) para analizar de manera interdisciplinaria la situación en la que se encuentra cada niño, desde el punto de vista madurativo, y así minimizar el margen de error. Es aquí donde los estudios de maduración biológica de Mirwald, que presentaremos en el libro, son trascendentes para optimizar el proceso integral.

Desde la planificación del proceso de entrenamiento también es muy importante tener presente todas estas realidades para poder brindarles al niño y al preadolescente un programa de entrenamiento dosificado a su maduración biológica.

Este período es una continuación de la fase infantil III. Todavía existen dentro de un mismo grupo de edad cronológica muchas diferencias desde lo madurativo. El aumento en el peso corporal, el alargamiento de las extremidades y la madurez sexual son manifestaciones relevantes de la complejidad de los cambios orgánicos de los niños.

Los adolescentes experimentan muchos cambios que influencian el estado de ánimo y la ansiedad típica de los cambios morfológicos, mentales y físicos que acompañan su camino hacia la madurez. Para el futbolista joven, la pubertad y la adolescencia son las fases más delicadas de su historia evolutiva.

Desde los aspectos motrices durante la etapa anterior de la infancia hubo un equilibrio marcado de altura en relación al peso. Este equilibrio tiende a cambiar durante la pubertad. Entre los 13 y 14 años, el crecimiento marca el cambio más notorio del esquema corporal del joven. Esto se

traduce en falta de armonía y coordinación, la relación músculo-ósea no es la adecuada y afecta directamente a las tareas técnico-coordinativas.

Es una etapa sensible en este punto, ya que debemos realizar una evaluación constante del joven contemplando las fases de crecimiento que está transcurriendo y brindándole siempre apoyo emocional, haciéndole saber los cambios que el niño-joven está transitando y que se trata de procesos naturales en una etapa pasajera de su crecimiento.

El desarrollo intelectual del adolescente lentamente adquiere la capacidad de pensar en términos abstractos. El pensamiento concreto es sustituido por un pensamiento más estructurado y lógico, lo que le permite pensar y sacar conclusiones más elaboradas. La inserción en la escuela secundaria optimiza y potencia este desarrollo intelectual.

En lo deportivo, los futbolistas de estas etapas viven un período de transición, ya que provienen del fútbol infantil para insertarse en el mundo del fútbol juvenil, donde encontrarán una mayor exigencia tanto en entrenamientos como en competencias. La cantidad de entrenamientos se incrementa en una sesión semanal (cuatro sesiones) con respecto a la última etapa infantil (entrenaban tres veces por semana).

Con respecto al entrenamiento de la fuerza es de fundamental importancia que se comience en esta etapa con el desarrollo de diversas y variadas metodologías que componen esta cualidad, con el objetivo de desarrollar un correcto proceso de adaptación para el consiguiente entrenamiento de las diferentes manifestaciones neuromusculares.

Para alcanzar dicho objetivo, previamente a la programación de los entrenamientos de la fuerza, se realiza un examen biológico a cargo del médico pediatra o deportólogo con el objetivo de organizar grupos de entrenamiento de acuerdo a su crecimiento y maduración biológica y sexual.

Como señalamos en la última parte de la etapa infantil (fase madurativa III), las edades cronológicas generalmente no coinciden con la edad biológica, el mismo fenómeno sucede en esta primera etapa juvenil, por lo tanto estos estudios de maduración brindarán aportes e información para instrumentar y organizar grupos de tareas de acuerdo a los distintos estadios madurativos.

Esta diferenciación puede realizarse por medio del Test Tanner, que fue presentado en nuestro primer libro Proceso formativo del futbolista infantil y juvenil hasta el fútbol profesional, o también a través del estudio de Mirwald ya mencionado en el libro.

El estudio de Mirwald (que será explicado más extensamente en el capítulo 12) ha desarrollado ecuaciones para estimar el número de años en los que el joven se encontrará en el pico de velocidad máxima de

crecimiento (Peak Height Velocity - PHV) durante la adolescencia, y también ofrece datos relevantes sobre el índice de maduración actual (elemento vital para organizar grupos de tareas con niveles homogéneos). Esto puede ser utilizado como un indicador de madurez física, especialmente en atletas, y también ofrece datos de predicción de la talla futura del deportista, importante para ciertos puestos como arqueros y defensores centrales como observamos en la última columna de la derecha.

FASES JUVENIL 1 13-14 AÑOS	DATOS DEMOGRÁFICOS					DATOS BÁSICOS			DERIVADAS DEL CÁLCULO			
JUG. PUESTO	F. NAC.	F. EVAL.	EDAD	PESO	TALLA	TALLA S	L. PIER.	I. CORM	IMC	I. MAD	E. PVH	TALLA
ARQUERO	16/11/01	23/02/15	13,27	68,4	179,5	89,7	89,80	50%	21,23	0,43	12,85	191,8
ARQUERO	07/01/02	23/02/15	14,12	63,5	166	85	81	51,2%	23,04	0,27	13,86	180,2
DEF. CENTRAL	22/02/01	23/02/15	14	64,3	168,5	89	79,50	52,8%	22,65	0,69	13,30	179,1
DEF. CENTRAL	04/07/01	23/02/15	13,64	58,6	168	84,5	83,50	50,3%	20,76	-0,10	13,74	185,1
MEDIO C. CENTRAL	04/03/02	23/02/15	13,97	60,5	171	89,2	81,80	52,2%	20,69	0,64	13,33	181,6
MEDIO C. CENTRAL	21/02/01	23/02/15	14,01	65,6	168,5	88,7	79,80	52,6%	23,10	0,68	13,33	178,6
MEDIO C. EXTER.	07/02/01	23/02/15	14,05	48,1	159,5	80,7	78,80	50,6%	18,91	-0,48	14,53	175,6
MEDIO C. EXTER.	22/02/01	23/02/15	14	59,6	166,5	89	77,50	53,5%	21,50	0,64	13,36	177,1
ATACANTE	06/03/01	23/02/15	13,97	62,5	172,5	92,5	80	53,6%	21,04	1,06	12,90	180,2
ATACANTE	05/04/01	23/02/15	13,89	59,4	172,5	89,2	88,30	50,3%	18,85	0,56	13,32	188,10

Tabla del estudio de Mirwald de maduración biológica con un grupo de 13-14 años de un club profesional de AFA

Es sabido que hasta que los niños no ingresan al estadio madurativo completo, no se producen modificaciones hormonales (incremento de testosterona), la cual es la que actúa como agente de metabolización proteica y es la responsable del crecimiento muscular y de la recuperación plástica post-ejercicio. Tanto el crecimiento muscular, como la respuesta hormonal, son importantes para el desarrollo de la fuerza, pero también es de suma importancia el sistema neural.

En jóvenes con estados de evolución inicial o intermedia, que serán los que predominen en estas etapas, como respuesta al entrenamiento, las principales adaptaciones van a estar dadas por una adaptación más neural que muscular.

De esta forma, los deportistas juveniles mejoran principalmente el reclutamiento de fibras y la frecuencia de disparo de las moto-neuronas (frecuencia de estímulo nervioso) incrementando así los niveles de fuerza.

LOS CONTENIDOS DIDÁCTICOS A DESARROLLAR EN EL PERÍODO JUVENIL I

En la planificación de los módulos base del programa práctico del modelo dinámico sostenido de esta fase madurativa, el módulo físico-motor y neurocognitivo tendrá una porcentaje del 20% en lo que respecta al plan anual, como podemos observar en el gráfico de referencia.

Aquí desarrollamos todos los tipos de velocidad conocidos, velocidad física y mental, con alto contenido de actividades de capacidad de anticipación mental.

La fuerza dominante será la explosiva, que se estimulará bajo el formato de circuito. Aquí también incluimos el entrenamiento de la saltabilidad o pliometría baja que fuera presentado en el primer libro Proceso formativo del futbolista infantil y juvenil hasta el fútbol profesional.

El entrenador debe tener mucho cuidado con este método, ya que los ejercicios de impactos repetitivos tales como los saltos mal dosificados pueden producir lesiones si no se adaptan a las posibilidades biomecánicas y fisiológicas de los niños, sobre todo en estas fase donde puede haber un porcentaje de niños en plena etapa de consolidación óseo-tendinosa y articular en general.

Otros objetivos secundarios con respecto a la fuerza de este período son el desarrollo de la musculatura de la zona media o la conocida musculatura core de manera planificada y sistemática, teniendo en cuenta la importancia de esa parte del cuerpo como sostén de las tareas de fuerza y velocidad.

El uso correcto de las máquinas del gimnasio y la enseñanza metodológica de ejercicios básicos y dinámicos son también parte importante de la programación. Y por la característica de crecimiento óseo acelerado es vital el desarrollo de la flexibilidad para evitar acortamientos excesivos.

Como mencionamos, los ejercicios de impactos repetitivos, como los saltos, son importantes para la mejora de la performance deportiva, pero también tienen chances de producir lesiones si no están dosificados y adecuados a las posibilidades madurativas, biomecánicas y fisiológicas de los jóvenes.

Es necesario realizar una adaptación progresiva a este tipo de entrenamiento para fortalecer grupos musculares, tendones, ligamentos, masa ósea y mecanoreceptores (ejercicios de propiocepción).

No olvidemos que los jóvenes de estas etapas están en plena fase de crecimiento y es muy común que experimenten dolores y molestias en las articulaciones de la rodilla y tobillo. Muchos de estos síntomas responden al período de desarrollo que transcurren y no tanto a lo que pueda producir los entrenamientos, si éstos están correctamente programados y dosificados. De todas formas, hay que prestar mucha atención a estas sintomatologías y recomendamos tener muy presente no entrenar en superficies duras. Se debe sumar un dato muy relevante: poseer un calzado óptimo que pueda amortiguar esos impactos.

Por medio de los estudios de maduración biológica y también por las evaluaciones físicas relacionadas a la fuerza y potencia (test de saltos y test TRENM) hemos comprobado que a partir del segundo semestre comienzan a darse valores de maduración biológica notables, esta característica, que no es lineal en todos los integrantes del grupo, se refleja en el estudio de Mirwald o test Tanner. Esto incide en la posibilidad de aplicar un aumento individual progresivo de carga en toda la metodología de la fuerza y también en las exigencias físicas de los ejercicios de entrenamiento situacional.

Con referencia a la velocidad en esta etapa, debido a los cambios hormonales, como el aumento de la testosterona, los jóvenes experimentan períodos de mejora significativa en esta cualidad física. Se trata de un período ideal para estimular esta capacidad. Cuando hablamos de estímulo, nos referimos a todas sus formas: velocidad de reacción, de sprint, desplazamientos combinados, aceleración.

Es importante utilizar una metodología de entrenamiento combinada entre ejercicios sin el balón a través de circuitos y por otro lado la utilización de la metodología situacional (standard y funcional a una o

dos secuencias) con componentes de diferentes tipos de velocidades física-motriz y mental.

La resistencia está fuertemente influenciada por la funcionalidad de los procesos metabólicos. Es importante tomar en cuenta los cambios que experimentan en el curso de esta etapa con el fin de satisfacer su natural desarrollo. En este sentido, podemos decir que en los jóvenes hay un aumento continuo y casi lineal en los valores máximos de resistencia aeróbica y anaeróbica o específica, lo cual alcanza un óptimo rendimiento en la fase madurativa siguiente.

Para esta primera fase madurativa juvenil serán los juegos y las actividades situacionales mencionadas en nuestra metodología las que se encarguen del desarrollo de la resistencia, pero incluyendo en un pequeño porcentaje (10% del entrenamiento) metodologías ortodoxas o puras, como los métodos continuos, intervalados e intermitentes, que también son importantes para lograr adaptaciones, como regeneración y desde el punto de vista metodológico.

En la sesión llamada "técnico-cognitiva" comenzaremos a introducir actividades de entrenamiento específicas de índole neurocognitivo acompañadas de acciones técnicas en un nivel de complejidad inicial. En las fases siguientes irán incrementando los índices de dificultad.

En este primer período juvenil es fundamental consolidar todo el aprendizaje técnico general realizado en la etapa infantil. El módulo técnico-coordinativo alcanzará un 50% de la planificación total.

Todavía no se ha producido una confirmación sobre el puesto en campo que desempeñará el joven futbolista en el futuro, por ello debemos entrenar todas las técnicas del fútbol de manera general, teniendo como dominante el pase y el control, combinado con otras técnicas como las del remate en sus diversas variantes.

El entrenamiento de la técnica específica por puesto será para la fase madurativa siguiente (la etapa de la especialización táctica), en la cual podremos comenzar a entrenar aspectos técnicos específicos por rol en campo.

En este período utilizaremos la metodología de entrenamiento técnico mixto, recorriendo todas las acciones técnicas entrenadas en la gran etapa infantil.

En esta fase IV ya podemos desarrollar de manera más sistemática el gesto técnico del cabezazo, que en la etapa anterior se desarrollaba de manera más lúdica y sin tantas correcciones técnicas debido a una falta de maduración en las capacidades de fuerza y coordinación general. En este período, el golpe de cabeza debe entrenarse con sus diferentes variantes de manera programada.

Con referencia a la acción del pase y control, tanto las ejercitaciones sin oposición como aquellas funcionales, deben tener una participación importante dentro de la programación anual, ya que se trata de los gestos centrales más utilizados en este deporte.

El módulo táctico-situacional, que se desarrollará por medio de una combinación de ejercicios en situación standard, funcional y competencia, tendrá un 30% de la programación del período juvenil I. Es decir que, como observamos en el microciclo sostenido, todos los principios y nociones tácticas básicas no sólo deben desarrollarse realizando fútbol 11 vs. 11, sino también por actividades situacionales aplicadas. Este aprendizaje debe ser progresivo y ordenado por contenidos de nivel de complejidad baja, media y alta, dependiendo de las capacidades físicas y cognitivas de los jóvenes.

Con referencia a los sistemas tácticos de juego preponderantes en la fase serán: el esquema 4-3-3, que los futbolistas juveniles ya dominaban desde la etapa infantil, y como sistema secundario el 4-3-1-2. Ambos esquemas de juego guardan relación en su funcionamiento general.

Como podemos observar en el gráfico microciclo dinámico sostenido fase IV, hemos programado para esta etapa una planificación semanal compuesta por cuatro sesiones más la competencia. Consideramos que es la cantidad ideal y adecuada para las condiciones físicas y psicológicas de los niños de 13 y 14 años.

No debemos omitir que los jóvenes de estas edades tienen otras actividades como el estudio, viajes al colegio, al club y regreso a sus casas y, en muchos casos, debiendo viajar largas distancias que causan cansancio.

Hemos decidido eliminar, en esta etapa, la sesión de entrenamiento llamada "táctica-estratégica" para darle prioridad a los aspectos a desarrollar en las otras cuatros sesiones. Ya en las fases siguientes (V, VI y VII) se agrega una sesión más, conformando en su totalidad las seis sesiones del microciclo dinámico sostenido.

Los contenidos desarrollados se reflejan, a modo de resumen orientativo, en los módulos base del programa práctico que presentamos debajo, los cuales servirán como guía permanente en la programación del microciclo de entrenamiento dinámico sostenido de la fase madurativa.

MÓDULOS BASE DEL PROGRAMA PRÁCTICO DINÁMICO SOSTENIDO, FASE IV

FÍSICO MOTOR NEUROCOGNITIVO 20%	TÉCNICO COORDINATIVO 50%	TÁCTICO SITUACIONAL 30%
TIPOS DE VELOCIDAD FÍSICA Y MENTAL CAPACIDAD DE ANTICIPACIÓN	TÉCNICA GENERAL PREDOMINANTE PASE-CONTROL-REMATE	METODOLOGÍA SITUACIONAL STANDARD 50% FUNCIONAL 30% COMPETENCIA 20%
FUERZA DOMINANTE FUERZA EXPLOSIVA CIRCUITOS NIVEL 1,2,3	TÉCNICA ANALÍTICA SITUACIÓN STANDARD (1-2 SECUENCIAS)	SISTEMA TÁCTICO DOMINANTE 4-3-3
RESISTENCIA AERÓBICA Y ESPECIAL MET. SITUACIONAL 90% MET. ORTODOXA 10%	TÉCNICA FUNCIONAL SITUACIÓN FUNCIONAL (1-2 SECUENCIA)	SISTEMA TÁCTICO SECUNDARIO 4-3-1-2

MICROCICLO DINÁMICO SOSTENIDO, FASE IV - PERÍODO JUVENIL I (13-14 AÑOS)

SESIÓN 1 PREVENTIVA RECUPERADORA	SESIÓN 2 VELOCIDAD FÍSICO/MENTAL	SESIÓN 3 TÁCTICA ESPECÍFICA	SESIÓN 4 TÉCNICO COGNITIVA	SESIÓN 5 COMPETENCIA
DESARROLLO TÉCNICO ANALÍTICO SITUACIÓN STANDARD (1 SECUENCIA) DOMINANTE: PASE + CONTROL + REMATE 30'	VELOCIDAD TIPOS FÍSICA MENTAL + CIRCUITOS FUERZA NEUROMUSCULAR DOMINANTE EXPLOSIVA NIVELES 1, 2, 3 25'	SITUACIÓN COMPETENCIA ESPECÍFICA POR PUESTO SISTEMA TÁCTIC: 4-3-3 20'	ÁREA TÉCNICO COORDINATIVA Y NEUROCOGNITIVA NIVEL DE COMPLEJIDAD 1 20'	PARTIDO CAMPEONATO OFICIAL AFA 80'
AERÓBICA MEDIA MÉTODOS VARIABLES 1. SITUACIÓN SIMPLE 2. INTERVALADO 3. INTERMITENTE 30'	VELOCIDAD SPRINT CAP. ANTICIPACIÓN SITUACIÓN STANDARD (1-2 SECUENCIAS) RÉGIMEN DE VELOCIDAD 3 BLOQUES X 8' X 2' P 30'	JUEGO TÁCTICO 11 VS 11 3 BLOQUES X 15' DESARROLLO RESISTENCIA ESP. 45'	VELOCIDAD REACCIÓN VELOCIDAD DECISIÓN SITUACIÓN FUNCIONAL (2 SECUENCIAS) RÉGIMEN DE VELOCIDAD 3 BLOQUES X 8' X 3' P 30'	ENTRENAMIENTO SITUACIONAL FUNCIONAL Y COMPETENCIA 90'
FLEXIBILIDAD MOVILIDAD ELASTICIDAD 20'	FUERZA GENERAL CONSOLIDACIÓN Y ENSEÑANZA TÉCNICA FORTALECIMIENTO ZONA CORE DESARROLLO POSTURAL (GRUPOS TEST MIRWALD) 30'	DESARROLLO TÉCNICO ANALÍTICO SITUACIÓN STANDARD (1 SECUENCIA) DOMINANTE: REMATE + CABEZAZO 30'	DESARROLLO TÉCNICO ANALÍTICO SITUACIÓN STANDARD (1 SECUENCIA) DOMINANTE: PASE + CONTROL + REMATE 30'	

CAPÍTULO 8
FASE MADURATIVA V – PERÍODO JUVENIL II (15-16 AÑOS)
"LA FASE DE LA ESPECIALIZACIÓN TÁCTICA Y EL DESARROLLO FÍSICO-MOTOR"

PERFIL NEUROCOGNITIVO Y FÍSICOMOTOR DEL PERÍODO JUVENIL II

Un joven de 15 o 16 años en la actualidad es muy diferente a un chico de esa misma edad pero hace veinte. La sociedad ha cambiado en todos los sentidos y el adolescente se ha ido moldeando, también en función de esos cambios, en algunos aspectos de forma positiva y en otros de manera que repercute negativamente en su crecimiento y desarrollo integral a nivel humano y por consiguiente deportivo.

Cuando lleguemos al último capítulo del libro abordaremos temas relacionados a la educación y los valores del joven y del futbolista profesional. Por el momento debemos decir que el adolescente de 15 años posee una complejidad psicológica típica de su maduración y crecimiento, pero que además tiene una carga social que incide en su vida personal y deportiva.

Temas como la droga, el alcohol, la sexualidad temprana, el uso desmedido de las redes son aspectos sobre los cuales debemos estar muy atentos en esta etapa, ya que muchos de ellos perjudican a la persona y al deportista todavía en formación.

En el correcto tratamiento de todas estas realidades preocupantes, la familia, como ya mencionamos, debe tomar un papel trascendente de guía y acompañamiento desde una posición responsable y madura, tomando el rol de padres con los correspondientes límites que todo ado-

lescente necesita y no emprendiendo el camino más fácil en el cual, más que padres son amigos y aduladores de ese joven con proyección de futbolista.

El período que transcurre entre los 15 y los 16 años es una etapa de consolidación de muchos aspectos relacionados a la personalidad y el acervo motor del joven, por ello llamamos a esta etapa "la fase de la consolidación táctica y el desarrollo físico motor".

El futbolista se encuentra con una maduración sexual completa en la mayoría de los casos, lo que desemboca en contar con grupos de rendimiento mucho más homogéneos desde el aspecto físico que en la etapa anterior, en la que la heterogeneidad física era muy común.

De todas formas aconsejamos implementar todavía el estudio de maduración biológica de Mirwald aún en esta fase madurativa, ya que existe un porcentaje menor de jóvenes que alcanzan la maduración de crecimiento y despegue hormonal de forma tardía. Este grupo es conocido como maduradores tardíos y son fáciles de detectar incluso sin un test como el Tanner o el estudio de Mirwald, ya que se distinguen de manera elocuente en lo que respecta a masa muscular e índices de fuerza-potencia, los cuales se traducen en rendimientos físicos inferiores con respecto al resto del grupo que sí alcanzó la maduración completa.

Por ello recomendamos realizar este control biológico al comienzo, en el medio y llegando al final de la temporada deportiva, para así contar con una apoyatura médica y científica. Es valioso explicarle el momento madurativo que transcurre a ese joven deportista, que muchas veces siente frustración por estar lejos en el rendimiento de la media del grupo o equipo.

Más allá de esta aclaración, los niveles de fuerza general de estas etapas evolutivas alcanzan un aumento considerable pese a que el aparato motor no está capacitado para el desarrollo de la fuerza máxima con cargas altas, pero sí muy predispuesto para el estímulo de tipos de fuerza tales como: fuerza-explosiva y fuerza-resistencia. La cualidad de resistencia ocupa un lugar de privilegio en la programación, debido a la gran capacidad para soportar cargas aeróbicas y anaeróbicas altas, tanto desde lo muscular como desde lo metabólico.

Esta maduración biológica se ve acompañada de una conformación de esquema corporal que vuelve a encontrar la coordinación perdida en la transición previa y posterior al período de la pubertad, lo cual optimiza el desarrollo técnico y economía de movimientos. Favorecidos por un desarrollo cognitivo de calidad los jóvenes logran captar rápidamente los conceptos técnicos y tácticos de aprendizaje lo cual permite la programación de actividades situacionales de una complejidad alta.

LOS CONTENIDOS DIDÁCTICOS A DESARROLLAR EN EL PERÍODO JUVENIL II

En la fase madurativa V, el módulo físico-motor y neurocognitivo alcanza el 30% de la programación dentro del modelo de planificación dinámico sostenido.

Todos los tipos de velocidad (ver capítulo 11) serán estimulados bajo alto niveles de concentración (sobre todo aquellos tipos de velocidad mental), ya que los jóvenes de esta fase están capacitados para sostener procesos mentales de complejidad en el tiempo como ya analizamos.

Esta cualidad será estimulada a través de circuitos y por medio de la metodología situacional, por medio de la situación standard y funcional hasta tres secuencias consecutivas (ver metodología situacional).

La fuerza explosiva, la fuerza resistencia y la potencia serán desarrolladas de manera controlada y acorde a las capacidades de estos jóvenes que aún están en etapa de crecimiento, pero con índices de fuerza considerables. Los ejercicios de fortalecimiento de la zona media serán fundamentales para seguir formando una óptima base para tareas de fuerza futuras y en la prevención general.

Los tipos de fuerza mencionados serán entrenados por medio de diferentes formas de saltos y acciones neuromusculares en los circuitos de niveles de complejidad de 1 a 5 compuestos por: los saltos en todas las variantes, movimientos de coordinación, ejercicios de propiocepción, cambios de dirección, carreras máximas y sprints cortos, velocidad de freno, giros, actividades de tracción y gestos técnicos realizados a gran velocidad de ejecución.

Con respecto al entrenamiento de la resistencia, los juegos y situaciones competencia son los que predominan en el desarrollo de esta cualidad y es una fase madurativa en la cual elevamos, con respecto al período juvenil I, la programación de los métodos continuos, intervalados, intermitentes (en un mayor porcentaje de 20%, contra 80% de actividades situacionales).

En la confección del microciclo dinámico sostenido del período es posible implementar, debido a los progresos cognitivos e intelectuales, ejercicios más estructurados direccionados a la optimización de los parámetros neurocognitivos

Para esta fase madurativa utilizaremos actividades neuro-cognitivas de un nivel de complejidad dos como: la concentración, la toma de decisiones complejas en tareas situacionales o acciones cortas que involucren breves y rápidas decisiones, tareas para el desarrollo de la anticipación mental de las acciones, actividades cortas para el estímulo de la

visión periférica del campo de acción, desarrollo de la memoria visual, y ejercitaciones de reacción ante diferentes estímulos sensoriales.

Como mencionamos en el desarrollo del modelo, todas estas actividades deben tener un alto grado de especificidad cercana a la realidad del fútbol y podrán programarse en la cuarta sesión semanal del microciclo dinámico sostenido que llamamos "técnico-cognitiva".

En el módulo táctico-situacional, que denota un crecimiento en el porcentaje del programa (30%), la enseñanza de los principios tácticos defensivos y ofensivos debe efectuarse en este período, de manera más específica, ya que el juvenil se encuentra en "la etapa de la consolidación táctica", en la cual los jóvenes comienzan a definir su rol o puesto específico dentro de un equipo.

Empiezan a afianzarse las posiciones dentro del campo de juego de manera más definida y, en consecuencia, es en esta etapa donde el entrenador debe comenzar a entrenar con ejercicios especializados por puesto. Este objetivo puede lograrse a través de la metodología situacional en la programación de driles, respetando los puestos de cada futbolista. Las situaciones standard (sin oposición) o los driles funcionales (con oposición) son muy interesantes para desarrollar esta especificidad táctica, siempre con preponderancia de actividades funcionales o integradas.

Los principios tácticos deben ser entrenados de manera especial por puesto, más allá que todavía en esta etapa puede haber algún cambio posicional a futuro, pero en general es aquí donde comienza a consolidarse el "perfil táctico" del futbolista. Por ello la importancia de volcar en el modelo de planificación anual dinámico sostenido los contenidos de cada uno de los principios tácticos defensivos y ofensivos en función del puesto o rol de cada joven y de esa manera acentuar la preparación específica del puesto en el que se desempeña, sin perder tiempo en movimientos o acciones que poco tienen que ver con su actividad táctica en el campo de juego.

El módulo técnico-coordinativo (40% de la programación) cambia la orientación con respecto al período precedente, ya que al diferenciar a los jóvenes por puesto desde lo táctico también debemos comenzar a desarrollar los gestos técnicos específicos por puesto. Esto se refleja en la sesión de entrenamiento de la siguiente manera: por ejemplo, si tenemos un grupo-equipo de quince años debemos acentuar con los defensores el gesto técnico del quite y el cabezazo defensivo, con los mediocampistas el gesto técnico del pase y control, y con los atacantes el remate y juego aéreo ofensivo. No todas las sesiones deben tener un carácter diferenciado, pero sí alguna de ellas, y sobre todo distinguir este tipo de especificaciones en el armado y organización de los entrenamientos situacionales.

Con respecto a los sistemas de juego, en este período se produce la consolidación de los sistemas 4-3-1-2 y 4-3-3 que los jóvenes vienen experimentando desde la etapa infantil III y juvenil I. Como sistemas de introducción instrumentaremos el aprendizaje de los sistemas 4-4-2 y 4-1-4-1.

Como detallamos cuando presentamos el modelo de programación dinámico sostenido, es importante tomar como parámetro de referencia todos los contenidos analizados, los cuales luego se trasladarán a la planificación del microciclo de entrenamiento dinámico sostenido de la fase madurativa.

MÓDULOS BASE DEL PROGRAMA PRÁCTICO DINÁMICO SOSTENIDO, FASE V

FÍSICO MOTOR NEUROCOGNITIVO 20%	TÉCNICO COORDINATIVO 50%	TÁCTICO SITUACIONAL 30%
TIPOS DE VELOCIDAD FÍSICA Y MENTAL CAP. ANTICIPACIÓN	TÉCNICA ESPECÍFICA PREDOMINANTE PASE-CONTROL-CABEZA	METODOLOGÍA SITUACIONAL STANDARD 50% FUNCIONAL 30% COMPETENCIA 20%
FUERZA DOMINANTE FUERZA EXPLOSIVA CIRCUITOS NIVEL 1-2-3	TÉCNICA ANALÍTICA SITUACIÓN STANDARD (1-2 SECUENCIAS)	SISTEMA TÁCTICO DOMINANTE 4-3-3
RESISTENCIA AERÓBICA ALTA Y ESPECIAL MET. SITUACIONAL 90% MET. ORTODOXA 10%	TÉCNICA FUNCIONAL SITUACIÓN FUNCIONAL (1-2 SECUENCIA)	SISTEMA TÁCTICO SECUNDARIO 4-3-1-2

MICROCICLO DINÁMICO SOSTENIDO, FASE V - PERÍODO JUVENIL II (15-16 AÑOS)

SESIÓN 1 PREVENTIVA RECUPERADORA	SESIÓN 2 VELOCIDAD FÍSICO/MENTAL	SESIÓN 3 TÁCTICA ESPECÍFICA	SESIÓN 4 TÉCNICO COGNITIVA	SESIÓN 5 COMPETENCIA
DESARROLLO TÉCNICO ANALÍTICO SIT. STANDARD (1 SECUENCIA) DOMINANTE: PASE + CONTROL + REMATE 30'	VELOCIDAD TIPOS FÍSICA MENTAL + CIRCUITOS FUERZA NEUROMUSCULAR DOMINANTE EXPLOSIVA NIVELES 1, 2, 3 25'	SITUACIÓN COMPETENCIA ESPECÍFICA POR PUESTO SISTEMA TÁCTICO: 4-3-3 20'	ÁREA TÉCNICO COORDINATIVA Y NEUROCOGNITIVA NIVEL DE COMPLEJIDAD 1 20'	PARTIDO CAMPEONATO OFICIAL AFA 80'
AERÓBICA MEDIA MÉTODOS VARIABLES 1. SITUACIÓN SIMPLE 2. INTERVALADO 3. INTERMITENTE 30'	VELOCIDAD SPRINT CAP. ANTICIPACIÓN SITUACIÓN STANDARD (1-2 SECUENCIAS) RÉGIMEN DE VELOCIDAD 3 BLOQUES X 8' X 2' P 30'	JUEGO TÁCTICO 11 VS 11 3 BLOQUES X 15' DESARROLLO RESISTENCIA ESP. 45'	VELOCIDAD REACCIÓN VELOCIDAD DECISIÓN SITUACIÓN FUNCIONAL (2 SECUENCIAS) RÉGIMEN DE VELOCIDAD 3 BLOQUES X 8' X 3' P 30'	ENTRENAMIENTO SITUACIONAL FUNCIONAL Y COMPETENCIA 90'
FLEXIBILIDAD MOVILIDAD ELASTICIDAD 20'	FUERZA GENERAL CONSOLIDACIÓN Y ENSEÑANZA TÉCNICA FORTALECIMIENTO ZONA CORE DESARROLLO POSTURAL (GRUPOS TEST MIRWALD) 30'	DESARROLLO TÉCNICO ANALÍTICO SITUACIÓN STANDARD (1 SECUENCIA) DOMINANTE: REMATE + CABEZAZO 30'	DESARROLLO TÉCNICO ANALÍTICO SITUACIÓN STANDARD (1 SECUENCIA) DOMINANTE: PASE + CONTROL + REMATE 30'	

CAPÍTULO 9
FASE MADURATIVA VI - PERÍODO JUVENIL III (17-19 AÑOS) "PERÍODO DEL PERFECCIONAMIENTO ESPECÍFICO INTEGRAL"

PERFIL NEUROCOGNITIVO Y FÍSICOMOTOR DEL PERÍODO JUVENIL III

Luego de diez años de proceso infantil y juvenil, el futbolista debería llegar a la fase madurativa VI con un bagaje de experiencias y conocimientos elevados, los cuales deben ser perfeccionados de manera específica y muy fina, por eso lo llamamos la fase o período del perfeccionamiento específico integral.

Ya es una edad en la cual cualquier futbolista puede ser solicitado por los niveles superiores del fútbol profesional y ante esa posibilidad debe encontrarse preparado. Los parámetros físicos ya están desarrollados de manera sólida, sobre todo en aquellos deportistas que tuvieron la posibilidad de trascurrir todo el proceso de entrenamiento infanto-juvenil en un club profesional.

Durante tantos años de entrenar juveniles, encontramos notorias diferencias en las cualidades físicas y motrices entre futbolistas que recorrieron todo el proceso formativo con aquellos que se incorporaron en etapas posteriores y saltearon parte del proceso de formación plurianual.

Estas diferencias no pueden emparejarse en un proceso corto de entrenamiento acelerado, sino que debe realizarse mediante un plan de entrenamiento acorde y progresivo con aquellos jóvenes que se insertaron en estas etapas tan cercanas al fútbol profesional. Las mejoras en estos casos deben focalizarse a los aspectos de fuerza de base y resistencia específica.

Los futbolistas de estas edades experimentan entrenamientos en cantidad y exigencia similares o superiores a lo que sucede en el fútbol profesional, las competencias son muy exigentes y muchos de estos futbolistas, los más destacados, participan de la Reserva o del plantel profesional.

Es de vital importancia que, en esta última etapa juvenil, exista una coordinación directa entre los responsables del fútbol juvenil y los entrenadores del primer equipo. Todo el trabajo desarrollado hasta este momento alcanza su punto máximo en esta fase madurativa VI, pero depende en gran medida de las resoluciones del técnico del plantel profesional. No debemos perder de vista que la decisión final de elegir a un determinado futbolista y consolidarlo corre por cuenta del entrenador del fútbol profesional, por ello es trascedente que exista una fluída comunicación y coordinación fina entre ambas áreas.

LOS CONTENIDOS DIDÁCTICOS A DESARROLLAR EN EL PERÍODO JUVENIL III

El módulo físico-motor alcanza en esta fase madurativa el mayor porcentaje de las fases juveniles. Dentro del 30% aparece el entrenamiento de todos los tipos de velocidad, desarrollados con métodos ortodoxos para la velocidad física y situacionales para estimular tomas de decisiones óptimas.

Con métodos ortodoxos o puros nos referimos a los circuitos por niveles de complejidad y dentro de la metodología situacional por medio de situación standard (ver metodología situacional). Los tipos de velocidad a desarrollar en esta etapa serán: velocidad de reacción, velocidad de desplazamiento con y sin balón (sprint), combinada, velocidad de decisión, velocidad de percepción y velocidad de anticipación. La fuerza máxima, entendida dentro del contexto de un deporte como el fútbol, en el cual no se precisan índices altos de esta cualidad, se desarrolla de manera más elevada a la etapa anterior y en forma controlada. Si bien la fuerza máxima no determina a un futbolista de primer nivel, hay valores de base de esta cualidad que funcionan como soporte de otros tipos de fuerza. La consolidación de la zona media por medio de toda la batería de ejercicios de zona core es fundamental en esta etapa Área preventiva).

La fuerza-explosiva y fuerza-potencia como base de la velocidad ya mencionada debe ser estimulada con los circuitos de niveles 1 hasta 8, dependiendo del nivel de los futbolistas y período de la temporada deportiva.

Con respecto a los aspectos mentales, ya en esta fase madurativa VI proponemos tareas con orientación neurocognitiva de un alto nivel de complejidad, estimulando la anticipación, elaboración y decisión final con ejercicios de extrema dificultad intelectual, física y técnica específica por roles en campo. Dentro de la planificación dinámica sostenida estos medios deben reflejarse en la cuarta sesión semanal "técnico-cognitiva".

En el plan sostenido, la resistencia se divide en 70% metodología situacional y 30% métodos puros u ortodoxos. Dentro de éstos, es importante introducir cada dos o tres semanas tipos de entrenamiento para el desarrollo y mantenimiento de la capacidad de repetir sprints o carreras extra cortas, nos referimos al Repeat Sprint Ability (RSA). La utilización de los métodos mencionados estará ligada a los momentos de la temporada deportiva (etapa de preparación, período de competencia y semanas sin competencia dentro del calendario deportivo anual).

De todas formas los juegos y situaciones competencia predominan en el desarrollo de esta cualidad con altas intensidades y entrenamiento técnico de altísima calidad en régimen de fatiga.

Foto arriba: Bloques de entrenamiento 3 vs. 3 + comodín con el objetivo de desarrollar resistencia especial (RSA y RFR) y velocidad de percepción, anticipación y decisión mental, fase madurativa VI.

En esta última fase madurativa juvenil utilizamos el método de entrenamiento técnico mixto sólo de manera muy específica, optimizando los detalles técnicos que puedan aparecer en cada futbolista, respetando al máximo su rol en campo a la hora de programar una sesión de entrenamiento técnico y táctico.

Por ejemplo, si tenemos un futbolista ya totalmente definido en la posición de defensor central, debemos entrenarlo en los aspectos técnicos más específicos posibles que serán la base de su juego: primer pase correcto, conducción rápida más pase para romper línea de atacantes rivales, cambio de frente, despejes, golpes de cabeza defensivos desde diferentes posiciones.

Los tipos de situaciones predominantes serán los ejercicios standard y funcional implementando driles y ejercicios hasta de cuatro secuencias inclusive.

Con respecto al módulo táctico, los principios tácticos defensivos y ofensivos deben estar totalmente consolidados. En un proceso de desarrollo táctico ideal, el joven futbolista debería experimentar la mayoría de sistemas tácticos posibles, respetando en forma general su posición o rol dentro del campo.

La fase siguiente, etapa del fútbol profesional, requiere y exige un conocimiento multifacético desde los aspectos táctico y estratégico del futbolista. Allí el jugador debe presentarse al más alto nivel de rendimiento deportivo, ya que las exigencias de diferentes entrenadores y formas de pensamiento hacen que deba estar preparado y responder ante diferentes ideas y formas de juego.

La estrategia, por medio de acciones de pelota parada, también deben formar parte fundamental del proceso de enseñanza táctica en este período, ya que este aspecto del juego es fundamental en el fútbol actual y estos jóvenes se encuentran muy cerca del fútbol profesional, Por tal motivo, es vital que experimenten diferentes formas de marcaje a balón parado, como marcación en zona, marca personal o mixta.

Todo lo expresado se resume en los módulos base que presentamos debajo y que deben servir como guía para la diagramación de cada sesión de entrenamiento del microciclo dinámico sostenido de la fase madurativa VI.

MÓDULOS BASE DEL PROGRAMA PRÁCTICO DINÁMICO SOSTENIDO, FASE VI

FÍSICO MOTOR NEUROCOGNITIVO 30%	TÉCNICO COORDINATIVO 40%	TÁCTICO SITUACIONAL 30%
TIPOS DE VELOCIDAD FÍSICA Y MENTAL CONCENTRACIÓN	TÉCNICA ESPECÍFICA PREDOMINANTE PASE-CONTROL-CABEZA	METODOLOGÍA SITUACIONAL STANDARD 40% FUNCIONAL 30% COMPETENCIA 30%
FUERZA DOMINANTE FUERZA EXPLOSIVA RESISTENCIA CIRCUITOS NIVEL 1-5	TÉCNICA ANALÍTICA SITUACIÓN STANDARD (1-3 SECUENCIAS)	SISTEMA TÁCTICO DOMINANTE 4-3-1-2/4-3-3
RESISTENCIA AERÓBICA ALTA Y ESPECIAL MET. SITUACIONAL 80% MET. ORTODOXA 20%	TÉCNICA FUNCIONAL SITUACIÓN FUNCIONAL (1-3 SECUENCIA)	SISTEMA TÁCTICO SECUNDARIO 4-4-2/4-1-4-1

MICROCICLO DINÁMICO SOSTENIDO, FASE VI - PERÍODO JUVENIL III (17-19 AÑOS)

SESIÓN 1 PREVENTIVA RECUPERADORA	SESIÓN 2 VELOCIDAD FÍSICO/MENTAL	SESIÓN 3 TÁCTICA ESPECÍFICA	SESIÓN 4 TÉCNICO COGNITIVA	SESIÓN 5 TÁCTICO ESTRATÉGICA	SESIÓN 6 DÍA DE COMPETENCIA
ÁREA KINÉSICO PREVENTIVA CORE POSTURAL PROPIOCEPCIÓN FLEXIBILIDAD 30'	VELOCIDAD TIPOS FÍSICA MENTAL + CIRCUITOS FUERZA NEUROMUSCULAR DOMINANTE EXPLOSIVA Y FUERZA RESISTENCIA NIVELES 3-4-5 30'	SIT. COMPETENCIA ESPECÍFICA X PUESTO SISTEMA TÁCTICO 4-3-1-2 20'	ÁREA TÉCNICO COORDINATIVA Y NEUROCOGNITIVA NIVEL DE COMPLEJIDAD 2 25'	SIT. COMPETENCIA ESPECÍFICA X PUESTO RÉGIMEN TÁCTICO: 4-3-1-2 20'	PARTIDO CAMPEONATO OFICIAL AFA 90'
AERÓBICA ALTA MÉTODOS VARIABLES 1. INTERMITENTE 2. SIT. SIMPLE 3. INTERVALADO 35'	VEL. COMBINADA VEL. ANTICIPACIÓN SIT. FUNCIONAL (2 SECUENCIAS) RÉGIMEN DE VELOCIDAD 3 BLOQUES X 10 X 2' P 30'	JUEGO TÁCTICO 11 VS 11 3 BLOQUES X 18' DESARROLLO RESISTENCIA ESP. 50'	VELOCIDAD REACCIÓN VELOCIDAD DECISIÓN SITUACIÓN FUNCIONAL (2 SECUENCIAS) RÉGIMEN DE VELOCIDAD 3 BLOQUES X 10' X 3' P 30'	SIT. COMPETENCIA ESTRATEGIAS BALÓN PARADO NIVEL MEDIO 20'	ACTIVIDADES RECUPERACIÓN MUSCULAR HIDROTERAPIA
DESARROLLO TÉCNICO ANALÍTICO SIT. STANDAR (1 SECUENCIA) DOMINANTE: PASE + CONTROL + GESTO ESPECÍFICO 30'	FUERZA TIPO 2 EJER. DINÁMICOS 2 EJER. POTENCIA 3 EJER. CONSTR. MUSCULAR FORTALECIMIENTO ZONA CORE POSTURAL PROPIOCEPCIÓN 40'	DESARROLLO TÉCNICO ANALÍTICO SIT. STANDARD (2-3 SECUENCIAS) DOMINANTE: ESPECÍFICO POR PUESTO 30'	DESARROLLO TÉCNICO ANALÍTICO SIT. STANDARD (2 SECUENCIAS) DOMINANTE: PASE + CONTROL + CABEZAZO 30'	FLEXIBILIDAD MOVILIDAD ELASTICIDAD 20'	ENTRENAMIENTO SITUACIONAL Y FUNCIONAL Y COMPETENCIA 100'

CAPÍTULO 10
FASE MADURATIVA VII (ETAPA PROFESIONAL)
"LA PREPARACIÓN PARA EL MUNDO PROFESIONAL"

PERFIL INTEGRAL DE FUTBOLISTA QUE EXIGE EL FÚTBOL PROFESIONAL

Por todo lo expresado hasta aquí, sostenemos que un deportista es una integridad, varios aspectos y partes de un todo que conviven de forma interrelacionada. Los aspectos socio-culturales tan importantes en la etapa formativa lo siguen siendo en este nuevo período tan complejo como exigente. La vida personal del futbolista de alto rendimiento será determinante para poder mantener niveles de performance acordes con las exigencias del profesionalismo.

El deportista debe, más allá de las horas que transcurre en el club, vivir para la profesión que ha elegido. Una profesión en la que aspectos como el descanso, la nutrición balanceada, la tranquilidad mental son tan importantes como el entrenamiento mismo.

El futbolista desde chico debe entender que el fútbol requiere de un orden y un cuidado personal, ya que la herramienta fundamental para poder ser un gran jugador es su físico. Pero con eso solo no alcanza. También los factores mentales son fundamentales dentro del transcurrir por el alto rendimiento.

En una carrera profesional de 13 o 14 años, el futbolista independientemente del nivel donde haya jugado, experimenta una gran cantidad de momentos tristes, sinsabores e injusticias para las cuales deberá estar preparado. Por eso sostenemos que en el fútbol aquel jugador que no tiene alta tolerancia a la frustración y reacción frente a la adversidad está condenado al fracaso deportivo.

La adversidad es el compañero del progreso. Cada vez que queremos ir hacia adelante, los obstáculos van a aparecer, y si estamos preparados y podemos sobrepasarlos, saldremos fortalecidos de esas situaciones negativas.

Una de las herramientas que debemos brindarle al futbolista para afrontar esos momentos difíciles y de presión que depara el fútbol de alto rendimiento es justamente la preparación, nos referimos a una preparación integral, que abarque todos los aspectos que exige el más alto nivel.

Como se menciona en el libro "El talento nunca es suficiente", la preparación ayuda a soportar la presión. Por ello es tan importante contar con futbolistas preparados en las áreas física, técnica, táctica y mental y ofrecerles la mejor y mayor calidad informativa para que puedan sobrellevar momentos deportivos duros y complicados.

Otro aspecto fundamental del deporte de elite es la concentración. Hemos mencionado que, entre dos futbolistas de talento similar, la concentración es determinante y marca la diferencia, ya que le permite al futbolista que la posee un proceso de mejora constante durante el entrenamiento, que luego se trasladará a la competencia.

Un futbolista que esté concentrado los noventa y cinco minutos del juego, que sea serio, inteligente, que participe en cada acción defensiva u ofensiva con agresividad bien entendida, con mentalidad ganadora, que siempre se anime a jugar pensando en equipo, será sin duda un jugador más completo y con mayor posibilidad de sobresalir y destacarse en un equipo.

Desarrollamos la importancia de una ordenada vida personal para acompañar el proceso deportivo de un jugador profesional. Ahora bien, analicemos los aspectos específicos que el deporte exige.

"Con la técnica sola no alcanza... el fútbol de hoy requiere: velocidad, carácter, inteligencia, fuerza, orden táctico y temperamento. Hablo de fuerza física y mental necesaria para desarrollar un juego que exige el roce y la dinámica que manifiesta el fútbol moderno", sostiene Jorge Griffa desde su mirada de formador de juveniles con proyección al fútbol profesional.

Ahora bien, veamos qué piensa un entrenador de elite como Diego Simeone, director técnico del Atlético de Madrid, sobre lo que debe ser la mentalidad de un futbolista profesional. "No ganan siempre los buenos, ganan los que luchan". "Los partidos son batallas que hay que jugarlas con el cuchillo entre los dientes y sin regalarle nada al rival en el terreno de juego". "El esfuerzo es la 'magia' que transforma los éxitos en realidad". "El esfuerzo no se negocia. No tolero el conformismo. La pasividad no va con mis equipos". "Creo en el orden antes que nada y por encima de todo. El orden es una manera de vivir en la cancha". "Es fundamental la pertenencia, sentirse involucrado, que se entreguen a pleno por el proyecto y el equipo". Todos conceptos muy claros y contundentes sobre lo que significa el fútbol de alto nivel.

Si pasamos a analizar los aspectos físicos, deberíamos empezar por el biotipo ideal para el fútbol y en qué cualidades deberían trascender.

Con respecto a lo primero, debemos decir que no todos los puestos de juego requieren las mismas características antropométricas. De todas formas, el deporte de elite nos muestra que cada vez es más importante la altura, sobre todo en determinados puestos (arqueros, defensores centrales, atacantes centro).

Siempre mencionamos que la mayoría de las veces el parámetro lo instaura el campo de la práctica, la competencia también. En las últimas décadas ha sido notorio cómo se han ido elevando los niveles de altura en los deportes de elite a nivel grupal y el fútbol no escapa a esa tendencia.

Esta realidad es elocuente si nos dirigimos a las estadísticas. En los deportes de conjunto los promedios de la altura de los equipos han ido in crescendo década tras década.

Durante años de trabajo en clubes muy importantes del fútbol argentino, la experiencia nos ha brindado como conclusión que uno de los aspectos que los entrenadores y preparadores físicos de Primera División valoran a la hora de elegir un jugador juvenil es justamente la altura de los futbolistas. No es el único parámetro, pero sí es muy considerado a la hora de hacer una elección integral.

Desde el punto de vista de la composición corporal (tema que desarrollaremos en capítulos próximos), el futbolista de hoy debe presentar un perfil magro, con un bajo nivel de masa adiposa. El fútbol nos exige un futbolista que posea una buena musculatura, con una masa muscular armónica (50% por estudio de cinco componentes y con una relación muscular-ósea no mayor a 4.5). Este deporte requiere además de un futbolista ágil, de buen desarrollo muscular, pero evitando la hipertrofia en exceso, priorizando la estructura de sostén y prevención (musculatura core) y conservando buenos índices de flexibilidad.

Muchas veces la forma de juego está relacionada a la elección de diferentes biotipos de futbolistas. Por ejemplo, un equipo que hace de la posesión del balón su factor principal, seguramente no necesitará de tantos futbolistas altos; en cambio, un equipo que apuesta al juego aéreo de manera sistemática sí los tendría en su plantel.

En el gráfico siguiente presentamos los aspectos fundamentales que requiere el fútbol actual.

Analizando los factores físicos esenciales, debemos hablar de la velocidad como uno de los más importantes, no sólo en el fútbol, sino en los deportes colectivos en general. Julio Velasco (técnico del equipo de vóley argentino) manifiesta que "en el deporte actual deberíamos entrenar a los deportistas en velocidad y potencia", concepto que es totalmente adaptable al fútbol, ya que las demandas del propio juego así lo indican.

El capítulo próximo se lo dedicaremos al desarrollo de la velocidad física y nos referimos a una concepción integral de esta cualidad, no sólo en los aspectos físicos y motrices (reacción, sprint, combinada), sino también mentales (percepción, anticipación y decisión). Dentro de la velocidad mental es importante contar con futbolistas que posean óptimos niveles de lo que llamamos "técnica resolutiva" para ejecutar acciones en el menor tiempo posible con un alto nivel de eficacia.

Siguiendo con los aspectos físicos, el gráfico continúa resaltando la importancia en el fútbol actual de los parámetros neuromusculares, futbolistas con una capacidad de salto óptima y con buenos niveles de fuerza explosiva y potencia.

Esos índices de velocidad y potencia deben ser logrados, no sólo en acciones aisladas, sino que es de suma importancia poder mantenerlos en el tiempo de duración total de un partido (95'). Ahí radica la trascendencia de contar con jugadores que puedan sostener acciones cortas a alta intensidad (1" a 5") con breves períodos de recuperación (10" a 30"), lo que conocemos como Repeat Sprint Ability (RSA) o Resistencia a la fuerza rápida (RFR).

La inteligencia táctica es uno de los requerimientos básicos para jugar este deporte, aquel futbolista capacitado para interpretar y decodificar situaciones de juego dentro de diferentes sistemas tácticos elevará su nivel y tendrá una ventaja sobre el resto.

Por último, el gráfico detalla la relevancia de la personalidad y el carácter, aspectos fundamentales del deporte de elite.

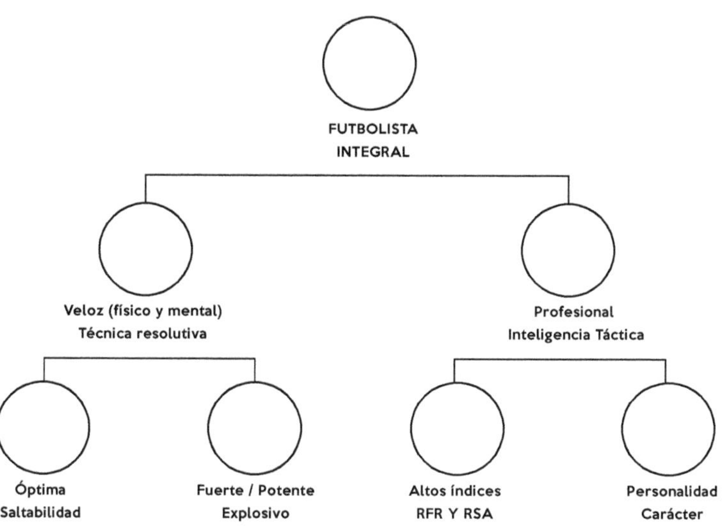

¿QUÉ ES JUGAR BIEN AL FÚTBOL?

Tanto en bibliografías especializadas, congresos, simposios o en charlas futboleras siempre surge la discusión con referencia a sobre qué significa jugar bien al fútbol.

Definiciones y pensamientos hay miles, tomamos como propia una frase de quién fuera por muchos años entrenador del equipo seleccionado de hockey femenino argentino campeón mundial, Sergio "Cacho" Vigil: "Jugar bien es superar al rival física, táctica, mentalmente y además ganarle".

Cuando decimos "ganarle al rival", debemos decir que el fútbol es el único deporte en el que es posible que un equipo que es superado en el juego puede vencer al rival. Por ello hablamos de un concepto general, ya que ese tipo de situaciones pueden suceder, pero a lo largo de una temporada en la mayoría de los casos se impone aquel equipo que juega mejor que su adversario.

Las formas para conseguir esos cuatro objetivos de superación física, táctica, mental y que se vean reflejadas en el resultado son todas válidas (con gran posesión de balón, con pressing alto, proponiendo un juego vertical, de contragolpe, etc.); de igual manera todos los sistemas tácticos conocidos y utilizados para alcanzar el éxito deportivo lo son (4-3-3-; 4-4-2; 4-2-2-2; 3-5-2; etc.).

Los debates sobre lo expuesto arriba son interesantes y hacen crecer a los entrenadores y preparadores físicos, pero no creemos en discusio-

nes ideológicas cuando éstas se vuelven una especie de religión o "secta" cerrada que menoscaban hasta el agravio otras formas de pensar este juego.

Incluso vamos más allá, consideramos que la diversidad enriquece y que, en algunos casos está relacionado con la idiosincrasia y la historia de un país o un determinado club, en otras directamente no.

Tomemos como ejemplo cuatro selecciones potencias del fútbol que fueron campeonas mundiales en los últimos años: Argentina 86, Brasil 94, Italia 06 y Alemania 14. Más allá de gustos y preferencias futbolísticas, ¿alguien puede sostener que alguno de estos seleccionados jugaba mal al fútbol? Seguramente que eran distintos, con perfiles de jugadores diferentes y esquemas de juego diversos, pero con una idea de juego bien definida en cada uno de los casos, y por sobre todas las cosas con grandes futbolistas.

Para una demostración más actual tomemos los ejemplos de equipos de clubes con gran preponderancia en el fútbol europeo como: Real Madrid, Manchester United, Juventus, Atlético de Madrid y Bayern Múnich. Todos ellos han alcanzado objetivos trascendentes en las últimas temporadas con diferentes perfiles de futbolistas y también con diversidad en sus formas de entrenar y competir (ver más abajo "Diferentes tendencias...").

Por todo lo expresado, consideramos que los medios, tácticas y estrategias, merecen estudios y discusiones, las cuales son interesantes y necesarias, pero siempre y cuando las mismas se den en un marco de altura profesional y no cuando son encabezadas por personas fanáticas y poco reflexivas que quieren hacer de su pensamiento la verdad única.

Además, no debemos olvidar que estamos preparando deportistas para el alto rendimiento deportivo, en donde el futbolista se puede encontrar en su carrera justamente con entrenadores disímiles, con diferentes formas de pensamiento y ante ello debe estar preparado y no conocer sólo un libreto o forma de jugar.

Justamente sobre este último concepto citamos una idea de Julio Velasco: "El siempre y el nunca son dos palabras que no me gustan. No diría que nunca tendría un equipo con dos atacantes por las puntas, porque de hecho lo tuve en Italia y fuimos subcampeones. Pero por las características de la Selección Argentina, tenemos que jugar distinto, tener buena recepción para jugar rápido y aprovechar la calidad de nuestros armadores porque no tenemos atacantes físicos y de pelota alta". Un entrenador de la experiencia y capacidad de Velasco señala que ante dos planteles con realidades diferentes, la elección de la forma de jugar cambia, se modifica. Y eso no significa traicionar ninguna convicción, por el contrario, es uno de las condiciones esenciales para ser un gran entrenador de elite.

Sigue Julio Velasco: "Jugar bien es algo muy complejo. No es sólo la técnica, es interpretar la situación que se le presenta el jugador, elaborar una solución y después hacerla bien. Eso está condicionado por la emotividad y la condición física. Es una pregunta descontada que no tiene una respuesta tan fácil, me costó varios años poder encontrarla. Hay dos puntos importantes: 1) Identificar e interpretar la situación en el momento. Ésta es una operación racional que hace el cerebro de forma inconsciente a una velocidad superior a cualquier computadora. 2) Luego de identificar e interpretar la situación, buscar en el disco rígido las opciones para resolverla. El error puede no ser técnico, sino que se trata de la imposibilidad para descifrar una solución para esa circunstancia".

Por último, no olvidemos que el objetivo final de todo juego y deporte es el triunfo por naturaleza misma, donde el resultado es la variable más importante. Las formas para conseguirlo son amplias, variadas y todas válidas, siempre que se encuentre dentro de un contexto de juego limpio y honesto.

Queremos aclarar que nos parece interesante extraer ideas y conceptos de grandes entrenadores de otros deportes colectivos con demostrada capacidad como los citados arriba, ya que muchos pensamientos generales son perfectamente trasladables de un deporte a otro. Y el fútbol, mundo demasiado cerrado y estructurado, puede verse favorecido y enriquecido con el aporte de esos grandes maestros-entrenadores de diferentes disciplinas deportivas.

DIFERENTES TENDENCIAS Y MÉTODOS DE TRABAJO

Un sistema y método de entrenamiento exitoso van de la mano del perfil del entrenador, del preparador físico, de su staff técnico, del grupo de jugadores y no son reproducibles tan fácilmente. En el deporte, "copiar y pegar" formatos de entrenamiento "de moda" o "modernos" en muchos casos puede no resultar.

Implementar con suceso una determinada metodología depende de muchos factores, como el contexto socio-deportivo, de los calendarios y períodos de preparación pre-competencia (Europa, ocho semanas; Argentina, 3-4 semanas), de los objetivos propuestos, del conocimiento y convicción que se tenga sobre esa metodología y fundamentalmente de los futbolistas.

Un determinado método, por más exitoso que haya sido, no asegura un resultado similar en otro ámbito con características totalmente distintas.

Durante la década de los noventa muchos entrenadores de diferentes ligas del mundo han intentado imitar sin mucho éxito la forma de entrenar y jugar del famoso AC Milán de Arrigo Sacchi. Seguramente porque no contaban con ese poderío económico, ni con ese plantel tan rico en futbolistas y sobre todo porque no eran Sacchi... Ni mejores ni peores, simplemente distintos.

Con este concepto queremos señalar que un mismo método o forma de trabajar en manos de diferentes profesionales seguramente causarán efectos disímiles, ya que el factor humano a la hora de conducir y entrenar un grupo es intransferible.

Por supuesto que es muy interesante estudiar y extraer ideas de otras formas de entrenar y jugar, pero siempre hay que contextualizarlas en el ámbito socio-cultural y futbolístico que nos desarrollamos como entrenadores profesionales y formadores juveniles.

En esta parte del libro, donde intentamos analizar la realidad y exigencias del fútbol profesional, nos pareció interesante volcar pensamientos, ideas, formas de juego y metodologías de entrenamiento de profesionales con vasta experiencia en el más alto nivel internacional y también con gran actualidad.

Pensamos interesante hacerlo, ya que las consideramos material de estudio y consulta permanente como a muchas otras, pero también queremos demostrar que, a pesar de la diversidad de pensamientos y formatos metodológicos, es posible alcanzar el éxito por diferentes caminos.

No creemos en recetas mágicas, sino en el trabajo, la seriedad y la convicción de tener y defender un método de trabajo, pero también en el saber adaptarse a una situación determinada que propone la institución que nos contrata, que en muchos casos puede no contar con un contexto ideal y por ello la importancia de desarrollar la capacidad de adaptabilidad.

No todos los clubes tienen la misma ideología e historia, ni tampoco todas las instituciones cuentan con el mismo potencial económico y calidad de futbolistas. Todos esos factores influyen sensiblemente a la hora de encarar un proyecto deportivo de fútbol profesional.

A lo largo de tantos años de trabajo en el sector juvenil hemos compartido trabajos con una gran cantidad de cuerpos técnicos de Primera División del fútbol argentino, muchos de ellos profesionales de enorme capacidad y referentes dentro de nuestro fútbol, que además han triunfado en el extranjero con sus formas de conducción y sistemas de trabajo y entrenamiento.

Elegimos para este tramo del libro a tres profesionales pertenecientes a cuerpos técnicos muy reconocidos del medio internacional, pero sin dejar de remarcar la enorme capacidad y valía de los directores técnicos y preparadores físicos argentinos que continuamente son solicitados en diferentes partes del mundo con gran éxito.

Presentaremos las teorías, conceptos, fundamentos y aplicaciones prácticas generales de profesionales que hemos visto trabajar y que desde hace años sostienen, en diferentes equipos, campañas con altísimos rendimientos. Señalando nuevamente que nadie tiene la verdad absoluta y que no todo método, por más éxito que haya conseguido, es trasladable a la realidad que me toca vivir en mi equipo.

Profesor Oscar Ortega (Atlético de Madrid)

El profesor Ortega, preparador físico de los equipos que dirige Diego Simeone desde hace más de diez años, sostiene que la etapa de pretemporada no se discute, ya que la considera básica e impostergable y dentro de ella, es clave el período de introducción a las cargas.

Dice Ortega: "Yo no voy a una pretemporada si no hay unos días de introducción, período en el que se prepara a los jugadores para intensidades de trabajo posteriores". El profesor Ortega manifiesta que la etapa de preparación previa a la competencia tiene como objetivo que los futbolistas llenen los tanques de gasolina para toda la campaña y para que los entrenadores se hagan con un material imprescindible para los meses venideros.

Para este profesional es importante encontrar los parámetros de los valores máximos y mínimos de los futbolistas en cada capacidad, ya que cada jugador es distinto. Conociendo esos parámetros se podrá saber hasta qué punto podremos exigir a determinado deportista para que su rendimiento sea óptimo. El objetivo es la individualización máxima del trabajo.

Ya que cada futbolista tiene una función y un perfil diferentes es importante potenciar los aspectos específicos de su rol en campo. Una frase importante del profesor Ortega es que: "Todo el cuerpo técnico trabaja para potenciar una forma de juego, que es la del entrenador Diego Simeone".

Ya entrando en el plano de la programación, la metodología del profesor es llevar adelante evaluaciones físicas y así poder personalizar el

trabajo. Para la planificación es esencial tener en cuenta el calendario de competencias, que permite conocer en qué momentos va a ser mayor la exigencia y en qué período será posible disminuir la carga. Esa es una gran diferencia entre el fútbol europeo y el argentino, en el que lamentablemente los calendarios no poseen una programación previa y muchas veces hasta son modificados sin mucho tiempo de aviso.

Volviendo al sistema de Ortega, el ordenamiento de partidos es la primera referencia en la planificación. Una vez conocido el organigrama de fechas de competencia y establecidos los objetivos, se procede a la temporalización de la temporada deportiva. La variedad también es un dato a tener presente: cada semana de entrenamiento en el Atlético de Madrid es diferente a la anterior.

Estrictamente desde lo metodológico, el preparador físico del Atlético piensa que no se puede trabajar el aspecto físico solo con el balón, sino que hay que combinar lo físico de forma pura, lo técnico y las situaciones de juego.

Los datos que arroja la telemetría durante un entrenamiento es también parte del método de trabajo. Los mismos permiten saber si hay lo que el profesor denomina "fugas", es decir, si algún jugador no está entrenando en los parámetros de intensidad que requiere el ejercicio. Por medio de ese control es posible determinar si la carga aplicada es la correcta o no. Así, poder saber si hay que compensar el trabajo de algún futbolista.

Para entender este concepto citamos un ejemplo del profesor Ortega: "Cuando programamos un juego 6 vs. 6, puedes pensar que los doce futbolistas están en sus niveles, pero luego observas por medio de los sistemas de controles que uno ha estado por debajo por cansancio, otro por una molestia. Son "fugas" en las cargas de trabajo, que no tienen por qué ser voluntarias. Por eso hay que complementar con cargas ortodoxas".

"Sería lindo decir que entrenamos siempre con balón, pero no es así. Las cargas ortodoxas (trabajos físicos puros sin balón) son trascendentales en nuestro método, ya que consideramos clave los niveles de potencia aeróbica y somos conscientes de que, por nuestra forma de jugar, la velocidad aeróbica máxima del futbolista debemos tenerla muy bien delineada, con los umbrales muy bien colocados", dice el profesor.

En su pensamiento de trabajo es muy importante tener presente estas cuatro características de los entrenamientos: duración, intensidad, complejidad y densidad (relación entre trabajo y pausa). Así planifica una sesión teniendo en cuenta que a mayor intensidad, por ejemplo, la

complejidad debe disminuir. De este modo se consigue que el nivel de atención mental de los futbolistas esté acorde con la carga de trabajo.

En la misma línea de cómo vivir los entrenamientos transita su entrenador Simeone, quien sostiene en el libro "Partido a partido. Si se cree se puede": "En los entrenamientos que proponemos es fundamental el orden. Es muy importante la participación de todos, desde el cuerpo técnico hasta los utileros. Soy de los que defienden que se juega como se entrena. Y un entrenamiento es la mejor versión para que un entrenador compruebe quién quiere jugar y quién no". Y un pensamiento más del mismo libro para reflexionar sobre lo que debe ser una práctica: "El entrenador necesita gente que interprete el entrenamiento. La intensidad o la pasividad que tengas será la que te permita jugar de una u otra manera", dice Simeone.

Con respecto a las capacidades generales limitantes, el profesor Ortega opina: "Que tu equipo haga 200 kilómetros no te garantiza ganar, como tampoco hacer 300 pases correctos. Hay que saber encontrar el equilibrio. A nivel físico es igual que a nivel táctico o técnico. Un entrenador no puede imponer un sistema en un grupo que no tiene cualidades para llevarlo a cabo. Físicamente, tampoco podemos hacerlo".

Toda esta metodología viene acompañada de elementos centrales dentro de la forma de pensar y vivir los entrenamientos y las competencias, ellas son: máxima atención y concentración, alta motivación y mucha agresividad (bien entendida) en cada acción del entrenamiento. Con referencia a esta idea básica que tiene todo el cuerpo técnico dice: "Nosotros programamos los ejercicios, pero el balón no viene solo. Hay que ir a por él, luchar para conseguirlo. Y si viene el oponente con la pelota, no pasa. Siempre desde la nobleza".

Hablamos, al presentar este tema, que todas las formas y metodologías son respetables, con respecto a esto, el profesor Oscar Ortega sostiene: "No tengo la verdad absoluta, pero es nuestro método y, de momento, funciona".

Por supuesto que todo este andamiaje metodológico se puede llevar a cabo por la interrelación de un grupo de personas que piensan parecido, en ese sentido, Simeone, cabeza de este cuerpo técnico, remarca: "El cuerpo técnico es algo importantísimo para el buen funcionamiento del grupo. Somos como una familia. En ese sentido, el profesor Ortega ha sido un hombre trascendental en mi carrera. Lo mejor que me ha pasado como entrenador es tenerlo a mi lado. La participación diaria y estabilidad emocional del cuerpo técnico son cruciales para desarrollar el trabajo, para crear un ámbito en el que poder plasmar todas las cosas que quieres dentro del grupo".

Dos ideas finales de Simeone extraídas de su libro “Partido a partido. Si se cree se puede”, que describen de manera casi exacta cómo piensan y viven este deporte él y su cuerpo técnico: “En todos los partidos que jugamos contra equipos como Real Madrid o Barcelona observamos que a mejor preparación, mayor capacidad de trabajo en la competencia”. “Las victorias, aunque sean en partidos intrascendentes, inyectan moral y confianza al grupo para los siguientes encuentros que pueden ser más importantes. Como futbolista, debes interpretar que no hay otro partido más que el que estás jugando. Esos son los futbolistas que mejor juegan. Hay que darlo todo en cualquier competencia. No hay partidos clase A y clase B, todos los partidos son importantes”.

Profesor Rui Faria (Manchester United)

El cuerpo técnico de José Mourinho entrena por medio de una metodología conocida como “Periodización Táctica”, término que le pertenece al profesor Vitor Frade de Oporto, quien manifiesta una idea clara para describir esta forma de entrenar: “Todo tipo de entrenamiento debe estar supeditado al modelo de juego escogido por el entrenador. No confundir modelo con estilo o con esquema de juego. Modelo de juego significa el tipo de juego que el técnico desea que su equipo desempeñe con fluidez”.

En el libro ¿Por qué tantas victorias?, en el que se desarrolla su forma de trabajo, Mourinho explica: “Lo más importante en un equipo es tener un determinado modelo, determinados principios, conocerlos bien, interpretarlos bien, independientemente de que se utilice éste o aquél jugador. En el fondo, es aquello que yo llamo organización del juego”. Un modelo es un conjunto de referencias colectivas e individuales y éstas son los principios de juego marcados por el entrenador. Así, pues, la periodización táctica supone subordinar la metodología completa de entrenamiento a la forma de jugar que se pretende.

Quienes son adeptos a esta metodología sostienen que, aunque el entrenamiento tenga una orientación específica por medio de situaciones de juego, no siempre son las ideales para desarrollar los patrones tácticos deseados para ese equipo. Se produce un entrenamiento específico al fútbol de manera general, pero no se entrena de forma específica al modelo de juego elegido. Por lo tanto, no hay especificidad de equipo, sino que hay especificidad de modalidad, la cual resulta abstracta y generalizada. Cuando más se consigue entrenar en especificidad de equipo, se producirán mejores decisiones contextuales al modelo de juego.

Más allá de esta idea, consideramos que muchos cuerpos técnicos que no utilizan este tipo de periodización táctica, sí desarrollan tareas situacionales con un perfil netamente específico en función de los parámetros tácticos y estratégicos.

Sin embargo, Mourinho asegura: “Mis equipos usan una metodología que rompe con todos los conceptos tradicionales del entrenamiento analítico. Entrenamos según un concepto al que llamamos ‘inter-ligación de todos los factores’, donde trabajamos todo simultáneamente, inclusive el factor motivacional”.

Los principios básicos de la periodización táctica marcan que el juego es el origen de la planificación. La táctica define la forma de entrenar en todos los ámbitos: físico, táctico/estratégico y técnico.

El profesor Vitor Frade fue el autor intelectual del concepto, en tanto Rui Faria (preparador físico que desde hace años trabaja con Mourinho) es quien lo lleva a la práctica en la planificación de cada entrenamiento. Mourinho valora mucho a su preparador físico.

“En verdad no lo llamo preparador físico, porque es mucho más que eso, ya que ejecuta y coordina una gran parte de nuestra metodología de entrenamiento. En nuestra forma de trabajar no hay secretos. Se valora demasiado el aspecto físico cuando lo esencial debe ser la organización de juego”, explicó el portugués.

Rui Faria explica que “ya son diez años trabajando juntos, con un método de entrenamiento identificado, tenemos ideas comunes y los mismos fundamentos. Nuestras únicas discusiones son para rectificar algún detalle. Pero existe una convergencia total entre José y yo. Mi trabajo está directamente ligado al del entrenador”, sostiene sobre la relación de trabajo.

Con respecto a la concepción del trabajo en equipo, Mourinho está en una línea de pensamiento similar a la que se refería Simeone: “Es importante trabajar con mi cuerpo técnico, gente que se identifica conmigo, que conoce mi trabajo a la perfección y acelera los procesos. Si necesito ir a una reunión y no puedo estar a cargo del entrenamiento, Rui Faria tiene el nivel de experiencia y los conocimientos de lo que quiero. Mis asistentes viven en el mismo edificio, a dos minutos del hotel en el que estoy. Comemos juntos casi cada día porque estamos sin nuestras familias. Nos hemos hecho amigos y siempre estamos juntos”.

La concentración mental es base en el pensamiento del técnico José Mourinho: “La experiencia me dice que entrenar más que noventa minutos lleva a la pérdida de calidad por la pérdida de la concentración”. Se busca gran dinamismo y un “tiempo útil altísimo, prácticamente sin

tiempos muertos, con transacciones de situación a situación efectuadas con recuperación activa y rápidamente".

El entrenador portugués pretende que los jugadores cumplan los objetivos de los ejercicios y estén en permanente concentración. Según Rui Faria: "Como grupo de trabajo buscamos identificar a los jugadores con una forma de jugar. Cada ejercicio tiene un objetivo definido, que debe ser asimilado por todos".

Para este cuerpo técnico, la concentración es un aspecto fundamental: "La concentración de los jugadores puede y debe ser entrenada programando ejercicios que exijan esa concentración, ejercicios en que los jugadores se vean obligados a pensar, a comunicarse entre sí, ejercicios de complejidad creciente que los obligue a una concentración exigente".

De este modo, los tiempos de recuperación no obedecen sólo a la necesidad física, sino también a la mental, porque se busca que el futbolista esté "en el juego" los noventa minutos. "El ritmo competitivo es una cuestión global y no sólo física", manifiesta Rui Faria.

Parece obvio que, desde la perspectiva de Mourinho, tiene poco sentido entrenar cualidades puntuales, y el entrenador portugués lo confirma: "En vez de desarrollar la 'fuerza' de una forma aislada o descontextualizada, lo hacemos a través de ejercicios con características, jugando con el espacio, el tiempo, el número de jugadores y las reglas que les imponemos. Así estamos desarrollando algo relacionado con la fuerza, pero en un contexto más específico".

El preparador Rui Faria explica que su objetivo es "mantener al equipo durante el período competitivo en el máximo de rentabilidad. Lo que existe son niveles de rentabilidad, cuyo objetivo es que no haya grandes oscilaciones durante el período competitivo. Se entiende que el máximo de rentabilidad no es el máximo de condición física, sino el nivel de desempeño colectivo e individual. Este es el nivel de rendimiento que Mourinho intenta mantener a lo largo de toda la temporada".

La forma de juego está ligada a la idea de que el equipo entero se involucra tanto en ataque como en defensa. Así lo explica el entrenador: "Para mí, defender bien es defender poco, es defender durante poco tiempo, es tener el balón el mayor tiempo posible, es estar la mayor parte del tiempo con la iniciativa del juego, no teniendo necesidad de estar en acciones defensivas."

El director técnico elige prevalentemente defensores altos y veloces, que se dediquen mayoritariamente a defender y que participen poco con el balón. Generalmente los defensores de los equipos de Mourinho no pasan mucho al ataque, con referencia a eso el técnico dice: "Bastante trabajo tienes con defender, deja a tus compañeros que ataquen". Con respecto al compromiso al momento de defender y recuperar la pelota, Mourinho tiene como idea madre que "los 11 jugadores tienen que saber qué hacer en posesión del balón y los 11 jugadores tienen que saber qué hacer cuando el contrincante tiene la posesión del balón".

Mourinho sostiene que es un error separar las diferentes dimensiones del fútbol (táctica, técnica, física y psicológica) pues necesita de todas ellas para conseguir jugar como quiere: es decir, con intensidad máxima durante hora y media, sin pérdidas de concentración. Trabaja todo de manera simultánea, todas las dimensiones interrelacionadas, sin ser separadas para no descontextualizarlas de su forma de jugar. "No creo en el fútbol de hoy, en equipos que estén bien o mal preparados físicamente. Hay equipos adaptados o no a la forma de jugar de su entrenador. Lo que buscamos es que el equipo consiga adaptarse al tipo de esfuerzo que exige nuestra forma de jugar".

Profesor Antonio Pintus (Real Madrid)

En su arribo como entrenador al Real Madrid, Zinedine Zidane (uno de los futbolistas más talentosos de todos los tiempos) sostuvo ante un equipo plagado de estrellas: "Sólo con talento no ganaremos nada".

El técnico francés es un obsesionado de la preparación física del equipo. "Más allá del talento, siempre hay que estar dispuesto a trabajar y mejorar. La preparación física es fundamental para alcanzar logros, hay que entrenar duro en lo físico", dice Zidane, técnico del Real Madrid y compañero del profesor Pintus.

Justamente, el preparador físico italiano asegura que lo importante en los primeros días de preparación es "recuperar tu cuerpo y comenzar ese trabajo aeróbico de base".

Las intensas sesiones de preparación física en la etapa de acondicionamiento pre-campeonato no significan que Pintus y Zidane no realicen tareas situacionales con el balón. Generalmente trabajan bajo el formato de entrenamientos con metodologías puras por la mañana y tareas por la tarde con el balón con orientación técnico-táctica.

Una sesión clásica de este cuerpo técnico en etapa de preparación pre-competencia comienza con ejercicios del tipo core, para el fortalecimiento de toda la zona media interna, tareas de equilibrio funcional, y fuerza-potencia en gimnasio y circuitos en campo para estimular la misma cualidad. Para finalizar, métodos intervalados y continuos para la potenciación de las capacidades aeróbicas.

Pintus apuesta por la recuperación física rápida, con el fin de que los jugadores puedan jugar cada tres días un partido de máxima exigencia. Y elige también, junto a Zidane, a los hombres que se encuentran más aptos físicamente. El entrenador los escoge por términos futbolísticos; Pintus, por parámetros físicos.

Para Pintus, una de las claves para retardar la aparición de fatiga y síntomas de cansancio es trabajar la capacidad aeróbica para que los futbolistas eleven el consumo máximo de oxígeno. El objetivo del profesor Pintus es que todo el equipo (24-25 futbolistas) esté capacitado para mantener intensidades y ritmo altos de juego durante los diez meses que dura la temporada deportiva.

Los volúmenes e intensidades se van ajustando progresivamente a medida que transcurren las seis semanas de preparación y también se trabaja de esa manera exigente en los momentos que el calendario lo permite. Un aspecto interesante del trabajo es la interrelación del cuerpo técnico con el departamento médico y nutricional. Desde los aspectos muscular, fisiológico y metabólico, las necesidades de cada futbolista son distintas. Después de cada sesión, los jugadores le indican al cuerpo médico cuál ha sido su sensación física (método de escala de percepción del esfuerzo como control del entrenamiento y la fatiga competitiva, que presentaremos en el capítulo 14 del libro).

En función de estos parámetros y de los cálculos previos sobre la carga de trabajo objetiva de ese entrenamiento, se calibra la fatiga de cada uno. No sólo para evitar las lesiones, sino también para instrumentar pautas de recuperación y así también aumentar las reservas energéticas.

Pintus dice que "hay distintas metodologías en diferentes países. Trabajé en Italia, Inglaterra y Francia. El trabajo con la pelota es obviamente importante, pero también lo es el trabajo de prevención, preparación, reacción y las valencias aeróbicas. Creemos que sólo trabajando con el balón puedes poner en forma a un jugador. Pero también creemos que tienes que trabajar sin balón porque los jugadores son atletas también. En Francia, durante la pretemporada, hacemos 45 minutos de carrera cada mañana en el entrenamiento. Es un trabajo al 75% de la máxima frecuencia. La técnica hace la diferencia, en mi opinión. Pero si tienes a dos campeones al mismo nivel técnico, el que corra más rápido será mejor. El talento es la base", sostiene Pintus.

"El mérito cuando se consiguen objetivos es de todos, pero sobre todo de los jugadores, porque están jugando, sufriendo y luchando. Son ellos los que están en el campo. El mensaje ha sido importante desde el principio y ha sido la clave hasta el final. El éxito está en el trabajo y en

creer en ello", dice Zidane, sobre la importancia del trabajo en equipo. Y agregó luego de ganar la Liga: "Como siempre, en un año de competencia hay momentos difíciles, pero al final con trabajo, esfuerzo y lucha conseguimos los objetivos. Con la plantilla que tenemos sólo había que pensar en trabajar y creo que ha sido una Liga trabajada".

"Hubo momentos difíciles, de estrés y complicados. Pero después de 38 jornadas arriba es lo normal, lógico, sufrir cada tres días, cada partido. Hay mucha tensión en el fútbol profesional, pero es así, vivimos para esto. Es nuestro trabajo. Vivo con pasión lo que hago.", remarca Zidane. Nos parece interesante esta última frase, en la que señala las presiones extremas del nivel profesional y la importancia de la pasión, tema que desarrollaremos en el último capítulo del libro.

Conclusiones sobre los diferentes formatos de entrenamiento y sistemas

Más allá de las diferencias que encontramos en estas tres formas de entender y llevar adelante un proceso integral de alto rendimiento (cuando hablamos de integral nos referimos a sistema de entrenamiento, formas de juego, tipos de conducción del grupo), encontramos ciertos denominadores comunes que son importantes de ser detallados.

Los tres entrenadores principales brindan mucha trascendencia y valor al trabajo en equipo e interdisciplinario de todo el staff técnico y los tres también manifiestan abiertamente la importancia de sus preparadores físicos, a quienes asignan lugares muy preponderantes en el armado y funcionamiento de sus cuerpos técnicos.

Este dato nos parece relevante, ya que en los últimos años hay una tendencia a quitarle protagonismo a la figura del preparador físico, a la cual por supuesto no adherimos. Coincidimos con Simeone, Zidane y Mourinho, que los preparadores físicos juegan un papel fundamental, no sólo en el entrenamiento físico específico, sino también en la "lectura" y control general de toda la carga de entrenamiento (parámetros táctico, técnico, físico y mental).

La palabra concentración (tema que fuera analizado en el presente libro) también forma parte del lenguaje y forma de pensamiento de estos entrenadores de elite, así como el orden tanto fuera como dentro del campo de juego. Si bien cada uno lleva a cabo un sistema y forma de juego diferente, esos aspectos mencionados son comunes a las tres maneras de interpretar este deporte.

La idea sobre utilizar dentro de cada proceso de entrenamiento metodologías ligadas a tareas puras y ortodoxas sin el balón parecen ser

una diferencia entre lo que sostienen Pintus y Ortega en relación al pensamiento de Rui Faria. En ese sentido pensamos que es necesario (sobre todo si se cuenta con un período de preparación extenso de siete a ocho semanas como sucede en Europa) el uso de metodologías puras u ortodoxas que permitan adquirir ciertas adaptaciones fisiológicas, metabólicas y neuromusculares, que servirán como base de sustentación para que otras capacidades más específicas puedan alcanzar niveles físicos de resistencia, fuerza y velocidad más elevados y sostenidos en el tiempo.

Como dato unificador a los tres sistemas o métodos analizados, encontramos que con el talento y la capacidad técnica individual solamente no alcanza, se trata sólo de una parte del futbolista y del propio juego que debe ser complementada con orden táctico, humildad y esfuerzos colectivos de todos los integrantes del equipo.

MODELO DINÁMICO SOSTENIDO - PERÍODO PREPARATORIO

En el cuadro siguiente de programación presentamos un modelo de planificación de etapa preparatoria del tipo dinámico sostenido para el fútbol profesional de una duración de cuatro semanas (41 sesiones con triple estímulo cada una). A la finalización de cada microciclo se aplica un día de recuperación.

A la culminación de la cuarta semana de esta programación preparatoria le sigue el microciclo dinámico sostenido clásico competitivo previo a la competencia que desarrollaremos más adelante. La competencia oficial comienza una semana después de la finalización de este proceso preparatorio.

En la planificación interactúan diferentes métodos de entrenamiento: situacionales con orientación técnico-táctica, situacionales en régimen físico y métodos ortodoxos de resistencia y la metodología de fuerza con los circuitos de ocho niveles de complejidad.

Se intercalan seis competencias preparatorias en las cuatro semanas de preparación. Importante remarcar que en cada partido preparatorio debe programarse un entrenamiento compensatorio con orientación situacional con el grupo que no es convocado.

Cada bloque contiene tres módulos de entrenamiento, dos de ellos se realizan en el turno mañana (90'-120' de volumen total) y el restante módulo en el turno tarde (90'-100' de volumen total).

Tomemos como ejemplo el primer bloque (sesiones 1 y 2): Turno Mañana (09.00 a 11.00 horas). Módulo 1: Gimnasio, ocho estaciones de tren superior e inferior + zona core. Módulo 2: Circuito fuerza nivel 2 – Objetivo adaptación neuromuscular. La combinación de métodos asegura un desarrollo multifacético y versatilidad en los entrenamientos. Turno Tarde (17.00 a 18.30 horas). Módulo Técnico: Técnica Especial por rol en campo (cuatro ejercicios diferentes). A medida que avanza el período de preparación, la especificidad de los métodos va in crescendo.

El área preventiva se incluye dos o tres veces semanales de forma intercalada, por ejemplo: lunes, miércoles y viernes. La duración de estas actividades será de 20'-25' y en muchos casos forman parte del calentamiento.

En el gráfico mostramos la programación de cuatro semanas para el período preparatorio:

SESIÓN 1/2 1. GIMNASIO X 8 (MUSC. CORE) 2. CIRCUITO FUERZA ADAPTACIÓN NVL 2 3. TÉCNICA ESPECIAL POR PUESTOS 4. ESTACIONES 40’	SESIÓN 3/4 1. DESARROLLO TÉCNICO ESPECÍFICO 2. SITUACIONAL RÉGIMEN RES. ESP. 3. INTERVALADO CORTO (400-100 MTS)	SESIÓN 5/6 1. GIMNASIO X 8 (MUSC. CORE) 2. CIRCUITO FUERZA NVL 4 + CUESTAS R.F.R. 3. FÚTBOL 11 VS 11 2 X 30’	SESIÓN 7/8 1. DESARROLLO TÉCNICO ESPECÍFICO 2. SITUACIONAL TÉC-TÁC RÉGIMEN RES. ESP. 3. INTER. MEDIO CORTO 4. BLOQUES X 10’ (15X15 / 10X10)	SESIÓN 9/10 1. GIMNASIO X 8 (MUSC. CORE) 2. CIRCUITO FUERZA CLÁSICO NVL 3 3. TÉCNICA ESPECIAL POR PUESTOS 4 ESTACIONES 30’	SESIÓN 11 PARTIDO PREPARATORIO 1 ENT. GRUPO B NO CONVOCADO SITUACIONAL TÉC-TÁC RÉGIMEN RES. ESP. 100’
SESIÓN 12/13 1. GIMNASIO X 8 (MUSC. CORE) 2. CIRCUITO FUERZA NVL 5 + CUESTAS R.F.R. 3. TÉCNICA ESPECIAL POR PUESTOS 4. ESTACIONES 40’	SESIÓN 14/15 1. DESARROLLO TÉCNICO ESPECÍFICO 2. SITUACIONAL TÉC-TÁC RÉGIMEN RES. ESP. 3. INTERMITENTE ESPECÍFICO 3 BLOQUES X 12’	SESIÓN 16 PARTIDO PREPARATORIO 2 ENT. GRUPO B NO CONVOCADO SITUACIONAL TÉC-TÁC RÉGIMEN RES. ESP. 100’	SESIÓN 17/18 1. DESARROLLO TÉCNICO ESPECÍFICO 2. SITUACIONAL TÉC-TÁC RÉGIMEN RES. ESP. 3. INTERVALADO CORTO (200-100 MTS)	SESIÓN 19 1. GIMNASIO X 9 (MUSC. CORE) 2. CIRCUITO FUERZA NVL 6 + TRINEOS R.F.R. 3. TÉCNICA ESPECIAL POR PUESTOS 4 ESTACIONES	SESIÓN 21 PARTIDO PREPARATORIO 3 ENT. GRUPO A NO CONVOCADO SITUACIONAL TÉC-TÁC RÉGIMEN RES. ESP. 100’
SESIÓN 22/23 1. GIMNASIO X 7 (MUSC. CORE) 2. CIRCUITO FUERZA CLÁSICO NVL 7 3. TÉCNICA ESPECIAL POR PUESTOS 4. ESTACIONES 40’	SESIÓN 24/25 1. GIMNASIO X 8 (MUSC. CORE) 2. CIRCUITO FUERZA NVL 2 EXPLOSIVA REACCIÓN SPRINT 3. ENT. TEC-TAC 40’	SESIÓN 26 PARTIDO PREPARATORIO 2 ENT. GRUPO B NO CONVOCADO SITUACIONAL TÉC-TÁC RÉGIMEN RES. ESP. 100’	SESIÓN 27/28 1. DESARROLLO TÉCNICO ESPECÍFICO 2. SITUACIONAL RÉGIMEN RES. ESP. 3. MÉTODO RSA REPEAT SPRINT ABILITY 7 BLOQUES X 3’	SESIÓN 29/30 1. GIMNASIO X 7 (MUSC. CORE) 2. CIRCUITO FUERZA NVL 1 COORDINACIÓN TIPOS VELOCIDAD 3. ENTRENAMIENTO TÉCNICO TÁCTICO	SESIÓN 31 PARTIDO PREPARATORIO 5 ENT. GRUPO A NO CONVOCADO SITUACIONAL TÉC-TÁC RÉGIMEN RES. ESP. 100’
SESIÓN 32/33 1. GIMNASIO X 7 (MUSC. CORE) 2. CIRCUITO FUERZA CLÁSICO NVL 4 3. TÉCNICA ESPECIAL POR PUESTOS 4. ESTACIONES 40’	SESIÓN 34/35 1. GIMNASIO X 7 (MUSC. CORE) 2. CIRCUITO FUERZA NVL 3 EXPLOSIVA SPRINT 3. ENTRNAMIENTO TÉCNICO TÁCTICO 40’	SESIÓN 36 PARTIDO PREPARATORIO 6 ENT. GRUPO B NO CONVOCADO SITUACIONAL TÉC-TÁC RÉGIMEN RES. ESP. 100’	SESIÓN 37/38 1. DESARROLLO TÉCNICO ESPECÍFICO 2. SITUACIONAL RÉGIMEN RES. ESP. 3. MÉTODO RSA REPEAT SPRINT ABILITY 5 BLOQUES X 3’	SESIÓN 39/40 1. GIMNASIO X 6 (MUSC. CORE) 2. CIRCUITO NVL 2 COORDINACIÓN TIPOS VELOCIDAD 3. ENT. TÉC TÁC 40’	SESIÓN 41 1. SITUACIONAL TÉC TÁC RÉGIMEN RES. ESP. 50’ 2. FÚTBOL 11 VS 11 3 BLOQUES X 20’

MICROCICLO DINÁMICO SOSTENIDO COMPETENCIA SIMPLE

SESIÓN 1 PREVENTIVA RECUPERADORA	SESIÓN 2 VELOCIDAD Y PREP. TÁCTICA	SESIÓN 3 DÍA DE COMPETENCIA	SESIÓN 4 PREVENTIVA RECUPERADORA	SESIÓN 5 TÁCTICO ESTRATÉGICA	SESIÓN 6 DÍA DE COMPETENCIA
ÁREA KINÉSICO PREVENTIVA CORE POSTURAL PROPIOCEPCIÓN FLEXIBILIDAD 40′	VELOCIDAD TIPOS FÍSICA MENTAL + CIRCUITOS FUERZA NEUROMUSCULAR DOMINANTE ACTIVACIÓN NIVELES 1-2 20′	PARTIDO INTERNACIONAL OFICIAL CONMEBOL 90′	ÁREA KINÉSICO PREVENTIVA CORE POSTURAL PROPIOCEPCIÓN FLEXIBILIDAD 30′	VELOCIDAD + FUERZA FÍSICA MENTAL CIRCUITOS NEUROMUSCULARES NIVELES 1, 2, 3 30′	PARTIDO CAMPEONATO OFICIAL AFA 90′
AERÓBICO BAJO-MEDIO MÉTODOS VARIABLES: 1. CONTINUOS 2. INTERVALADOS DE BAJA INTENSIDAD 20′	SIT. COMPETENCIA ESPECÍFICA X PUESTO SISTEMA TÁCTICO 4-2-3-1 ESTRATEGIAS BALÓN PARADO 40′	POSTPARTIDO ACTIVIDADES RECUPERACIÓN MUSCULAR HIDROTERAPIA 20′	ACTIVIDADES RECUPERACIÓN MUSCULAR HIDROTERAPIA 30′	SIT. COMPETENCIA ESPECÍFICA X PUESTO SISTEMA TÁCTICO 4-2-3-1 ESTRATEGIAS BALÓN PARADO 30′	POSTPARTIDO ACTIVIDADES RECUPERACIÓN MUSCULAR HIDROTERAPIA 20′
POSTENTRENAMIENTO ACTIVIDADES RECUPERACIÓN MUSCULAR HIDROTERAPIA 30′	SIT. FUNCIONAL (3 SECUENCIAS) RÉGIMEN DE VELOCIDAD 3 BLOQUES X 10′ X 2′ P PREPARACIÓN MENTAL PRECOMPETENCIA	ENTRENAMIENTO SITUACIONAL FUNCIONAL Y COMPETENCIA 100′	VIDEO ANÁLISIS COMPETENCIA DISPUTADA Y PRÓXIMO RIVAL 30′	SIT. FUNCIONAL (3 SECUENCIAS) RÉGIMEN DE VELOCIDAD 2 BLOQUES X 15′ X 3′ P PREPARACIÓN MENTAL PRECOMPETENCIA	ENTRENAMIENTO SITUACIONAL Y FUNCIONAL Y COMPETENCIA 100′

MICROCICLO DINÁMICO SOSTENIDO COMPETENCIA DOBLE

SESIÓN 1 PREVENTIVA RECUPERADORA	SESIÓN 2 VELOCIDAD Y PREPARACIÓN TÁCTICA	SESIÓN 3 COMPETENCIA 1	SESIÓN 4 PREVENTIVA RECUPERADORA	SESIÓN 5 TÁCTICO ESTRATÉGICA	SESIÓN 6 COMPETENCIA 2
ÁREA KINESICO PREVENTIVA CORE-POSTURAL PROPIOCEPCIÓN FLEXIBILIDAD 40’	VELOCIDAD TIPOS FÍSICA MENTAL + CIRCUITOS FUERZA NEUROMUSCULAR DOMINANTE ACTIVACIÓN NIVELES 1-2 20’	PARTIDO INTERNACIONAL OFICIAL CONMEBOL 90’	ÁREA KINESICO PREVENTIVA CORE-POSTURAL PROPIOCEPCIÓN FLEXIBILIDAD 30’	VELOCIDAD + FUERZA FÍSICA MENTAL CIRCUITOS NEUROMUSCULARES NIVELES 1-2-3 30’	PARTIDO CAMPEONATO OFICIAL AFA 90’
AERÓBICA BAJO-MEDIA MÉTODOS VARIABLES 1. CONTINUOS 2. INTERVALADOS DE BAJA INTENSIDAD 30’	SITUACIÓN DE COMPETENCIA ESPECÍFICA POR PUESTO SISTEMA TÁCTICO 4-2-3-1 ESTRATEGIAS BALÓN PARADO 40’	POSTPARTIDO ACTIVIDADES DE RECUPERACIÒN MUSCULAR HIDROTERAPIA 20’	ACTIVIDADES DE RECUPERACIÓN MUSCULAR HIDROTERAPIA 30’	SITUACIÓN DE COMPETENCIA ESPECÍFICA POS PUESTO SISTEMA TÁCTICO 4-2-3-1 ESTRATEGIAS BALÓN PARADO 30’	POSTPARTIDO ACTIVIDADES DE RECUPERACIÒN MUSCULAR HIDROTERAPIA 20’
POSTENTRENAMIENTO ACTIVIDADES DE RECUPERACIÓN MUSCULAR HIDROTERAPIA 30’	SIT. FUNCIONAL (3 SECUENCIAS) RÉGIMEN DE VELOCIDAD 3 BLOQUES X 10’X 2’ P (GRUPO QUE NO JUEGA) PREPARACIÓN MENTAL PRECOMPETENCIA	ENTRENAMIENTO SITUACIONAL FUNCIONAL Y COMPETENCIA 100’ (GRUPO QUE NO JUEGA)	VIDEO ANÁLISIS COMPETENCIA DISPUTADA Y PRÓXIMO RIVAL 30’	SIT. FUNCIONAL (3 SECUENCIAS) RÉGIMEN DE VELOCIDAD 2 BLOQUES X 15’X 3’ P (GRUPO QUE NO JUEGA) PREPARACIÓN MENTAL PRECOMPETENCIA	ENTRENAMIENTO SITUACIONAL FUNCIONAL Y COMPETENCIA 100’ (GRUPO QUE NO JUEGA)

CAPÍTULO 11
LA VELOCIDAD COMO CUALIDAD FÍSICA ESENCIAL
"LOS TIPOS DE VELOCIDAD FÍSICA Y MENTAL"

LA VELOCIDAD FÍSICOMOTRIZ ESPECÍFICA DEL FUTBOL

Por lo desarrollado en el capítulo anterior, cuando hablamos de las exigencias del fútbol profesional, queda clara la importancia que tiene la velocidad. Es difícil que un equipo sea exitoso y competitivo si no cuenta con futbolistas veloces, entendiendo la velocidad desde dos aristas: la física y la mental.

Distinguimos dos grandes ramas: por un lado, la velocidad física, que es aquella que tiene relación con los movimientos y traslados del cuerpo en el menor tiempo posible, tratándose del fútbol en espacios cortos y extra-cortos (no mayores a 15-20 metros en la mayor parte de los esfuerzos a máxima intensidad). Esas ejecuciones de tiempo y espacios cortos se relacionan con tres subtipos de velocidad: reacción, sprint y combinada. En un deporte como el fútbol, todas ellas no sobrepasan los 4-5 segundos, si bien también tienen diferencias entre cada subtipo.

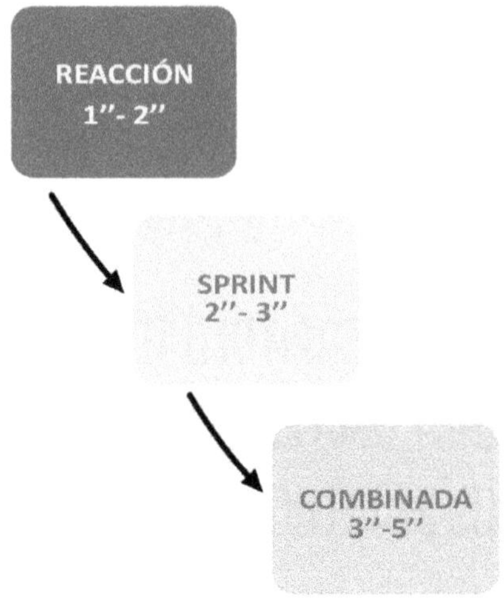

Velocidad de reacción: Es la capacidad del deportista de reaccionar rápidamente ante una situación o un estímulo no previsto o pensado dentro del juego. Ésta se entrena para aumentar la capacidad de accionar con la mayor celeridad posible ante un estímulo. El término "velocidad de reacción" tiene un significado entre el estímulo-respuesta o la acción y la reacción. Nosotros la llamamos velocidad de acción porque responde a una actitud consciente y voluntaria.

Medios para el desarrollo de la velocidad de reacción:

1. Saltos (variantes)
2. Circuitos, niveles de complejidad 1-2
3. Estímulos visuales
4. Estímulos auditivos
5. Estímulos táctiles
6. Salidas de dos o tres metros hacia diferentes orientaciones
7. Actividades neuro-cognitivas

Velocidad de sprint: Es la propiedad física orgánica de un futbolista que le permite recorrer un espacio determinado en el menor tiempo posible. La velocidad de carrera depende de características biológicas y genéticas. Éstas últimas determinan el predominio de motoneuronas periféricas alfa, de gran velocidad de conducción que enervan las fibras musculares. Pertenecen al tipo de fibra muscular que predomina en la constitución del músculo, que tienen como característica la de contraerse con rapidez.

Medios para el desarrollo de la velocidad de sprint:

1. Saltos (variantes)
2. Circuitos, niveles de complejidad (1-5)
3. Salidas de 10 a 30 metros
4. Ejercicios de fuerza potencia
5. Ejercicios de frecuencia
6. Técnica de la carrera + coordinación
7. Subidas en cuestas cortas de 10 a 30 metros con un ángulo no mayor a 20°

Entrenamiento y medición de la velocidad de reacción y sprint en tramos de 20 metros

Velocidad combinada: Está relacionada con la agilidad, que es la habilidad de cambiar rápida y efectivamente la dirección de un movimiento, efectuado a gran velocidad. Tiene una directa integración con la coordinación y equilibrio. Es la propiedad que tiene el futbolista de efectuar con celeridad, movimientos combinados y entrelazados que resultan de unir distintas acciones motrices. Ejemplos: carrera con salto, carrera, con giro, freno y cambio de ritmo.

Medios para el desarrollo de la velocidad combinada:

1. Saltos (variantes)
2. Circuitos, niveles de complejidad (3-8)
3. Salidas de 10 a 30 metros con cambios de dirección
4. Ejercicios de fuerza potencia
5. Acciones de freno
6. Combinación de tres a cinco secuencias de acción

LA VELOCIDAD DE LOS PROCESOS MENTALES EN EL FÚTBOL

El futbolista no es un atleta de 100 metros, se trata de un deportista que se desempeña dentro de un contexto técnico y táctico de muchos elementos que lo componen: compañeros, rivales, espacios de juego que van variando según el desarrollo del mismo, así como los tiempos de resolución de esas situaciones, todo alrededor del elemento central (la pelota).

"El fútbol es un deporte de situación, por ello toma trascendencia la comprensión del entorno del juego, las decisiones, las elecciones realizadas y la adaptabilidad de las técnicas utilizadas, subrayando la importancia de los procesos mentales y el dominio de éstos sobre la formación y desarrollo de la técnica específica" (Prof. Stefano D'Ottavio Settore Giovanile Federazione Italiana Gioco Calcio).

Por todo lo mencionado es importante entender que, además del entrenamiento de la velocidad física, el futbolista debe ser estimulado con ejercitaciones específicas de juego para la optimización de la percepción, anticipación y decisión.

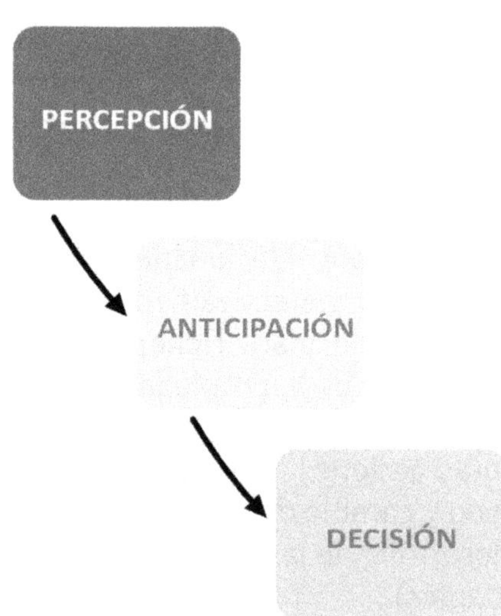

Velocidad de percepción: Es el tratamiento y valorización rápida de todas las informaciones de tipo visuales y auditivas. El jugador tiene una gran cantidad de información, sólo una parte se percibe conscientemente y responderá con una acción–reacción. Para ello es necesario una capacidad cognitiva suficientemente desarrollada (inteligencia de juego).

La experiencia, la visión general, la motivación, la atención y el estado de relajación física contribuyen a reconocer las diferentes situaciones, para poder responder con una gran velocidad de realización.

Medios para el desarrollo de la velocidad de percepción:

1. Metodología situacional
2. Situación standard
3. Situación funcional
4. Situación competencia
5. Actividades específicas en área neurocognitiva

Velocidad de anticipación: Es la capacidad para anticipar el desarrollo del juego, especialmente de las decisiones del jugador contrario en el menor tiempo posible. El futbolista experimentado caracteriza sus procesos de anticipación con un programa de movimiento más adecuado, no así los de menor nivel o calidad que sólo disponen de un programa limitado.

El profesor D'Ottavio, autor del libro "La prestazione del giovane calciatore", remarca como fundamental esta capacidad, pero cuando habla de anticipación se está refiriendo no a la acción técnica de interceptar un pase o un anticipo defensivo, sino a la fase de anticipación, entendida como anticipación mental como movimiento de pensamiento, movimiento cognitivo.

El jugador de experiencia, bien entrenado, se coloca automáticamente en la situación correcta, entrando en juego en el momento justo y con los medios adecuados, mientras que aquellos de bajo nivel responden con faltas, con errores, con anticipos lentos y reacciones incoherentes.

Medios para el desarrollo de la velocidad de anticipación:

1. Metodología situacional
2. Situación standard
3. Situación funcional
4. Situación competencia
5. Actividades específicas en área neurocognitiva

Velocidad de decisión: La velocidad de decisión depende de la percepción, la anticipación, la experiencia, la actitud, los componentes cognitivos, la idoneidad y la velocidad de desplazamiento que tiene el jugador. La duda y la indecisión provocan lentitud. Esta velocidad de decisión se puede mejorar a través del entrenamiento teórico y práctico, optimizando diferentes posibilidades de esta capacidad creativa.

A veces es necesario decidir de forma diferente, en situaciones idénticas, por motivos tácticos o para confundir al contrario. En este esfuerzo

psicofísico se debe mantener la calidad de decisiones, porque éstas se efectúan bajo una gran presión de tiempo. El jugador es eficaz cuando reacciona rápidamente de forma sorprendente y precisa y esto se traduce en una muy alta velocidad de acción.

Medios para el desarrollo de la velocidad de decisión:

1. Metodología Situacional
2. Situación standard
3. Situación funcional
4. Situación competencia
5. Actividades específicas en área neurocognitiva

CAPÍTULO 12
DEPARTAMENTO FÍSICOMOTOR, NEUROCOGNITIVO Y DE MEDICINA DEPORTIVA

ORGANIZACIÓN Y FUNCIONES

El funcionamiento de una estructura tan grande como es el sector del fútbol infantil, juvenil y profesional de un club requiere de la participación de diferentes áreas. Cada una de ellas abarca distintas disciplinas, las cuales deben trabajar de manera interrelacionada entre sí.

La idea del "Departamento de Entrenamiento Físico-Motor, Neurocognitivo y de Medicina de Alto Rendimiento Deportivo" es justamente la de contar con una organización profesionalizada que trabaje en forma cohesionada, acompañando el crecimiento y desarrollo del joven futbolista.

Los profesionales que participan de este departamento son: entrenadores, preparadores físicos, entrenadores especiales (como, por ejemplo, quienes trabajan con los porteros), coordinadores, médicos clínicos, deportólogos, traumatólogos, pediatras, kinesiólogos, fisiólogos, nutricionistas, psicólogos y especialistas en video-análisis. Todos los componentes, si bien poseen funciones específicas, deben trabajar de manera coordinada, ya que todos los temas que componen el departamento están ligados entre sí.

Un ejemplo claro sería la etapa de preparación pre-campeonato: es importante la planificación de las tareas y cargas conjuntamente con el aspecto nutricional, la realización de testeos (antropométricos y de campo) para el control de las mismas y de los planteles, medición de los entrenamientos (sistema GPS) para seguimientos y observar la evolución

de los futbolistas, todo sin descuidar los aspectos mentales del jugador. En resumen, la interacción será constante en pos del seguimiento del desarrollo del futbolista en formación y la mejora de la performance del futbolista profesional.

Las funciones de este departamento son varias y se dividen por áreas como muestra el organigrama debajo.

En primer lugar, el área de planificación del proceso de entrenamiento, en el cual participan el coordinador del departamento de preparación física y entrenamiento, preparadores físicos, técnicos, entrenadores especiales y en el que también deben estar involucrados el resto de las áreas, como, por ejemplo, los kinesiólogos, en lo que denominamos área preventiva, que se incluye dentro del mismo entrenamiento como ya vimos.

La segunda área estará compuesta por preparadores físicos y médicos especialistas en medicina deportiva, quienes llevarán adelante las evaluaciones físicas de campo y laboratorio; luego, analizarán los resultados. Este proceso debería realizarse al menos tres veces en la temporada.

Como tercera área encontramos los profesionales que estarán a cargo de las mediciones de antropometría y seguimiento de todos los parámetros que la componen a cargo de un médico o licenciado especialista en la materia. Tener presente que estos estudios no sólo son importantes para la detección de tejido adiposo excesivo para el deporte, sino que también lo son para el control de maduración biológica y predicción de talla como hemos mencionado en varias partes del presente libro y continuaremos desarrollando en este mismo capítulo con la explicación científica y utilización práctica del estudio de Mirwald.

El área de tecnología (video-análisis, sistema GPS, softwares especializados) es de suma importancia en el fútbol actual. La misma no hará mejor a los futbolistas de forma mágica ni tampoco asegura campeonatos en Primera División, pero nos brinda herramientas para mejorar al futbolista y su proceso de aprendizaje. Así también ofrece datos relevantes para ser utilizados en la planificación de un equipo de Primera División o juvenil y en el mejor entendimiento de la performance y su mejora de los futbolistas en partidos oficiales.

La nutrición es parte fundamental de un deportista de alto rendimiento, un gran entrenamiento acompañado de una pobre nutrición se vuelve un entrenamiento mediocre. Por un lado, la función de esta área es educar al joven futbolista a alimentarse correctamente para su salud y rendimiento. Por otro, es esencial en la planificación del plan semanal nutricional de los futbolistas juveniles que viven en los clubes. El área de nutrición debe coordinar todo lo relacionado a las comidas de los futbolistas y, en Primera División, regular los desayunos y almuerzos que deberían realizarse en el club (antes y post entrenamiento). Además, deben ofrecer una guía sobre la nutrición en la cena (momento de no control) y las comidas en su vida libre. El deportista de alto rendimiento debe concientizarse que es futbolista full time en el aspecto nutricional.

Por último, hablaremos de un área que en los últimos años se ha vuelto trascendente no sólo en el fútbol sino en el mundo del deporte en general: el factor mental del jugador en formación y profesional.

Hay muchos temas por abordar en el área mental. En un principio fueron los psicólogos quienes incursionaron en el campo del fútbol. Luego han ido surgiendo distintas disciplinas, como las neurociencias aplicadas y el coaching deportivo, cada una de ella tienen bases de fundamentación diferentes, no tienen relación directa entre sí y hay que saber diferenciarlas.

Consideramos que todas son útiles siempre y cuando sean abordadas por profesionales idóneos en cada materia, con estudios y experiencia, y, que por sobre todas las cosas, conozcan el medio del fútbol. Intentaremos aquí explicar sus beneficios, utilizaciones y diferencias.

Por todo lo expresado, la idea de este capítulo es presentar, a través de trabajos realizados por compañeros especialistas en cada disciplina, las tareas específicas de cada sector que compone este departamento integral. Todo lo presentado debajo formó parte de un proceso que tenía relación directa con el área física y técnica para usufructuarlo en beneficio del progreso del futbolista.

Debajo, excelentes profesionales presentarán metodologías, estudios y trabajos de campo realizados dentro de su especialidad. Nos pa-

rece novedoso y enriquecedor mostrar trabajos, métodos, evaluaciones, estadísticas y actividades que hemos llevado a cabo durante varios años de manera conjunta con todos estos profesionales. Qué mejor que sean ellos mismos, con la experiencia y capacidad que los avala en cada una de las áreas mencionadas, quienes los desarrollen.

CRECIMIENTO Y VALORACIÓN DE LA MADURACIÓN BIOLÓGICA

Por Sergio Rocha, licenciado en Nutrición Deportiva. Nutricionista del fútbol juvenil del Club Atlético Independiente, función que también desempeñó en la Primera División

La pubertad es un período de maduración biológica marcado por el surgimiento de las características sexuales secundarias, "estirón" puberal de crecimiento y modificaciones de la composición corporal. El crecimiento en altura o talla y los cambios de la composición corporal son intensos y rápidos.

La cronología en intensidad y duración a lo largo de la pubertad son específicos para cada adolescente y pueden variar entre ellos por esta causa: la variabilidad entre los jóvenes de una misma edad cronológica muestran diferencias importantes en su composición, como en la talla, peso, fuerza, velocidad y resistencia, motivos por los cuales surgirá la necesidad de clasificar a los niños y adolescentes en función de la maduración biológica y no por la edad cronológica.

Consideremos, por lo tanto, los cuatro indicadores de maduración biológica (dental, sexual, somática y esquelética). La búsqueda de metodologías simples, prácticas y no invasivas para valorar la maduración biológica fue siempre una problemática muy difícil de resolver. Es aquí donde el Dr. Robert M. Malina (a quien tuve el honor de conocer personalmente en 2014) junto con Bouchard señalan que los indicadores más usados para valorar la maduración biológica son a partir de los caracteres sexuales secundarios, la edad esquelética y el pico de velocidad de crecimiento (PVC). Varios estudios demostraron que la metodología aplicada por Malina era tan eficaz como la considerada maduración ósea, que hasta el momento era la más efectiva para caracterizar los ritmos o tiempos de maduración durante el crecimiento.

Manila, al igual que Mirwald, acompañados de simples medidas antropométricas y ecuaciones de regresión, comenzarían a innovar la forma de predecir el PVC de niños y adolescentes.

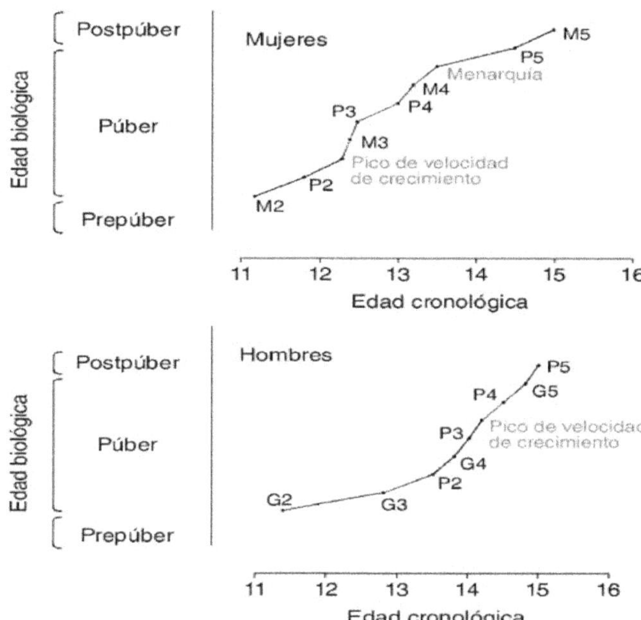

La palabra maduración deriva del vocablo latino "maturatio", que significa aceleración. La maduración supone cambios programados a nivel genético. Cada individuo nace con su propio reloj biológico, que lo acompañará y lo regulará hacia su estado de madurez.

Es muy importante conocer la diferencia entre la edad cronológica y la biológica. La primera encierra 365 días, es decir, en un año cronológico, mientras que la otra abarca los cambios madurativos y ritmos de desarrollo que generalmente pueden tener una variación de un año o dos, por lo que durante este proceso los jóvenes presentarán una maduración precoz, normal o tardía.

TEST DE MIRWALD

SE TOMAN CINCO PARÁMETROS DE EVALUACIÓN

TALLA + TALLA SENTADO + PESO + FECHA EVALUACIÓN + EDAD CRONOLÓGICA JUSTA

POR MEDIO DE UNA SERIE DE ECUACIONES DE FÓRMULA ESTANDARIZADA EL TEST ARROJA

1. ÍNDICE MADURATIVO

2. MOMENTO DE MADURACIÓN PUBERAL APROXIMADA PARA INSERCIÓN A TAREAS DE FUERZA

3. PREDICCIÓN APROXIMADA DE TALLA ADULTA

En síntesis, podemos definir a la maduración como un proceso gradual en el tiempo en el que se presentan sucesivas modificaciones cualitativas en la organización anatómica y fisiológica, a través del cual se desencadena una gran movilización hormonal desde la pubertad hasta alcanzar el estado de madurez adulto. Muchos cambios se observarán en esta etapa: aumento de talla, peso, maduración sexual y sobre todo en forma marcada la masa ósea, etapa en la que la alimentación será uno de los factores importantes para el buen desarrollo. Otros factores que deberemos considerar son los llamados intrínsecos, como la herencia, las enfermedades u hormonas de crecimiento, y, por otro lado, los factores extrínsecos, como el estado nutricional, el estado físico, los factores medioambientales, el ambiente familiar, la condición socioeconómica familiar y la tendencia secular, que podría determinar la presencia temprana, normal o tardía maduración.

Un punto muy importante para la inclusión en las planificaciones a futuro en el alto rendimiento deportivo es la predicción de la talla adulta. En el caso específico del fútbol saber cuál será la talla adulta del arquerito de la novena división (joven de 13 años) puede ahorrarle al club un malogro evitable, ya que con este estudio el grupo de preparadores físicos y entrenadores formadores contará con información muy ventajosa y útil. Casi nos atreveríamos a decir que podemos trabajar con ocho años de anticipación sabiendo qué talla tendrá el jugador, con un pequeño margen de error y con una gran información para poder proyectar el trabajo a futuro.

En el Club Atlético Independiente logramos un gran vínculo con el maestro del arco Miguel Ángel "Pepe" Santoro, gran formador de arqueros, quien con verdadera sabiduría y esta ayuda extra le permite observar la futura tallas de sus arqueros, trabajando con el equilibrio y el aplomo que le brinda esta información.

Así mismo, en el Club Deportivo Laferrere un club con muchas carencias de todo tipo decidimos, ya hace algún tiempo, juntar las divisiones de trece a quince años para luego dividirlas por edad biológica y no por edad cronológicas en los entrenamientos, sobre todo los de fuerza o de mucha intensidad. De esta manera, estamos respetando los tiempos y ritmos biológicos de los jugadores, ya que encontraremos en ambas categorías futbolistas que han alcanzado su pico máximo de crecimiento (PVH) y otros que todavía no, teniendo una gran diferencia con sus pares, siendo esta parcelación una forma de prevenir lesiones en futbolistas de tan corta edad.

Aunque aun siendo una categoría mayor cronológicamente, como la séptima división (jóvenes de 15-16 años), han aparecido en ella jugadores que no alcanzaban su PVH, teniendo un retraso madurativo de hasta más de dos años. Cuando encontramos estas características, es necesario un seguimiento más concreto y una interconsulta con un profesional médico especializado en crecimiento y maduración.

Aunque el control genético del ritmo de crecimiento parece ser independiente de la forma y el tamaño del cuerpo, los cambios inducidos por el medio ambiente en el tiempo no parecen alterar significativamente la estatura del adulto.

El potencial genético está determinado por la adquisición de una estatura que represente el 100% de su capacidad de crecimiento y cuando existe disminución del material genético, exceso o expresión anormal del mismo, la estatura será en general menor a la esperada del promedio de los padres y se manifestará desde la vida intrauterina.

Bayley elaboró un cuadro que permite pronosticar con cierto resguardo la futura estatura de un individuo.

Reflejados en todas las partes del cuerpo, la maduración sexual propone cambios hormonales, el sistema reproductivo se desarrolla y los caracteres sexuales secundarios se manifiestan: la aparición del vello púbico y axilar, el cambio la voz y el crecimiento de la barba son exponentes de esta nueva etapa.

Las ecuaciones de regresión de Mirwald–velocidad de crecimiento se refieren a la tasa de crecimiento de un individuo en un determinado lapso de tiempo.

Tabla 4

Ecuaciones de regresión para predecir el pico de velocidad de crecimiento

Ecuaciones
PVC = -9,232 + 0,0002708 (LMI*ATC) - 0,001663 (E*LMI) + 0,007216 (E*ATC) + 0,02292 (P/Est) (Hombres)
PVC = -9,37 + 0,0001882 (LMI*ATC) + 0,0022 (E*LMI) + 0,005841 (E*ATC) - 0,002658 (E*P) + 0,07693 (P/Est) (Mujeres)

LMI: longitud de los miembros inferiores; ATC: altura tronco cefálico; E: edad; P: peso; Est: estatura.

El pico de velocidad de crecimiento es una técnica en la que son necesarias medidas antropométricas y que su práctica está considerada como no invasiva y permite predecir la proximidad y el alejamiento del PVC, donde cero (o) se acercaría temporalmente a la mitad de esa escalera biológica que es el crecimiento, y allí se aplican las ecuaciones de regresión de Mirwald.

Personalmente hago extensivo al doctor Sergio Aguerreche, agradeciendo la participación en este su segundo libro al profesor Juan Cruz Anselmi, un libro colmado de experiencias y enseñanzas que ha recogido en su próspera carrera.

MEDICIÓN Y CONTROL ANTROPOMÉTRICO

Por el doctor Sergio Mauro, médico cardiólogo y deportólogo, 12 años parte del staff médico de la Primera División del Club Atlético Independiente. También realizó tareas de control y medición a clubes como River Plate, Argentinos Juniors y Boca Juniors.

En el fútbol, como en la mayoría de los deportes, los aspectos antropométricos son considerados relevantes en el conjunto de evaluaciones del jugador. Nos aporta información en el proceso de selección de talentos, permite monitorear la evolución morfológica del jugador, seguir el desarrollo biológico, planear y controlar cambios en las masas corporales (adiposa y muscular) en respuesta al entrenamiento, entre las contribuciones más relevantes de esta evaluación.

Abordaremos los aspectos generales de la antropometría en relación al futbol.

Por definición, la evaluación antropométrica: 1. Estudia el tamaño, la forma, proporción y la maduración corporal. 2. Facilita la comprensión de las modificaciones corporales en la respuesta al crecimiento, la actividad física, el rendimiento y la nutrición.

Consideraremos en este apartado:

1. Métodos de valoración de la composición corporal
2. Factores que afectan el perfil antropométrico del futbolista
3. Evaluación antropométrica del futbolista
4. Consideraciones especiales en niños

Métodos de valoración de la composición corporal

En la valoración antropométrica tenemos diferentes modelos que podemos agrupar en: Modelos Antropométricos de dos, tres, cuatro y cinco componentes, que son los más utilizados a lo largo del tiempo, desarrollándose diferentes propuestas con diferente grado de validación y desarrollo; Modelos de proporcionalidad: el más utilizado es la Estratagema I Phantom, que describiremos más adelante; Modelos basados en el biotipo: el más difundido es el Somatotipo de Heath y Carter, e índices y fórmulas: se utilizan varias, como el índice esquelético, la relación adiposo/muscular, muscular/ósea, índice de masa corporal (BMI), suma de pliegues cutáneos.

Modelos de proporcionalidad: El más utilizado es el de la Estratagema Phantom. Es un modelo definido por longitudes, perímetros, amplitudes y pliegues y masas fraccionales, los valores se ajustan a una altura de 170.18 cm. y a un peso de 64.58 kg, su utilidad radica en que permite relacionar las partes con el resto del cuerpo o entre ellas.

Luego de realizado el cálculo para cada medida, las mismas se grafican en función de la dispersión, en desvíos estándar, que presentan en relación al modelo original descripto por Phantom. En conclusión, este modelo de proporcionalidad, complementa los datos obtenidos en relación a la composición corporal, permitiendo determinar la localización de los excesos o déficit de distribución de cada componente.

Modelos basados en el somatotipo: Es una clasificación basada en el concepto de la conformación exterior. El modelo de Heath Carter es el más usado y se expresa numéricamente con sus tres componentes (endomorfia, mesomorfia y ectomorfia). Cada componente tiene un valor de 1 a 7 (la suma de los tres va en un rango de 9 a 12) y los somatotipos se clasifican según el componente predominante. Los valores se grafican en la somatocarta (sistema de ejes sobre un triángulos de lados curvos)

y es un método sencillo que permite ser calculado con pocas mediciones y sin necesidad de software.

Las mediciones necesarias para el cálculo del somatotipo son: peso, altura, pliegues (tríceps, subesc., suprai., pantorrilla), diámetros (fémur y húmero) y perímetros (brazo contraído y pierna).

Clasificación de los Somatotipos:

1. Central: ningún componente difiere más de 1 unidad con respecto a los otros.
2. Endomorfo: el endomorfismo es dominante, el mesomorfismo y ectomorfismo son más de 1/2 unidad más pequeña.
3. Mesomorfo: el mesomorfo es el dominante, los otros son más de 1/2 unidad más pequeña.
4. Ectomorfo: es dominante, los otros son más pequeños (más de 1/2 unidad)

Índices y fórmulas

Se utilizan algunos índices y formulas, que nos aportan información complementaria en el análisis del perfil antropométrico, permitiendo: relacionar masas corporales o segmentos corporales y un seguimiento rápido de la evolución de la masa adiposa.

Los más comúnmente usados son: índice esquelético (relación entre altura-altura sentado), cociente adiposo-muscular (relaciona porcentajes de ambas masas), cociente muscular-óseo (relaciona ambas masas en porcentaje), índice de masa corporal (relaciona peso y talla de utilidad en deporte y salud) y suma de Pliegues cutáneos (se usan las suma de tres, tricipital, subescapular y pierna; o seis, tríceps, subescapular, supraespinoso, abdominal, muslo y gemelo).

Nivel de competencia

El nivel de competencia es también evidenciado en la valoración antropométrica del futbolista, en especial en valores de masa muscular. A nivel más alto, mayor nivel de masa muscular y ocurre a la inversa con la masa adiposa. Mayor nivel de competencia, menor nivel de grasa.

A continuación, algunos ejemplos que incluyen datos del estudio SO-KIP 95, (perfil antropométrico y fisiológico del futbolista sudamericano de elite) del Dr. Juan C Mazza y colaboradores.

Entrenamiento

El futbolista experimenta cambios en respuestas al proceso de entrenamiento siendo los aspectos más salientes el incremento de la masa muscular y la disminución de la masa adiposa. Del mismo modo, cuando el entrenamiento se interrumpe, se da el fenómeno inverso por lo general, disminuyendo los valores de masa muscular e incrementando los de masa grasa.

Puesto de juego

En la evaluación antropométrica de futbolistas se evidencian significativas diferencias en las variables cuando se comparan las mismas considerando el puesto de juego. Por ejemplo, la variable altura es una de la que resulta condicionante en especial en algunos puestos de juego como arquero o defensa central.

En el año 2004 se publicó este análisis de edad, estatura, peso, BMI y calidad de futbolistas de elite de cuatro Ligas Europeas P. O'Donoghue y col (JSMPF 2005; 45:58-67), que nos permite ver las diferencias antropométricas entre los futbolistas de las principales ligas de Europa. En las siguientes tablas el resumen de este trabajo:

Parámetros de talla en las ligas más importantes del mundo:

	PREMIER LEAGUE	LIGA ESPAÑA	CALCIO ITALIA	BUNDESLIGA ALEMANIA	MEDIA
ARQUEROS	1.88 S: 0.04	1.85 S: 0.04	1.86 S: 0.04	1.89 S: 0.04	1.87 S: 0.04
DEFENSAS	1.82 S: 0.06	1.80 S: 0.05	1.81 S: 0.05	1.84 S: 0.05	1.82 S: 0.05
MEDIOS	1.79 S: 0.05	1.79 S: 0.05	1.78 S: 0.05	1.79 S: 0.06	1.79 S: 0.05
ATACANTES	1.81 S: 0.06	1.79 S: 0.06	1.81 S: 0.06	1.81 S: 0.06	1.81 S: 0.06

Estudio del peso en diferentes ligas de fútbol del mundo:

	PREMIER LEAGUE	LIGA ESPAÑA	CALCIO ITALIA	BUNDESLIGA ALEMANIA	MEDIA
ARQUEROS	83 S: 6.9	81.1 S: 4.3	79.1 S: 5.5	85.5 S: 6	82.2 S: 6.2
DEFENSAS	76.3 S: 6.6	75.5 S: 5.2	74.9 S: 4.8	78.4 S: 5.2	76.2 S: 5.7
MEDIOS	72 S: 6	73.6 S: 4.6	71.7 S: 4.4	74.3 S: 5.4	72.9 S: 5.3
ATACANTES	74.6 S: 6.5	73.8 S: 6.4	75.2 S: 5.3	77.2 S: 6.1	75.2 S: 6.2

Tabla de referencia de futbolistas del campeonato argentino de Primera División "A":

JUG. PUESTO	TALLA	PESO	% MASA GRASA	KG. MASA GRASA	% MASA MUSC.	KG. MASA MUSC	SUMA 6 MM. PLIEGUES	MUSC / ÓSEO	ADIP. / MUSC.
ARQUERO	1.84	84.5	21.2	18.5	50.2	44	57	4.4	0.46
DEF. CENTRAL	1.82	79.3	19.6	15.5	50.7	40	43.6	4.36	0.39
DEF. LATERAL	1.74	72.5	19.5	14.5	50.7	36.5	43.6	4.36	0.39
MEDIO C.	1.77	74.6	20.2	15	49.8	37.1	45	4.20	0.39
DELAN. EXTER.	1.74	71.6	18.7	13.3	51.4	36.5	38.5	4.34	0.36
CENTRO DELAN.	1.79	79.9	19.9	16.07	50.6	49	49	4.42	0.39

Evaluación antropométrica, sistemática de valoración

En este punto comentaremos la sistemática de valoración antropométrica que utilizamos en la valoración del futbolista. Los pasos de esta valoración son los siguientes: recolección de datos, cálculo de composición corporal, estratagema Phantom, somatotipo, índices y suma de pliegues.

Recolección de datos: Las mediciones se toman según la normativa de ISAK (International Society Antropometric Kinetics), con el instrumental específico. Los datos recogidos son volcados a una pro forma para posteriormente ser ingresados al software específico para los cálculos correspondientes.

Composición corporal: Utilizamos el método de cinco componentes de fraccionamiento de masas corporales, cuyas características ya han sido descriptas. Los resultados se presentan como lo muestra el ejemplo siguiente. Representación de composición corporal en dos y cinco componentes de un futbolista de elite. Una vez valorado el fraccionamiento de las masas corporales, es necesario conocer la distribución de las mismas. Esto se complementa con los pasos siguientes.

Estratagema Phantom: Este modelo de valoración segmentaria, ya descripto más arriba, nos va a permitir establecer las relaciones entre las diversas masas corporales, como así también la distribución de las mismas. Esto nos permite direccionar con precisión las eventuales modificaciones antropométricas a realizar; por ejemplo, cuando nos encontramos con un valor bajo de masa muscular en la composición corporal y decidimos realizar un trabajo para incrementar dicho componente. El Phantom nos permite conocer en qué lugar podemos dirigir ese aumento de masa muscular. Resulta un procedimiento útil como complemento de la información del fraccionamiento de masas corporales.

Somatotipo: Esta valoración, de fácil calculo, es valiosa para el seguimiento evolutivo del jugador en relación con el biotipo ideal de su deporte y puesto de juego.

Índices y suma de pliegues: Nos ofrecen información complementaria a la composición corporal y, en el caso de la suma de pliegues, permite una rápida valoración de la masa grasa, importante en el seguimiento de la misma.

En futbol se utilizan con mayor frecuencia: el índice de masa corporal (BMI), la relación adiposa-muscular, la relación muscular-ósea y la suma de pliegues cutáneos.

En primero se obtiene con el cálculo peso/altura2. Su valor normal es de 20 a 25, puede darse el caso de un valor ligeramente superior a 25 en un jugador con una masa muscular alta. Esto no debe interpretarse como un sobrepeso, sino que debe analizarse en conjunto, por ejemplo, con la suma de pliegues cutáneos.

La relación adiposa-muscular toma ambos porcentajes obtenidos por fraccionamiento de masas. Su valor ideal en futbol es inferior a 0.45; un valor superior nos indica que hay que adecuar uno de estos compo-

nentes en función de los valores obtenidos (determinará si existe exceso de grasa o déficit de músculo).

La relación muscular-ósea también relaciona los dos porcentajes de ambas masas y permite determinar si el esqueleto, por su tamaño, puede soportar mayor cantidad de masa muscular, sin deteriorar su performance, ni lesionarse. Su valor para el futbol es de 4.5-5.

Suma de pliegues cutáneos: Se pueden tomar tres o seis como mencionamos más arriba y nos permite valorar rápidamente la masa grasa y su evolución. Su principal ventaja en la rapidez de su cálculo. Por ejemplo, si un jugador incrementa su peso de balanza y la suma de pliegues permanece sin modificarse, podemos tomar que el incremento de peso se debe a un aumento de la masa magra. Por el contrario, si el aumento de peso se acompaña de aumento en la suma de pliegues es incremento se debe a la masa grasa.

LA IMPORTANCIA DE LA NUTRICIÓN EN EL FUTBOLISTA

Por el doctor Sergio Mauro

El desarrollo en plenitud de un jugador de futbol, al igual que cualquier deportista, se sustenta en sus capacidades, apuntaladas indefectiblemente por el descanso, el entrenamiento y la nutrición. En este capítulo abordaremos aspectos de la nutrición, que es un pilar fundamental en el proceso de desarrollo biológico, como así también en rendimiento deportivo.

Demandas energéticas del futbol. Aspectos generales

En otros capítulos se ha señalado la distancia recorrida por un jugador durante un partido y se ha detallado el perfil de actividad física en el fútbol. Sabido es que la misma está influenciada por el puesto de juego, condiciones climáticas, nivel de competencia.

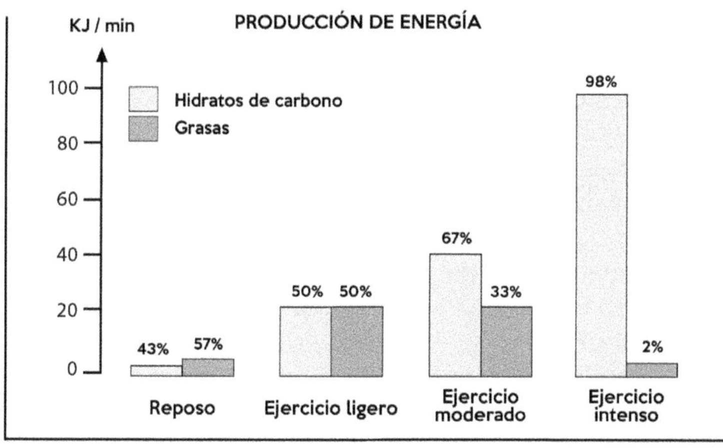

Entrenamiento de La condición física en el futbol, Dr. Jens Bangsbo (Ed. Paidotribo 1999)

Analizamos brevemente, sin entrar en complejos detalles bioenergéticos, las demandas biológicas de esta prestación en especial las de alta intensidad. El principal combustible involucrado para sostener las intensidades moderadas y altas del juego es el glucógeno muscular, "el combustible por excelencia" por las vías glucolíticas rápida y lenta.

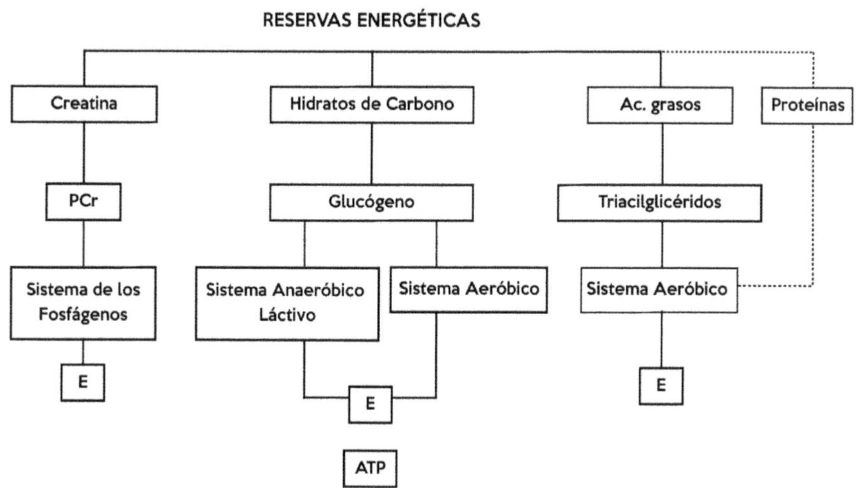

El sistema de los fosfágenos es el responsable de sostener energéticamente los esfuerzos de alta intensidad menores a cinco segundos y

su reposición se hace consumiendo atp, que fueron producidos por vía aeróbica y abastecen este proceso de "recarga" de este sistema.

A medida que cae el nivel de los depósitos de glucógeno muscular se incrementa la utilización de grasas como combustible, lo que conlleva a una caída en la intensidad de la prestación del futbolista. Llegar al partido con los depósitos de glucógeno llenos y disminuir al menos la velocidad de vaciamiento de los mismos son dos de los objetivos nutricionales más importantes del futbolista.

Otro objetivo importante es mitigar la pérdida de fluidos y electrolitos, se estiman pérdidas de dos a tres litros de fluidos durante un partido, dependiendo de factores individuales, temperatura y humedad ambiente, indumentaria.

FUTBOLISTA	TASA DE SUDORACIÓN (ML/HORA)
MEDIOCAMPISTA	2010
MEDIOCAMPISTA	2160
DELANTERO	1680
DELANTERO	2040
DEFENSOR CENTRAL	2280
ARQUERO	480
DELANTERO	1800
DELANTERO	1680
MEDIOCAMPISTA	1560
DELANTERO	2040
ARQUERO	480
MEDIOCAMPISTA	1680
DELANTERO	1440
ARQUERO	480
DEFENSOR LATERAL	2760
DEFENSOR LATERAL	1440
DELANTERO	1440
DELANTERO	1200
DEFENSOR CENTRAL	2400
DELANTERO	1200

Para ejemplificar la magnitud de esta pérdida, el gráfico muestra la tasa de sudoración de futbolistas profesionales argentinos luego de 50 minutos de futbol a 32° de temperatura ambiente.

% DE PESO CORPORAL PERDIDO	CONSECUENCIAS
2	ALTERACIÓN DE LA TERMOREGULACIÓN
3	DISMINUCIÓN DE LA RESISTENCIA
4-6	DISMINUCIÓN DE FUERZA Y RESISTENCIA DOLORES MUSCULARES
MÁS DE 6	CONTRACTURAS GRAVES AGOTAMIENTO, GOLPE DE CALOR

Del mismo modo que ocurre con el glucógeno a medida que las pérdidas de líquidos y electrolitos aumentan, el rendimiento cae. La magnitud de la misma (% del peso corporal) la tenemos en la tabla.

Una estrategia de hidratación adecuada antes, durante y después del entrenamiento o partido, permitirá al menos disminuir la magnitud e impacto de la pérdida de fluidos. Lo ideal sería no superar el 3% de pérdida.

En resumen, la performance del futbolista desde lo energético depende de las reservas de glucógeno y fosfocreatina muscular, como así también de un adecuado balance hidroelectrolítico de los fluidos corporales. Evaluación de la nutrición del futbolista

Al analizar los aspectos nutricionales del futbolista debemos considerar algunos aspectos relevantes. La nutrición es un proceso complejo que se compone de diferentes pasos: alimentación, digestión, absorción, metabolización y excreción. Éstos se encuentran encadenados y cada uno cumple un rol determinante en la nutrición. Las deficiencias en uno de ellos afectan a los otros.

Al momento de la prescripción de una dieta nunca debemos perder el concepto de alimentación saludable. Esto significa que tiene que estar adaptada a la necesidad del individuo, tener un tiempo pautado con

un fin acorde y necesita ser racional (en función de hábitos, gustos del jugador).

¿Cómo elaboramos un plan nutricional? Considerando lo expuesto anteriormente, en la prescripción de un plan alimentación debemos contemplar los siguientes pasos:

1. Evaluación clínica del estado de salud: se contempla el estado sanitario del jugador, la presencia de patologías como diabetes, hipertensión arterial, nefropatías, parasitosis que pueden tener relevancia al momento de prescribir un plan nutricional.
2. Análisis de laboratorio: complementado la información de los exámenes clínicos. Se sugieren los siguientes análisis: hemograma, glucemia, urea y creatina, hepatograma, Ionograma, ferremia, testosterona, cortisol, perfil lipídico y orina completa.

Encuesta nutricional

Tiene como objetivo conocer los hábitos nutricionales del jugador. Se puede hacer de manera retrospectiva, interrogando sobre lo ingerido en los dos o tres días previos al momento de evaluarlo, o prospectiva, mediante un registro que se le entrega al jugador para que anote con justeza los alimentos ingeridos (hora, día cantidad) y la actividad física. La mayor información se obtiene combinando ambos métodos.

La valoración del gasto energético es determinante para conocer el gasto calórico diario, al menos de manera aproximada, para prescribir su plan nutricional. El gasto energético diario está compuesto por el gasto energético basal (lo que consume el organismo en 24 horas en condiciones de reposo), representa el 75 a 80% del gasto calórico total; efecto térmico de los alimentos, es aproximadamente el 10% del gasto total, son las calorías que se gastan al comer, y la actividad física, en función de la actividad diaria, puede representar del 15 a 30% del gasto total.

Sobre la base de lo evaluado en los puntos anteriores estableceremos el plan nutricional, complementado los objetivos nutricionales y del entrenamiento, respetando el concepto de alimentación saludable y las "leyes de la alimentación" ya descriptas.

Al momento de elaborar el plan nutricional de un futbolista, se presentan diversos objetivos, que marcaran el rumbo de dicho plan: formar hábitos de alimentación saludables y mantener niveles bajos de masa grasa son algunos de ellos. También hay estrategias desde el entrenamiento para favorecer la pérdida de grasa: realizar entrenamientos extras para aumentar el gasto energético, sesiones matutinas de práctica en ayunas, hacer un entrenamiento sin ingerir hidratos de carbono o esperar varias horas tras la actividad física para consumirlos.

Esto aspecto importante es incrementar la masa muscular. Del mismo modo de que decimos para la masa grasa, es difícil establecer un valor único referencia para este componente en los futbolistas. Es habitual recibir jugadores con esa inquietud u objetivo. En primer lugar, determinamos si es real ese supuesto "déficit", valorando antropométricamente al jugador. Los valores de masa muscular están determinados por genética, entrenamiento y nutrición. No existe a la fecha consenso sobre la "dieta óptima para ganar masa muscular", desde la nutricional. Debemos tomar en cuenta lo siguiente: la necesidad de proteínas esta aumentada cuando realizamos un entrenamiento para ganar masa magra y fuerza, se estima un aporte de 1.3 a 1.6 gr/kg. El momento de la ingesta de nutrientes en relación con el entrenamiento debe ser coordinado para lograr en conjunto un perfil hormonal y metabólico "anabólico" que favorezca la ganancia de masa magra y fuerza.

Se propone una ingesta previa al entrenamiento de fuerza (una hora aproximadamente) de hidratos de carbono y proteínas (40 a 50% del requerimiento diario de este nutriente) de esta manera el hidrato de carbono aporta la energía para el entrenamiento, provoca un incremento de insulina plasmática, que posee efecto anabólico, mientras que las proteínas aportan los aminoácidos necesarios para la síntesis proteica e incrementan los niveles de hormona de crecimiento y testosterona con efecto también "favorecedor" para la ganancia de masa magra.

La ingesta posterior también debe contemplar la combinación de hidratos de carbono y proteínas, para mantener el perfil metabólico logrado durante el entrenamiento.

El plan de entrenamiento debe ser consensuado, periodizado en cuanto a las cargas, evitando un estrés excesivo, dado que esa situación provoca elevación de cortisol, que tiene efecto negativo sobre la ganancia muscular. No debe faltar el descanso nocturno para compensar el efecto del entrenamiento.

En la alimentación, como se ha destacado, se debe contemplar las leyes de la alimentación saludable y adecuada, con un aporte extra calórico en los comienzos del plan de entrenamiento no superior a 400-600 calorías para cubrir la necesidad de formar. De todas formas, se debe evitar superar ese margen de calorías, lo que redundará en ganancia de masa grasa, no siendo este el objetivo buscado.

Aspectos relacionados con la competencia

Las demandas energéticas de la competencia y el entrenamiento ya fueron analizadas, ahora haremos una breve reseña de los conceptos fundamentales de la comida pre-competencia, alimentación e hidratación intra-juego y la recuperación post partido.

Ya vimos la importancia del glucógeno como combustible para sostener los esfuerzos de alta intensidad durante el partido, del mismo modo que valoramos la importancia de mantener un equilibrio hidroelectrolítico durante el juego.

Ultima comida pre-competencia: Ocupa un lugar especial, pero debemos tener en cuenta que no reemplaza o corrige errores nutricionales de la semana. Ofrece la oportunidad de ajustar el estado nutricional y de hidratación para el partido. Entre sus objetivos prioritarios debemos evitar que el jugador experimente hambre en el partido, sin malestar intestinal. Se debe realizar entre dos o tres horas antes del juego. Se sugiere respetar los patrones nutricionales y culturales al jugador, priorizar alimentos ricos en hidratos de carbono, de diferente índice glucémico y pobre en fibras. Las proteínas y grasas deben ser reducidas. Con abundante liquido (agua, jugos y bebida deportiva). En el párrafo siguiente damos ejemplo de menús para la pre-competencia:

Desayuno o merienda: cereales, yogurt descremado, pan con dulces, jalea, mermeladas o miel, pan, tostadas, vainillas, ensaladas de frutas, frutas frescas, frutas secas y licuados.

Almuerzo o cena: pastas rellenas, ñoquis, fideos, con salsa hipograsa, arroz, ensaladas, frutas, papas, carne (sólo una porción chica de 50-70 gramos si el tiempo al partido es de tres horas como mínimo), pan, tartas de verdura o zapallito.

Los suplementos nutricionales sirven como complemento de los menús anteriores o solo en aquellos jugadores con poca tolerancia a los alimentos habituales o poco tiempo entre comida o partido.

Necesidad de líquidos y energía en partido y entrenamiento

Hemos considerado la pérdida de líquidos y electrolitos como así también de glucógeno durante los partidos y entrenamiento. Se estima que un jugador pierde alrededor de tres litros de agua, con una composición variable de electrolitos (sodio, potasio, cloro y magnesio). El objetivo es minimizar los efectos de estas pérdidas. Durante el juego, por las características del mismo, son pocas las posibilidades de hidratación y reposición de energía. Solo contamos con las interrupciones del juego por lesiones o circunstancias del partido y los 15 minutos del entretiempo. Es por ello que debemos aprovecharlos al máximo. El tiempo neto de juego de partido promedio es de 40-50 minutos.

Para determinar la tasa de sudoración del jugador se hace de la siguiente manera: se pesa al jugador antes del partido, se le controla la cantidad de líquidos que ingiere durante el juego y se lo pesa nuevamente al final del juego. Si el jugador orina durante este lapso, se debe medir la cantidad. La tasa se calcula restando al peso inicial el peso final del jugador y al resultado sumarle la cantidad de líquidos ingeridos y eventualmente el volumen orinado, el resultado final es lo que el jugador pierde en el partido.

Se debe elaborar una estrategia que contemple el aporte de líquidos equivalente a su tasa de sudoración. Se sugiere reponer el volumen con agua y bebidas deportivas, con el agregado de hidratos de carbono (no sobrepasar el 6-8% en la concentración de hidratos de carbono).

La reposición de hidratos de carbono para mitigar el descenso de los depósitos de glucógeno, además del agregado de hidratos de carbono en la bebida como mencionamos, debemos completarla con el aporte de frutas, granos o frutas secas, aprovechando la pausa del entretiempo. En los últimos años se han desarrollados geles y bebidas isotónicas con hidratos de carbono, que pueden resultar útiles al momento de reponer hidratos de carbono.

Recuperación energética post-partido

Ya hablamos de la pérdida durante el partido. Es fundamental "recuperar lo perdido" en forma óptima en función de completar la misma antes del próximo entrenamiento o partido. Las dos horas posteriores al final del juego son fundamentales para cumplir este objetivo, ya que en ese momento todo el "camino" metabólico se encuentra orientado para rápidamente recuperar el glucógeno muscular. Se recomienda hacerlo a razón de cinco a ocho gramos de hidratos de carbono por kilo de peso corporal. Se recomienda utilizar índice glucémico alto (pan, pastas, arroz, papas, cereales, bebidas isotónicas, geles). Hay que ser ingenioso al momento de elegir, contemplando las pautas nutricionales y los gustos del paciente dado que, muchas veces luego del esfuerzo, el jugador no siente hambre.

En la imagen siguiente se muestran cómo es diferente la recuperación de los depósitos de glucógeno con una dieta rica en hidratos de

carbono y una pobre. Recuperación de los depósitos de glucógenos post partido con una dieta rica en hidratos de carbono y una dieta normal. Se aprecia las "ventajas" de recuperación que otorga la dieta rica hidratos de carbono (tomada de Bangsbo).

Suplementación deportiva

Las ayudas ergogénicas se definen como "cualquier técnica de entrenamiento, ayuda mecánica, práctica nutricional, método farmacológico o técnica psicológica que sea capaz de mejorar la capacidad de rendimiento o las adaptaciones al entrenamiento".

Existe una fuerte influencia económica, social y de marketing en torno a estas ayudas y su uso, muchas veces sin el adecuado control en su desarrollo, investigación y su aval científico. Muchas de estas aparecen como modas que publicitan "el producto mágico", que perdura en la popularidad en base a publicidad, hasta que son reemplazados por otros con las mismas promesas. Existen múltiples clasificaciones en cuanto a las ayudas ergogénicas basadas en diferentes aspectos.

Proponemos la siguiente clasificación:

1. Farmacológicas: Son agentes farmacológicos entre los cuales los más relevantes son cafeína (el único no prohibido por el Código Mundial Antidopaje), anfetaminas y derivados, efedrina y derivados, diuréticos (todos prohibidos y con uso riesgos para la salud del jugador).
2. Nutricionales: Son componentes nutricionales (creatina, aminoácidos, carnitina, bicarbonato, multivitamínicos, ginseng, antioxidante y alimentos deportivos). Analizaremos brevemente a algunos de ellos más abajo en este capítulo.
3. Hormonales: Su uso es peligroso y prohibido por el Código Mundial Antidopaje (esteroides anabólicos, hormona de crecimiento, eritropoyetina, entre otros).
4. Fisiológicas: El doping sanguíneo es la práctica más conocida, peligrosa y penada.

A manera de conclusión, se refuerza el concepto que una alimentación saludable respetando las "leyes de la alimentación" ya mencionada es suficiente para sostener desde lo nutricional las demandas energéticas del entrenamiento y la competencia en futbol.

De todas formas existen circunstancias especiales donde las ayudas ergogénicas acopladas al plan nutricional resultan útiles. Para cubrir deficiencias alimentaria, potenciar ciertas capacidades, ganancia de peso o prevención de fatiga.

La eventual suplementación debe estar integrada en los procesos de nutrición, entrenamiento y descanso. Se debe educar al futbolista sobre el alcance y riesgo de las ayudas ergogénica como parte del plan nutricional.

ÁREA KINÉSICO-PREVENTIVA COMO PARTE DE LA SESIÓN DE ENTRENAMIENTO

Por los licenciados en Kinesiología deportiva: Martín Besasso y Marcelo Bustos, ambos trabajan en el fútbol juvenil del Club Atlético Independiente.

Nos hemos encontrado con el grato compromiso de tener a nuestra disposición un espacio dentro de la planificación de los entrenamientos, de las divisiones juveniles mayores, donde podemos realizar un trabajo preventivo ejecutando diferentes ejercicios.

Como primera medida, entendemos que el mejor trabajo preventivo es el entrenamiento correcto, bien dosificado y específico para la actividad que se va a realizar. Con esto nos referimos a que debe ser orientado a las acciones, que específicamente este deporte demanda.

Segundo, y no menos importante, nosotros tenemos bien en claro que nuestro trabajo también es kinefiláctico, trabajamos para prevenir, no sólo para rehabilitar, porque el éxito de nuestro trabajo no radica en rehabilitar mejor, ni más rápido, sino en que no se lesionen. Trabajamos en una base de prevención primaria, que se lleva a cabo al evitar la lesión.

De todas formas, basándonos en la experiencia recogida después de muchos años de trabajo en el futbol juvenil, hemos detectado zonas que son particularmente sensibles a las exigencias que demanda la alta competencia.

Viendo así que la zona lumbar y la zona glútea (Kapandji define una estructura muscular en abanico, de forma triangular, formada por el tensor de la fascia lata por delante, y la porción superficial del glúteo mayor por detrás, la cual denomina deltoides glúteo. Ésta, junto con el glúteo medio y menor, se inserta en la cintilla de Maissat, la cual tiene su inserción en el tubérculo de Gerdy) son partes de mucha exigencia y que suelen sobrecargarse frecuentemente. Y por su continuidad hacia los miembros inferiores, a través del tejido miofascial, pueden producir, en los casos de aumento de tensión y contracturas, o alteraciones

posturales por desequilibrios musculares, alteraciones musculares o tendinosas en miembros inferiores por una incorrecta ejecución en los movimientos o por falta de libertad para realizarlos.

Si a esto le sumamos que en dichas zonas se encuentran los principales troncos nerviosos (plexo lumbar y sacro), que van a inervar todo el miembro inferior, entendemos que una compresión de ellos por estas causas, alterara la función de la musculatura de los miembros inferiores.

Bajo este análisis, determinamos que debemos hacer hincapié en fortalecer, de manera analítica, determinados músculos de la zona media, mantener una buena movilidad y relajar a través de estiramientos los músculos de la región lumbo-pélvica.

Por lo tanto, enfocamos nuestros trabajos preventivos, en tres componentes en particular:

1. Estabilización de la zona media (*core*)
2. Flexibilidad de la región lumbo-pélvica
3. Estimulación propioceptiva.

Basándonos en el principio de diferenciación entre músculos tónicos (estáticos) y músculos fásicos (dinámicos) y habiendo detectado las distintas alteraciones antes mencionadas, que se pueden producir en esta zona del cuerpo, centramos nuestra actividad en el fortalecimiento de abdominales y glúteos (músculos fásicos) y en ejercicios de estiramiento de la musculatura lumbopélvica (fundamentalmente músculos tónicos) para lograr una estabilidad de la zona media y la flexibilidad de la región lumbo-pélvica.

La estabilidad que tenga cada segmento determina la calidad de movimiento de cada jugador y la cantidad de fuerza y velocidad que pueda generar y utilizar. Para lograr esa vital estabilidad que el futbolista necesita, el entrenamiento core es una de los principales métodos utilizados, tanto como entrenamiento propiamente dicho, como también un método para prevenir lesiones y mejorar el rendimiento deportivo.

Foto arriba: Ejercicios de fortalecimiento zona core en área preventiva

Los trabajos de propiocepción, si bien estaban incluidos dentro de la programación de los entrenamientos, como se cuenta en el primer libro Proceso formativo del futbolista infantil y juvenil hasta el fútbol profesional, reforzamos esta actividad con distintas variantes de ejercicios, sin buscar demasiada complejidad en los mismos, y haciendo un seguimiento personalizado en la ejecución de cada uno y utilizando el balón con gestos deportivos.

Área preventiva. Metodología de los ejercicios

El trabajo consistía en dividir dos divisiones o equipos completos, en tres estaciones de trabajo, una estación de trabajos de zona media, que consistía en ocho variantes de ejercicios de abdominales, de veinte repeticiones cada uno, intercalados con una variante de glúteos.

En la estación de flexibilidad se realizaban seis variantes de estiramientos, fundamentalmente de músculos de la cintura pelviana, no estirados habitualmente. El estímulo era de tres repeticiones por musculo manteniendo veinte segundos bien cronometrados.

En la estación de propiocepción trabajábamos en una cantidad de estaciones que variaba entre seis y ocho, dependiendo la cantidad de

jugadores, pero el objetivo era que todos tenían que tener por los menos cuatro estímulos de cada estación de trabajo. Para esto se cronometraba y controlaba el tiempo de trabajo, que variaba entre los dos y tres minutos por estación.

En cada una de las tres estaciones se trabajaba diez minutos y lo realizábamos preferentemente antes del comienzo de la sesión de entrenamiento del día; por lo tanto, el volumen total de trabajo era de media hora.

Conclusión: Los futbolistas, al igual que otros deportistas, ejecutan una inmensa cantidad de movimientos en diferentes planos de acción durante un partido, ninguna acción dentro del campo de juego es aislada, todo responde a un acople segmentario, que requiere de una gran coordinación. Esa coordinación es la que vemos cuando un futbolista desarrolla de manera correcta cualquier técnica que una situación determinada de juego demande.

La reducción de las probabilidades de lesión y el aumento del rendimiento dependen del potencial de los músculos para trabajar juntos y coordinados. Nuestra función es conocer bien los factores de riesgo de cada deporte, conocer las causas y mecanismos de lesión propias de cada disciplina para planificar de forma ajustada.

La prevención debe ser abordada en un enfoque multifactorial, cada una de las especialidades que integra el equipo tiene algo valioso para aportar. Y, si bien no pudimos comparar los datos por falta de estadística previa, notamos una reducción en las lesiones y menor cantidad de consultas al departamento médico. Por lo que concluimos en una grata y productiva experiencia.

CATEGORIZACIÓN Y RECUPERACIÓN DE LESIONES

Por el Doctor Sergio Aguerreche, actualmente médico deportólogo del fútbol juvenil del Club Atlético Independiente. Fue durante 15 años el Director del Departamento Médico de fútbol del Club Atlético Banfield.

Definamos lesión: Cualquier problema físico sufrido por un jugador acaecido en el transcurso de un partido de fútbol o de un entrenamiento. Independientemente de la necesidad de atención médica o del tiempo perdido en la práctica del fútbol.

Una lesión que precise de atención médica se citará como "atención médica". Y una lesión que tenga como consecuencia que el jugador no

pueda participar plenamente en el siguiente partido de fútbol o entrenamiento se citará como tiempo perdido por la lesión.

Recaída o recidiva de la lesión: Una lesión del mismo tipo y en el mismo lugar que se produce en un jugador tras regresar a la plena participación deportiva. Puede ser temprana (antes de los dos meses del primer episodio), tardía (entre los dos y doce meses de esa eventualidad) y retardada (después de un año).

Severidad de la lesión: El número de días transcurridos desde la fecha de los daños causados (lesión) hasta la fecha del regreso del jugador a la plena participación en los entrenamientos de equipo y su disponibilidad a ser convocado para un partido.

Incidencia de lesiones: Es el número de nuevas lesiones que se producen en un período determinado, dividido por el número de jugadores expuestos a ese riesgo.

Clasificación: Atendiendo a la localización, tipo, lado, mecanismo de lesión (agudo o sobrecarga), recidiva y otros aspectos como partido o entrenamiento, contacto (contrario u objeto) y si ha existido violación del reglamento.

Incidencia de lesiones en el fútbol juvenil. Se determina generalmente como la cantidad de nuevas lesiones ocurridas por cada 1.000 horas de exposición al riesgo.

1. Promedio total: 8,5 cada 1.000 horas.
2. Promedio en entrenamiento: 2,3 – 4,1 cada 1.000 horas de exposición.
3. Promedio en partidos: 12,7 – 37,2 cada 1.000 horas de exposición.

Grados de severidad. La mayoría de los autores reconocen tres grados de severidad (algunos agregan un cuarto, que se divide en ligera -uno a tres días- y severa -más de dos meses).

1. Leve: hasta una semana.
2. Moderada: de 3 a 4 semanas.
3. Grave: más de 3 a 4 semanas.

Basándome en el Dr. Paús Vicente (2003), él determinó la siguiente clasificación:

1. Grado 0: sin pérdida de entrenamiento o partido.
2. Grado 1: menos de 10 días.
3. Grado 2: de 10 a 30 días.
4. Grado 3: de 30 a 60 días.
5. Grado 4: más de dos meses.

Clasificación de las lesiones según la estructura afectada:

1. Musculares.
2. Tendinosas.
3. Articulares.
4. Óseas.

Tipo de lesiones:

1. Traumáticas (agudas).
2. Esguince: elongación aguda de ligamentos o cápsula articular.
3. Distensión: elongación aguda de músculo o tendón.
4. Contusión: trauma directo que trae a consecuencia un hematoma.
5. Luxación: desplazamiento parcial o total en una articulación.
6. Fractura: ruptura traumática del tejido óseo.
7. Otras: las no clasificadas.
8. Por sobreuso (crónicas).
9. Síndrome doloroso del sistema musculo-esquelético sin un traumatismo previo.

Epidemiología de las lesiones en el fútbol juvenil

1. Generalmente las lesiones predominan en muslo, rodilla y tobillo.
2. Las musculares van a ser las más frecuentes. Principalmente por sobrecarga o contusiones. Siendo la mayoría de las veces de grado leve.
3. La mayoría de las ocasiones ocurrirán sin contacto con rival o compañero.

Factores de riesgo lesión deportiva:

FACTORES INTRÍNSECOS (PREDISPOSICIÓN DEL DEPORTISTA)	FACTORES EXTRÍNSECOS (EXPOSICIÓN A FACTORES DE RIESGO)
LESIONES ANTERIORES	MOTRICIDAD ESPECÍFICA DEL DEPORTE
EDAD / SEXO	CONTACTO CORPORAL
COMPOSICIÓN CORPORAL	GESTO - FORMAS REPETITIVAS
ASPECTOS ANATÓMICOS	ACCIONES DE RIESGO
ALINEACIONES ARTICULARES	ENTRENAMIENTO
LAXITUD LIGAMENTOSA	DINÁMICA DE CARGAS
ACORTAMIENTO MUSCULAR	VOLÚMEN
CONDICIÓN FÍSICA	RELACIÓN CARGA - PAUSA
NIVEL CUALIDADES FÍSICAS	SECUENCIA MÉTODOS ENTRENAMIENTO
EQUILIBRIO ANTAGONISTA	CALENTAMIENTO ESCASO
ESTADO EMOCIONAL	COMPETICIÓN (TIEMPO DE EXPOSICIÓN)

Protocolo del tratamiento secuencial de la lesión. Debajo presentamos las cinco fases del protocolo recomendado en el proceso de recuperación de una lesión.

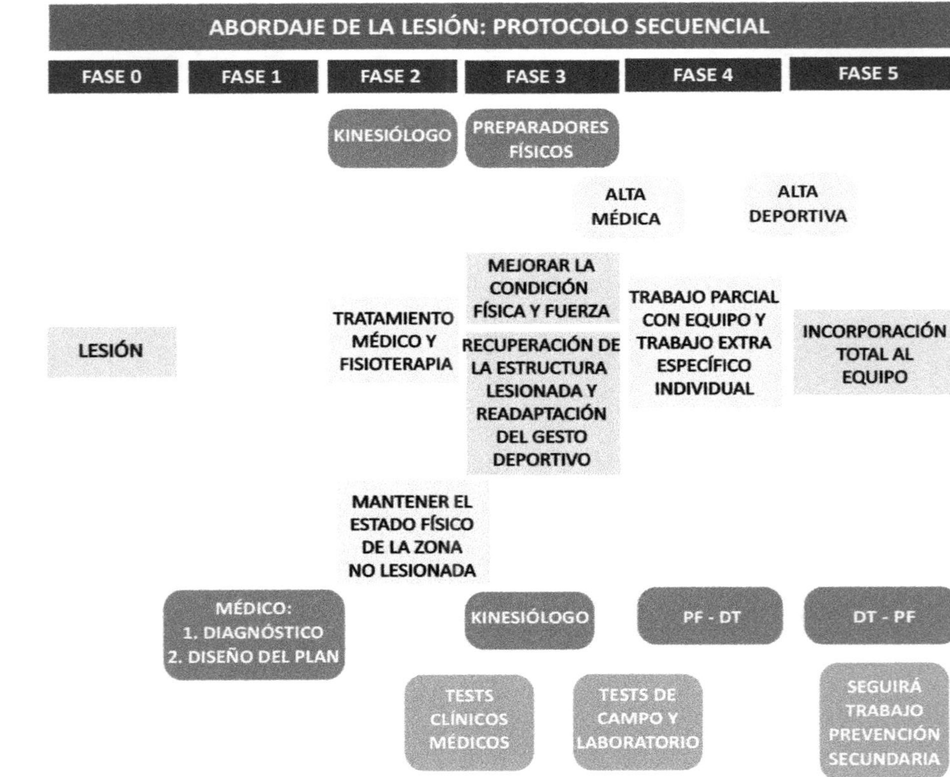
ABORDAJE DE LA LESIÓN: PROTOCOLO SECUENCIAL
FASE 0
FASE 1
FASE 2
FASE 3
FASE 4
FASE 5
KINESIÓLOGO
PREPARADORES FÍSICOS
ALTA MÉDICA
ALTA DEPORTIVA
LESIÓN
TRATAMIENTO MÉDICO Y FISIOTERAPIA
MEJORAR LA CONDICIÓN FÍSICA Y FUERZA
RECUPERACIÓN DE LA ESTRUCTURA LESIONADA Y READAPTACIÓN DEL GESTO DEPORTIVO
TRABAJO PARCIAL CON EQUIPO Y TRABAJO EXTRA ESPECÍFICO INDIVIDUAL
INCORPORACIÓN TOTAL AL EQUIPO
MANTENER EL ESTADO FÍSICO DE LA ZONA NO LESIONADA
MÉDICO:
1. DIAGNÓSTICO
2. DISEÑO DEL PLAN
KINESIÓLOGO
PF - DT
DT - PF
TESTS CLÍNICOS MÉDICOS
TESTS DE CAMPO Y LABORATORIO
SEGUIRÁ TRABAJO PREVENCIÓN SECUNDARIA

Fases de rehabilitación de las lesiones deportivas

Fase 1:

1. Actúa fundamentalmente el médico.
2. Toma las medidas primarias de tratamiento.
3. Plantea los diagnósticos posibles y solicita los estudios complementarios necesarios para confirmar el tipo de lesión.

Fase 2:

1. Empieza la tarea del kinesiólogo.
2. El medico dirige y controla la evolución del tratamiento.

Fase 3:

1. Actúan en simultáneo el kinesiólogo y el preparador físico.
2. Deben mejorar la condición física y recuperar totalmente la función de la zona lesionada.
3. Esta etapa termina cuando se le da el alta médica.

Fase 4:

1. El actor principal es el preparador físico.
2. Lograr recuperar la *performance* del deportista.
3. Esta etapa llega a su fin con el alta deportiva.

Fase 5:

1. El actor principal es el director técnico.
2. El jugador ya está en condiciones de entrenarse y competir con normalidad.
3. Es fundamental en esta etapa que el kinesiólogo junto con el PF planifiquen un grupo de tareas preventivas para evitar las recidivas.

LAS EVALUACIONES FÍSICAS PARA EL FÚTBOL, NIVELES DE ESPECIFICIDAD

Por el profesor Juan Cruz Anselmi

Conocer las capacidades físicas de los futbolistas en proceso de formación y de aquellos profesionales es de suma importancia y tiene varios fundamentos.

En primera medida, las capacidades condicionales forman parte trascendental de un futbolista en el aspecto individual y en su conjunto.

Éstas van a conformar el estado físico general de un equipo para afrontar un partido y toda la etapa de competencia.

Las evaluaciones también nos brindan datos sobre la situación atlética de un deportista cuando llega al club (nuevo fichaje o período post vacacional) y cómo responde al proceso de entrenamiento, por ejemplo, en la etapa preparatoria. A la vez, este análisis nos informa si ese deportista está capacitado para sostener un nivel alto de esas cualidades físicas una vez que conocemos el máximo nivel de cada futbolista en las diferentes cualidades.

En las etapas formativas ciertos testeos relacionados a las capacidades de velocidad, fuerza explosiva y coordinación nos pueden arrojar datos de predicción de un deportista más o menos veloz para el futuro, es decir, podemos detectar si un futbolista será rápido y esto está directamente ligado con el momento de captación de ese deportista.

También las evaluaciones aportan datos relevantes a nivel equipo, teniendo parámetros previos ideales a nivel nacional e internacional. De esta forma podemos analizar si estamos cerca de valores e índices importantes dentro de la competencia en la que nos toca competir, sea juvenil, nacional o profesional.

El período post-lesión, en la fase 4 de rehabilitación deportiva, como detalla el doctor Sergio Aguerreche, es un momento ideal también para implementar un testeo físico y así obtener un nivel cualitativo de ese futbolista que comienza nuevamente el proceso de entrenamiento grupal.

En definitiva, la evaluación integral del deportista en todas sus edades se considera una herramienta indispensable en la orientación, control y seguimiento del proceso formativo del futbolista valorando el desarrollo de cada una de las cualidades físicas en función del momento evolutivo del jugador.

Los objetivos generales los podemos resumir en:

1. Monitorear el crecimiento, desarrollo y maduración del futbolista en lo relativo a sus cualidades físicas.
2. Indicar situación del futbolista con relación a las necesidades del deporte, al momento de la evaluación.
3. Hacer al futbolista consciente del objetivo del entrenamiento y motivarlo a entrenarse.
4. Obtener datos objetivos para la planificación y seguimiento del entrenamiento.
5. Diferenciar grupos de trabajo.
6. Prevenir y diagnosticar lesiones, fatiga y sobre-entrenamiento.
7. Detección de talentos, en forma complementaria a las cualidades técnicas.

8. Establecer comparaciones e investigar.

El rendimiento del futbolista, al igual que el de otros deportistas, está determinado por la integración de sus cualidades genéticas, con un óptimo estado de salud, entrenamiento adecuado, nutrición y descanso. Las evaluaciones monitorean esa integración.

Las evaluaciones se pueden clasificar de diferentes maneras:

1. De campo o laboratorio, según el ámbito donde se desarrollan.
2. Directas o indirectas, según se esté midiendo directamente o no un determinado parámetro.
3. Genéricos o específicos, según el grado de similitud entre el gesto técnico llevado a cabo durante la prueba y el específico del deporte.
4. Continuas o discontinuas, según hay pausas o no en su desarrollo.
5. Constantes o incrementales, según el desarrollo del protocolo en función de su intensidad.
6. Máxima o sub-máxima, si se llega o no al agotamiento.

Más allá de la clasificación es importante considerar que: "Sólo puede garantizarse la efectividad de la evaluación de rendimiento si la misma está enmarcada y planificada estrictamente dentro del plan de entrenamiento".

Test T.R.E.N.M. (Test de resistencia a esfuerzos neuromusculares máximos)

A lo largo de tantos años de entrenamiento en el fútbol juvenil y profesional hemos experimentado una gran cantidad de evaluaciones de campo para la medición de las diferentes cualidades físicas.

Evaluaciones, muchas de ellas, que no guardaban una relación con el perfil del deporte y las capacidades específicas del fútbol. Luego de todos esos años de investigación teórica pero, por sobre todas la cosas, de más de diez años de trabajos y experiencias de campo, hemos creado el Test TRENM.

El test consiste en una combinación de seis saltos y seis sprints máximos con cambios de dirección y frenos, que son intercalados con tiempos de acción, pausa y distancias específicas para el fútbol.

Tenemos muy en claro que el futbolista es una integridad de capacidades físicas, habilidades técnicas, inteligencia táctica y carácter. No alcanza sólo siendo destacado en una o dos variables.

Pero sí queremos remarcar que, por estadísticas que manejamos a lo largo de tantos años y temporadas deportivas, la mayoría de aquellos futbolistas que llegaron a Primera División y que se destacaban en los diferentes aspectos que mide el Test TRENM se han adaptado de manera óptima a las exigencias físicas del fútbol profesional y eso habla de un alto nivel de especificidad del test.

Foto arribba: En acción el profesor Juan Cruz Anselmi realiza el Test TRENM con futbolista de la fase madurativa VI, con la asistencia en campo de los doctores Peidró y Mauro.

Modo de realización del Test TRENM

Para ejecutar el test debemos contar con una plataforma de salto y dos fotocélulas o equipamiento tecnológico para medir los saltos y las carreras de velocidad. Éste comienza cuando el futbolista realiza un salto máximo tipo Abalakov o CMJL (a manos libres), cuando cae del salto camina 3" hacia la línea demarcadora de partida y desde allí realiza un sprint o carrera máxima de 25 metros totales con doble cambio de dirección.

El futbolista realiza un recorrido compuesto por 10 metros (luego hace giro de 90° a la izquierda) por cinco metros (luego gira 90° a derecha) x 10 metros a máxima velocidad hasta la línea final, donde se toma el registro del tiempo empleado.

A partir de que cruza la línea final del sprint, donde se encuentran dos fotocélulas, el futbolista debe hacer un trote o una caminata rápida de baja intensidad hasta llegar al punto de inicio para completar los 20 segundos de recuperación y volver a ejecutar un nuevo salto máximo seguido de una nueva carrera de 25 metros. Así, hasta completar seis recorridos (seis saltos y seis sprints de 25 metros).

Protocolo y parámetros que evalúa el Test TRENM. Evaluación de los aspectos neuromusculares en el régimen de resistencia

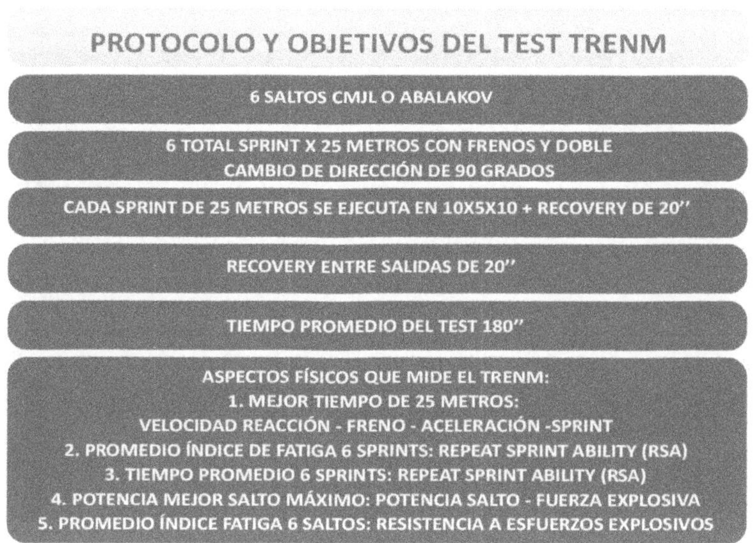

Las fases del Test TRENM

1. Fase 1: Salto máximo tipo Abalakov o CMJL en plataforma de salto con alfombra conectada a una notebook o aparato de medición. Luego de ejecutar el salto, el futbolista sale de la plataforma y tiene 3" para prepararse para la segunda fase.
2. Fase 2: *Sprint* máximo de 25 metros con doble cambio de dirección. Diez metros de *sprint* con freno y giro hacia la izquierda más cinco metros de *sprint* con freno y giro a derecha más diez metros lineales finales (carrera línea punteada). Medido por fotocélulas.
3. Fase 3: Cuando finaliza la carrera máxima, comienza la etapa de recuperación al trote suave o caminata rápida hasta punto de inicio. Aquí, el futbolista debe retornar al trote muy suave

hasta la plataforma de salto completando los 20 segundos de recuperación activa. Para volver a ejecutar un nuevo salto y *sprint* de 25 metros.

La ilustración grafica la organización y ejecución del test: la línea punteada fina demarca el trayecto de 25 metros a máxima velocidad con doble cambio de dirección. La línea más gruesa es el recorrido de recuperación de 20" hasta llegar a la plataforma de salto.

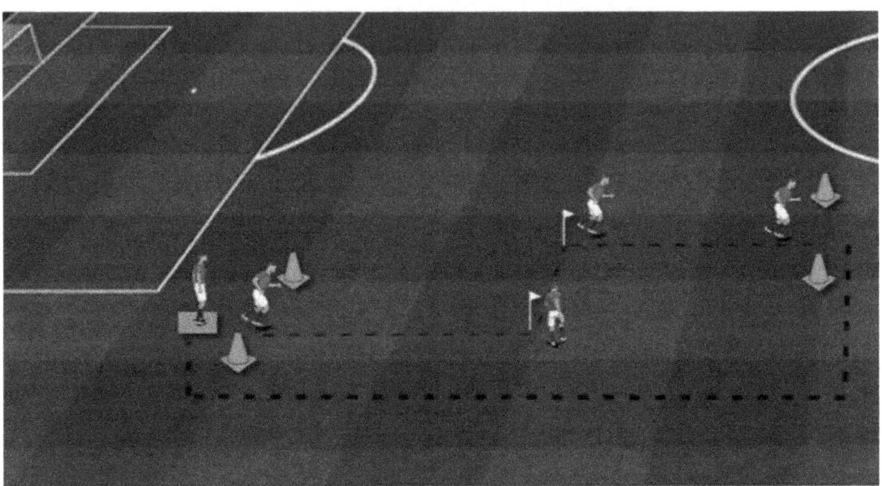

En la siguiente tabla mostramos un ejemplo individual, realizado con un atacante externo de gran rendimiento físico en partidos. Observemos el índice de fatiga y la diferencia casi mínima entre mejor tiempo y tiempo promedio. También es óptimo el índice de fatiga en saltos.

NRO. DE SECUENCIA	SALTOS/ CMJ JUMPS	SPRINTS 25 METROS
SECUENCIA 1	47.2 CM	5.45
SECUENCIA 2	50.2 CM	5.57
SECUENCIA 3	49.1 CM	5.63
SECUENCIA 4	47.8 CM	5.77
SECUENCIA 5	47.1 CM	5.89
SECUENCIA 6	45.1 CM	5.78
PROMEDIOS	47.85 CM	5.68

Los datos nos hablan de un futbolista altamente capacitado para ejecutar esfuerzos neuromusculares a máxima intensidad en régimen de resistencia con cortos períodos de recuperación.

Mejor tiempo: El mejor tiempo del test TRENM arroja un parámetro de velocidad corta con dos componentes vitales dentro del fútbol, como lo son los frenos y cambios de direcciones en tramos cortos. Consideramos al recorrido de 10x5x10 (total 25 metros) una distancia y composición de carrera ideal para medir la capacidad específica de las velocidades físicas del fútbol: reacción, sprint y combinación de movimientos.

Tiempo promedio: Este parámetro nos ofrece la posibilidad de observar la habilidad de un futbolista de sostener las velocidades mencionadas en un tiempo relativamente prolongado, con la consiguiente acumulación de sprints, frenos y arranques como sucede en un partido. En el total del test, el futbolista ejecutará seis sprints de 10x5x10 metros combinados con seis saltos y una pausa de 20” entre cada secuencia. Aquellos futbolistas que alcancen un tiempo promedio homogéneo y cercano a los dos mejores tiempos, será un indicador de buena capacidad de realizar esfuerzos de máxima intensidad en espacios cortos con poca recuperación entre esfuerzos (RSA), capacidad muy necesaria en un deporte como el fútbol.

Índice fatiga en seis sprints: Este índice surge de la diferencia entre el tiempo más lento y el más rápido de todas las secuencias de 10x5x10 metros. En la tabla que presentamos como ejemplo, al tiempo más lento que surge del peor sprint (5"89) se le resta el tiempo más rápido, que en este caso corresponde al primer sprint (5"45). Para este futbolista, el tiempo de fatiga es de 0,44 segundos. Hablamos en este caso de un muy buen tiempo de fatiga.

Un índice de fatiga elevado indicaría una capacidad deficiente de recuperación después de carreras cortas o esfuerzos de máxima intensidad breves, lo cual sería una limitante, por ejemplo, para puestos de mediocampistas externos, quienes realizan actividades de este tipo de manera constante.

Mejor salto (fuerza explosiva): Esta variable nos brinda mucha información sobre la explosividad y potencia del deportista e indirectamente podemos obtener una orientación de su porcentaje de fibras rápidas. El salto Abalakov o Counter Movement Jump a manos libres (CMJL) es el salto más específico que podemos evaluar y el que mayor relación guarda con las acciones de salto en el fútbol. Este tipo de salto no sólo mide índices de fuerza explosiva, sino que también posee un alto índice coordinativo general (piernas y brazos).

Como notamos en el ejemplo de la tabla, los dos mejores valores de saltos los encontramos en el segundo salto y el tercer salto. Mostrando este futbolista índices importantes, a niveles de fútbol internacional, en lo que respecta a fuerza explosiva, potencia y coordinación.

Como dato extra, es muy interesante cotejar el mejor salto Abalakov del Test TRENM, con un salto CMJ con manos fijas en cintura, ya que la diferencia entre el primero (CMJL) y el segundo (CMJ) nos brinda el índice coordinativo del deportista.

Promedio de los seis saltos: A lo largo de una competencia de 95' de duración, un futbolista ejecuta (dependiendo del rol táctico en campo) una gran cantidad de saltos y acciones similares explosivas, como arranques y frenos, todas ellas con una gran intervención de los aspectos neuromusculares.

La capacidad de mantener valores elevados en cada uno de los seis saltos del Test TRENM (con la paralela acumulación de carreras de 25 metros con frenos y cambios de dirección) nos indica un parámetro interesante sobre si ese futbolista podrá sostener acciones explosivas y de alta intensidad acumuladas en la duración total de un partido.

Debajo, un resumen del rendimiento y valores del TEST TRENM del futbolista mencionado perteneciente a la División Reserva. El test fue realizado cuando ese futbolista tenía una edad de 18 años. Como dato relevante informamos que luego de un proceso de un año y medio ese jugador alcanzó el equipo de Primera División.

Los datos que arroja el TEST TRENM

Evaluaciones de los parámetros condicionales y nivel de especificidad por fase madurativa: En el cuadro siguiente detallamos una serie de evaluaciones físicas que miden distintos tipos de cualidades. Realizaremos algunas consideraciones sobre las mismas relacionando una correcta utilización en las diferentes fases madurativas.

Con respecto al Test TRENM, consideramos adecuado comenzar a implementarlo a partir de la fase madurativa V (período juvenil II – 15-16 años), cuando los aspectos neuromusculares están en camino de ser consolidados.

Los tests Sassi-Campana, RAST y Sprint de Bangsbo miden parámetros similares al test TRENM (valoración de repetir sprints con tiempos cortos de recuperación), pero con una diferencia: no cuentan con los saltos máximos y los cambios de dirección (sí los tiene el Test de Bangsbo aunque implementado de otra forma).

Los tests Yo-Yo ofrecen datos interesantes según la tipología y nivel que evaluemos. El Yo-Yo, de recuperación intermitente, surge como una prueba para evaluar la capacidad de recuperación de un sujeto sometido a un ejercicio progresivamente maximal e intermitente (Bangsbo, 1996). Nosotros lo comenzamos a usar a partir del período juvenil. En las fases madurativas IV y V (13-16 años), utilizamos el Yo-Yo de recuperación intermitente nivel I y a partir de la fase madurativa VI (17 años en adelante hasta el fútbol profesional) recomendamos el test Yo-Yo nivel 2.

En cambio, cuando buscamos un parámetro sobre el VO2 máximo de los futbolistas en el inicio de la etapa preparatoria, también podemos evaluar el Yo-Yo Endurance Test, el cual brinda una relación indirecta a través de una tabla sobre la capacidad de VO2. Este test es posible implementarlo desde la última etapa del fútbol infantil (fase madurativa III). Y como medición de las índices aeróbicos es recomendable programarlo dentro de las fases juveniles y profesional.

El test de 1.000 metros también ofrece una valencia de VO2 y/o potencia aeróbica y no lo descartamos, incluso si se elige programar tareas intervaladas. Pero por su nivel de exigencia y esfuerzo, lo recomendamos recién a partir de la fase madurativa V (15 años en adelante).

La evaluación de la fuerza explosiva por medio de los saltos (Squat Jump, CMJ y CMJL) es recomendable por la importancia de esta cualidad en un deporte como el fútbol. Además, es posible de realizar desde edades tempranas (fase infantil III - 11-12 años) sin ningún perjuicio. La fuerza explosiva es una cualidad determinante en el futbol, utilizada en saltos, frenos, sprints, cambios de ritmo y dirección.

Está determinada por varios factores que son evaluadas en los testeos de saltos: porcentaje de fibras rápidas, frecuencia del impulso nervioso, sincronización intramuscular, coordinación intermuscular, capacidad de fuerza máxima y de aceleración, velocidad de acortamiento muscular, capacidad de reclutamiento, utilización de fuerza elástica.

La implementación de la batería de tres saltos desde la última etapa infantil aportará datos sobre los niveles de fuerza explosiva y todos sus factores mencionados, y por relación nos brindará una orientación de la cualidad física de velocidad de ese pequeño futbolista en formación.

Las mediciones de saltos combinadas con la evaluación de velocidad en el test de 10x5x10 metros (fase inicial del Test TRENM en una sola repetición) y el estudio de maduración biológica de Mirwald irán aportando datos importantes, que habrá que saber interpretar para ir descifrando y analizando las posibilidades futuras de ese futbolista conjuntamente con el desarrollo de sus capacidades técnico-tácticas.

El test de velocidad de 10x10 metros con fotocélula nos permite testear de forma rápida la velocidad de reacción y la velocidad de frenado y reinicio de la velocidad, aspecto trascendental en este deporte de constantes frenos y arranques. Pero, como ya mencionamos, consideramos que el formato del Test TRENM posee mayor especificidad. Además, el futbolista desde el punto de vista metodológico irá experimentando con una evaluación que seguirá utilizando en fases madurativas futuras.

Por último, llegamos a las evaluaciones de los parámetros de fuerza-potencia del tren inferior y tren superior. Estos test deberían ser evaluados desde la fase madurativa V (a partir de los 15 años).

Si bien el fútbol no es un deporte que dependa de niveles de fuerza máxima altos, en etapas de desarrollo final es interesante contar con parámetros de esta cualidad para detectar si hay falencias importantes y trabajar en función de esa carencia con porcentajes adecuados.

A través del método de tres y seis repeticiones máximas, se lleva un control de los principales grupos musculares. Los ejercicios evaluados son: press de pecho para el tren superior y el ejercicio de sentadillas para el tren inferior.

También evaluamos los índices de fuerza-potencia por medio de los ejercicios dinámicos: en este caso tomamos como ejercicio base de evaluación el ejercicio de arranque de potencia.

En el cuadro presentamos todas las evaluaciones detalladas con el grado de especificidad según la fase madurativa.

TESTS PERÍODOS	CUALIDAD FÍSICA	INFANTIL FASE III	JUVENIL FASE I - II - III	PROFESIONAL
TEST T.R.E.N.M.	VELOCIDAD / FZA. EXP./ RSA	------	XXX	XXX
YOYO TEST ENDURANCE	POTENCIA AERÓBICA / V02	X	X	X
YOYO TEST RECOVERY I	RESISTENCIA ESPECIAL	------	X	------
YOYO TEST RECOVERY II	RESISTENCIA ESPECIAL	------	XXX	XX
TEST 1000 METROS	POTENCIA AERÓBICA / V02	------	X	------
TEST SASSI-CAMPANA 6X (20X20)+20"R	VELOCIDAD / RSA	------	X	------
TEST RAST 6 X 35 X 10" R	VELOCIDAD / RSA	------	X	------
TEST SPRINT BAGSBO 7 X 34,2 + 25"R	VELOCIDAD / RSA	------	X	------
TEST VELOCIDAD 10 X 10	VELOCIDAD / FRENO	X	XX	X
TEST VELOCIDAD 10 X 5 X 10	VELOCIDAD REACCIÓN SPRINT Y COMB.	XXX	XXX	XXX
TEST SALTOS BOSCO	FZA. EXPLOSIVA / COORD.	X	XXX	XXX
TEST FUERZA POTENCIA	FZA. POTENCIA / MÁX.	------	XX	X

Valores test de saltos para porteros juveniles y profesionales: Debajo presentamos una tabla con datos reales recogidos en varios años de trabajo de los tres tipos de saltos evaluados: Squat Jump (SJ), Counter Movement Jump (CMJ) y Counter Movement Jump con manos libres (CMJL).

Los datos pertenecen a arqueros del fútbol juvenil, que luego alcanzaron el fútbol profesional, dos de ellos con nivel de selección nacional y tres de los seis futbolistas evaluados con fichajes posteriores en el fútbol europeo.

Observemos que los rendimientos en los tres tipos de saltos de los seis arqueros juveniles testeados son óptimos en todos los casos, lo cual habla que para ciertos puestos hay determinados parámetros, mediciones y condiciones físicas que el fútbol profesional exige casi como condicionantes.

PORTEROS Y FASES	ALTURA	SQUAT JUMP	CMJ	CMJL	ÍNDICE COORD.
PORTERO 1 - FASE VII	1.84	50	54	61	+7
PORTERO 2 - FASE VI	1.88	45	48	51	+3
PORTERO 3 - FASE VI	1.83	40	42	50	+8
PORTERO 4 - FASE V	1.86	46	48	51	+3
PORTERO 5 - FASE V	1.92	39	41	47	+6
PORTERO 6 - FASE V	1.89	44	48	52	+4

FACTOR MENTAL EN EL FÚTBOL: NEUROCIENCIAS, COACHING DEPORTIVO Y PSICOLOGÍA DEPORTIVA

Por el profesor Juan Cruz Anselmi

Por último, abordamos el área que se relaciona con los aspectos mentales del jugador. En los últimos años han aparecido diferentes vertientes con respecto al entrenamiento de los aspectos mentales en el deporte. Ya en la década del 90, la psicología incursionó en el fútbol; en la actualidad, están muy de moda el coaching deportivo y las neurociencias. Muchas veces se las confunden, ya que las tres disciplinas están relacionadas con aspectos mentales. Es importante saber diferenciarlas y marcar los beneficios de cada una de ellas.

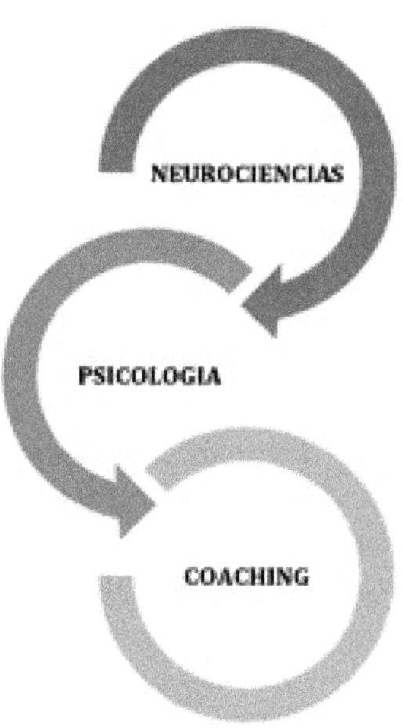

Objetivos de las actividades de perfil neuro-cognitivo y aplicación práctica

Con respecto a las neurociencias, en su libro "Usar el cerebro", el doctor Manes, especialista en la materia, nos introduce en la misma con la siguiente explicación: "Las neurociencias estudian la organización y el funcionamiento del sistema nervioso y cómo los diferentes elementos del cerebro interactúan y dan origen a la conducta de los seres humanos. Es así que las neurociencias estudian los fundamentos de nuestra individualidad: las emociones, la conciencia, la toma de decisiones y nuestras acciones socio-psicológicas. Como todo lo hacemos con el cerebro, es lógico que el impacto de las neurociencias se proyecte en múltiples áreas de relevancia social y en dominios tan disímiles. Por ejemplo, la neuro-educación tiene como objetivo el desarrollo de nuevos métodos de enseñanza y aprendizaje, al combinar la pedagogía y los hallazgos de la neurobiología y las ciencias cognitivas. Se trata así de la suma de esfuerzos entre científicos y educadores, haciendo hincapié en las modificaciones que se producen en el cerebro a edad temprana para el desarrollo de las capacidades de aprendizaje y conducta, que luego nos caracterizan como adultos".

Llevado esto al campo deportivo y más específicamente al fútbol, nuestra idea es que las neurociencias deben tener una aplicación práctica en el campo del entrenamiento como lo presentamos en el sexto

capítulo, en el que analizamos “La preparación mental para el entrenamiento” (qué - para qué -cómo y las respuestas hormonales y neurotransmisores) y también en los capítulos de programaciones prácticas de cada fase madurativa.

En definitiva, afirmamos que no deberían quedarse en la teoría, ya que estamos en una actividad donde la práctica y el rendimiento son materias esenciales y determinantes. Ahora bien, luego de esta introducción teórica: ¿Cómo aplicamos actividades de índole neurocognitivo dentro de la planificación semanal o sesión de entrenamiento del fútbol? Es decir, cómo llevarlo a la práctica del entrenamiento.

En primera instancia, debemos marcar los objetivos que buscamos en la implementación de actividades de neurociencias aplicadas al fútbol, en ese sentido en el cuadro debajo detallamos un grupo de capacidades prioritarias a optimizar, que son muy útiles en la práctica de este deporte:

TOMA ÓPTIMA DECISIONES	VISIÓN PERIFÉRICA	CONTROL STRESS Y PRESIÓN
FOCALIZACIÓN AUDIO - VISUAL	EQUILIBRIO FUNCIONAL	MEMORIA VISUAL
ATENCIÓN	CONTROL NEUROMUSCULAR	ANTICIPACIÓN MENTAL
VISIÓN SACAIDA	CONCENTRACIÓN	REACCIÓN MULTIESTÍMULO

Al repasar cada una de las capacidades del cuadro, concluiremos que todas aparecen y son exigidas dentro de un entrenamiento o competencia. El futbolista de alto rendimiento trae consigo de forma natural e incorporada todas estas cualidades y capacidades mentales, que de todas maneras también se pueden desarrollar y optimizar tanto con el entrenamiento tradicional como también con la aplicación de actividades neuro-cognitivas.

En el entrenamiento del fútbol conviven el desarrollo de las diferentes cualidades físicas (fuerza, resistencia, velocidad, flexibilidad y todos sus sub-tipos), el aprendizaje de los fundamentos técnicos, los diferentes conceptos y nociones tácticas y también los aspectos mentales.

Como ya hemos desarrollado todas las capacidades y contenidos que hacen a la planificación del entrenamiento del fútbol, deberían desarrollarse tanto de manera aislada como combinada o integrada. Por ejemplo; la velocidad debe ser entrenada tanto con métodos en circuito (velocidad física) como con ejercitaciones situacionales, dentro de un contexto situacional técnico-táctico (velocidad mental).

En este último caso de entrenamiento complejo, donde interactúan diferentes aspectos, como puede ser juegos 2 vs. 2 o 3 vs. 3 con alto contenido técnico-táctico y físico, aparecen naturalmente elementos relacionados a las aspectos neurocognitivos como son: la toma óptima de decisiones, la focalización audio visual, la atención, las visiones sacádica y periférica, la memoria visual, la anticipación mental de la que hablaba el profesor D'Ottavio y la reacción ante diferentes estímulos, entre otros procesos relacionados con lo mental.

Dentro del microciclo dinámico sostenido de entrenamiento, todos los aspectos o gran parte de ellos, que tienen relación con el área mental, están dentro de la planificación del cuerpo técnico como hemos visto en las programaciones de cada fase madurativa juvenil y profesional.

Consideramos que como entrenamiento extra es importante introducir dentro de la misma sesión de entrenamiento uno o dos estímulos semanales de ejercitaciones individuales, que optimicen todos los aspectos detallados como objetivos: control de las emociones, focalización, atención deportiva, desarrollo de la visión periférica, mejoramiento de la toma de decisiones.

Esta dinámica puede realizarse dentro del mismo campo de entrenamiento a través del formato organizativo de estaciones de trabajo en la sesión "técnica-cognitiva" o bien como tareas personalizadas pre y post-entrenamiento.

La razón por la cual deben realizarse tanto antes como después de la sesión de entrenamiento para "entrenar" los aspectos mentales tanto sin fatiga y en estado de fatiga, responde a que el futbolista, a medida que transcurre el partido va experimentando diferentes niveles de cansancio físico y mental. Por ello, es interesante estimularlos también bajo un régimen de cansancio.

Con respecto a esto último creemos importante programar actividades de perfil técnico-cognitivas, que contengan alto nivel de especificidad, que guarden relación directa con el fútbol.

Coaching deportivo

El coaching deportivo, presente desde hace pocos años, también tiene sus aspectos positivos dentro de lo que es la dinámica grupal de un equipo, en lo que representa el armado de un grupo, el sentido de pertenencia, la propuesta de objetivos, etc.

Consideramos que sería interesante que los entrenadores y preparadores físicos realicen cursos y especializaciones en coaching deportivo para complementar sus conocimientos específicos de campo y así ampliar la visión en lo que refiere a la conducción de grupos.

El coaching deportivo es un proceso de entrenamiento mental que tiene como objetivo prioritario el desarrollo máximo de las capacidades del deportista para alcanzar éxitos. En el libro "El talento nunca es suficiente" hay una frase maravillosa que dice: "La vida es una como una bicicleta de diez velocidades, la mayoría de nosotros tenemos cambios que nunca utilizamos".

Se focaliza en la motivación, la formulación de objetivos y el compromiso grupal e individual con esos objetivos. En el caso del fútbol, este proceso, que es paralelo al programa práctico de entrenamiento, puede llevarse a cabo por un integrante del cuerpo técnico preparado para la materia o por una persona especializada externa al cuerpo técnico de campo.

Consideramos que la primera opción es la más adecuada, ya que al estar a cargo de un profesional, que también forma parte del proceso de entrenamiento interno semanal, se tiene un seguimiento muy preciso de las conductas, comportamientos y respuestas de los futbolistas en diferentes situaciones (entrenamiento, citaciones o no convocatorias, concentraciones).

En muchos casos, estas actividades se implementan desde hace años de manera natural por parte del cuerpo técnico (entrenador o preparador físico), sin ser estructuradas o programadas dentro del programa integral.

Las sesiones de coaching fuera del lugar de trabajo diario entre el entrenador y los entrenados son el medio ideal para alcanzar un nivel de relación y confidencialidad que son muy necesarias más allá del campo de entrenamiento. Esas "sesiones grupales" produce una relación distinta a la que se puede ver en el campo de entrenamiento donde no hay tiempo para este tipo de actividades.

La formulación de objetivos o metas que involucren el todo (el equipo) forman parte fundamental de esta dinámica que propone el coaching deportivo. El sentido de pertenencia es tan importante para alcanzar objetivos dentro de los deportes colectivos, que es clave desarrollar esta actividad interdisciplinaria.

Psicología deportiva y psicología social

Tomando en cuenta todas las problemáticas sociales y familiares conocidas en la sociedad actual, consideramos fundamental la presencia de la psicología para acompañar todo el proceso formativo del futbolista.

La presencia de un psicólogo en el área del futbol infantil y juvenil es de suma importancia. No sólo para atender problemáticas sociales, familiares de los pequeños y los adolescentes, sino también para acompañar situaciones complejas que pueden ocasionarse en el núcleo familiar tan habituales en estos tiempos.

Creemos que es allí donde la presencia de un psicólogo para el área infantil (6-12 años) y otros para el sector juvenil (13-20 años) es de suma validez.

Problemas sociales como la droga, el sexo, viviendas muy precarias, situaciones familiares violentas deberían ser prioridad de especialistas en psicología infanto-juvenil. Por todo esto sostenemos la idea de contar con psicólogos dentro del Departamento de Entrenamiento Físico-Motor, Neurocognitivo y de Medicina de Alto Rendimiento Deportivo.

En el área infantil, la función del licenciado en psicología deberá ser multidisciplinaria, ya que debe estar muy atento a la lectura de la realidad de la familia de cada pequeño futbolista. En ese sector, con tantas carencias, el psicólogo es un poco también un asistente social. La mayoría de los casos son familias con carencia económica y educacional, que vuelcan muchas expectativas y presiones desmedidas en esos niños.

En el fútbol juvenil, la importancia de un psicólogo también es esencial porque las situaciones familiares negativas siguen siendo las mismas y en esta etapa se suma la problemática de la adolescencia y todos sus cambios a nivel de la personalidad.

En la actualidad, la sociedad juvenil tiene problemas múltiples, como lo son la drogadicción, la sexualidad, la alimentación, y todo ello no escapa al joven que juega al fútbol. Un profesional que ayude a abordar todos esos temas es realmente muy importante.

CAPÍTULO 13
METODOLOGÍA PARA LA DETECCIÓN DE FUTBOLISTAS EN LAS ÁREAS INFANTIL Y JUVENIL

El departamento de captación de los clubes se ha vuelto un lugar de suma importancia, ya que desde allí se acercan los futbolistas infantiles y juveniles a las estructuras del fútbol formativo de las instituciones.

Todo el proceso de entrenamiento, muy desarrollado en el primer libro y también abordado en el presente, tiene un primer y fundamental eslabón, que es la detección y fichaje de pequeños talentos para luego sí acompañar su desarrollo a través del entrenamiento en los clubes.

Hace años, los buenos futbolistas arribaban a las instituciones a probarse prácticamente solos, o con sus padres. Hoy esa realidad ha cambiado, ya que son los mismos clubes de fútbol quienes salen a la búsqueda de los futbolistas de talento cada vez desde edades más tempranas. Esto se debe a que la competencia en el área de detección de talentos futbolísticos es cada vez mayor, no sólo dentro de nuestro país sino que, desde hace un tiempo, vienen a buscar a los pequeños futbolistas desde el fútbol europeo.

Primero, emigraban con unos pocos partidos en Primera; luego, volaban a Europa con edades de fútbol juvenil (16-18 años); hoy existen casos de niños de fútbol infantil (12-13 años) que son tentados por las grandes potencias de Europa.

Una anécdota que refleja esta situación: en 2009, en un viaje de estudio que realizamos por diferentes clubes del fútbol de Alemania e Italia, al entrevistarnos con los profesionales encargados del departamento de scouting internacional del Inter de Milan, descubrimos que conocían casi a la perfección a los futbolistas juveniles más destacados del Club

Atlético Independiente, club en el cual trabajábamos en ese momento. Con esta pequeña historia queremos magnificar lo que sucede con muchos futbolistas en formación, que rápidamente emigran al fútbol del Viejo Continente.

En lo que concierne a la realidad de la captación interna local, la balanza se inclina en la mayoría de los casos hacia los clubes grandes, que por mayor poderío económico e infraestructura (predios de entrenamiento, pensiones donde los chicos viven y estudian), muchas veces terminan consiguiendo el fichaje de un futbolista de gran proyección.

Con referencia al tema de las pensiones de los clubes, lugares cada vez más importantes y profesionalizados, donde los jóvenes futbolistas captados en el interior del país viven lejos de sus familias, presentaremos en el capítulo final el tema desarrollado por un experto en la materia para tomar dimensión de su funcionamiento e importancia.

Toda esta competencia temprana que se produce fuera de las canchas hizo que los clubes deban instrumentar los departamentos de captación o scouting, oficinas en las que se programan viajes anuales por todo el país para observar jóvenes futbolistas de diversas provincias.

En lo que concierne a zonas del Gran Buenos Aires y la Capital Federal, el sistema preponderante de detección de los clubes es tener asociaciones o relaciones con los clubes de baby fútbol (clubes de barrio), donde los niños juegan desde los cinco hasta los 13 años de forma paralela a su formación en los clubes de AFA.

Desde esas pequeñas instituciones barriales, que participan en distintas ligas, se captan por año cientos de futbolistas que fichan para los clubes de la Asociación del Fútbol Argentino con edades infantiles de fases madurativas I y II (6-10 años). Cada vez la detección es más prematura.

Una vez descripto desde donde surgen y se detectan las promesas futuras, ahora explicaremos cuál es la metodología de captación para las diferentes fases infantiles y cuál es el método usado para las fases madurativas juveniles.

Todo confluye en lo que hemos dispuesto a llamar “Método de Captación Técnico-Científico”, en el cual la experiencia de quienes captan (aspecto determinante), conjuntamente con la utilización de la tecnología, estudios de maduración biológica, proyección de talla y testeos físicos para detectar la velocidad del futbolista, realizan un aporte integral, más allá de la exhaustiva y trascendente observación técnica.

LA DETECCIÓN EN EL FÚTBOL INFANTIL (6-12 AÑOS)

Fase madurativa I (6 a 8 años)

En estas edades no hay forma de captación, consideramos que en esas fases madurativas, los niños deben jugar, divertirse, disfrutar del deporte, sin presiones, con alegría y con creatividad, no debemos quitarle con correcciones rígidas lo que traen desde la cuna como talento natural. Recién a los ocho años empezamos a ver ciertas cualidades que pueden ser importantes para la detección futura. La primera observación es "el miedo al balón o al roce". La segunda, es la relación de cada futbolista con la pelota (buena, regular, mala). La tercera está ligada a aspectos coordinativos, aunque no influencian demasiado.

En el segundo punto es en el que nos detendremos:

1. Si la relación con el balón es buena, adelante, todo funcionará en ese aspecto.
2. Si la relación es regular, podemos trabajar y mejorar.
3. Si la relación es decididamente mala, no habrá muchas chances de fichaje.

Enrique Borrelli en observación de futbolistas en dimensiones de juego reducidas, fase madurativa III.

Fase madurativa II (8 a 10 años)

Estamos en edades de detección de ciertos puntos que debemos tener muy en cuenta. A saber: la técnica. Podemos, con cierto criterio de futuro, observar la relación que tiene el niño con el balón. A esto le sumaremos la valentía para jugar. Si conseguimos encontrar ambos tips en el pequeño futbolista, entonces tendrá posibilidades ciertas de fichar para el club y así comenzar su desarrollo.

Uno de los gestos que nos pueden brindar un concepto claro sobre si el niño tiene miedo al contacto es el golpe de cabeza, donde utilizamos una técnica sencilla, pero muy demostrativa.

Ejercicio: colocamos a diez futbolistas; cada uno de ellos con un balón en la mano, obligamos al lanzamiento propio, y les decimos que vayan en busca del balón con ojos bien abiertos y boca cerrada. Todos los balones deben ser con pesos y medidas adecuadas a los niños.

Tengo a mis entrenadores con una planilla y cada uno de nosotros tenemos la capacidad de observación de dos futbolistas por vez. Podemos repetir el ejercicio diez veces y de ahí tomar nota de lo que pasa en cada acción.

¿Qué puede pasar?

1. Lanzamiento correcto, búsqueda correcta y golpe correcto. Con la frente y sin temor.
2. Lanzamiento incorrecto, búsqueda correcta y arriesgada y golpe correcto.
3. Lanzamiento correcto, búsqueda incorrecta y temor en el golpe, no con la frente, sino con cualquier otra parte de la cabeza, encogiendo hombros. Signo inequívoco de temor.
4. Lanzamiento incorrecto, búsqueda incorrecta, golpe incorrecto, pero sin temor.

Luego de entrecruzar planillas, tendremos una clara definición de cada futbolista y sacaremos las conclusiones para luego poder entrenar y mejorar el gesto. Lo más complicado es quitar el temor. El gesto se corrige, existen cantidad de metodologías. Eliminar el temor es más complejo y debemos empezar un trabajo personalizado, pero nos llevará mucho tiempo y no es aconsejable para la captación de alto rendimiento.

Fase madurativa III (10-12 años)

A medida que el niño crece, o la población a observar está dentro de la fase madurativa III, le vamos agregando conceptos sumamente importantes que nos darán la definición absoluta de un futbolista para convertirse en posible profesional.

1. La técnica: siempre se evalúa.
2. Biotipo: como el desarrollo en fase III es bastante importante, pero no determinante, empezamos a buscar los perfiles de estructura para cada puesto y, en ciertos casos, nos apoyamos

en el estudio de maduración biológica ya descripto en el libro. ¿Qué es el biotipo? La posible estructura que puede alcanzar el niño en el futuro, nada tiene que ver con su estado físico, sus movimientos, su dinámica, su coordinación.
Observamos: estatura, ancho de hombros, piernas largas o cortas, masa muscular natural, peso en relación con la altura. Todo esto ayudado y sostenido con especialistas del área como presentamos en el capítulo anterior.
3. Carácter.
4. Inteligencia.

Con estos criterios terminamos de consolidar la idea holandesa. Igualmente tendremos un apartado importante para los puntos tres y cuatro, que para nosotros son indispensables en el fútbol moderno.

El punto tres (carácter) es uno de los aspectos más importantes, siempre lo ha sido, pero hoy lo buscamos con mucha determinación. Debemos tener una idea concreta de lo que significa carácter en el fútbol. Llamamos carácter para jugar fútbol a la determinación que un jugador tenga en cada acción de juego, siempre en forma positiva, aún en el error, la tolerancia al mismo es definitoria. También significa pedir el balón, hacerse cargo del equipo cuando las cosas no salen como uno quiere, errar, equivocarse y volver a pedirla, no tener temor.

A lo largo de nuestra experiencia, jamás hemos visto un jugador igual a otro y estamos en una estadística que supera los diez mil futbolistas. Todos ellos evaluados y entrenados por nosotros en forma personal.

¿Podemos observar un futbolista infantil en una simple prueba de 40 minutos?

La respuesta es sí. Pero el margen de error es muy grande. Debemos tener mucha experiencia y un gran poder de observación para no equivocarnos, pero, en general, ante un resultado de prueba positiva, tomamos la decisión de ficharlo en el club.

Luego de ello, entrenando un año, es imposible no conocer sus cualidades generales y específicas y entonces en ese momento de evaluación anual el margen de error es cero. Lo mismo sucede con la inteligencia. Podemos observar destellos, pero necesitaremos mucho tiempo de entrenamiento para tomar una decisión inequívoca.

Además, el carácter y la inteligencia hemos comprobado que se entrenan y se mejoran (factor mental desarrollado en el presente libro) con nuevas técnicas.

Ejemplo: Obligamos a todos nuestros futbolistas, hasta hacerse profesionales, a estudiar, no sólo el colegio primario, secundario sino que se inicien en una carrera terciaria, que estudien idiomas, algún oficio. No tenemos dudas de que el leer, estudiar, tener su cerebro en movimiento aumenta la capacidad dentro del campo de juego y fuera de él.

En épocas pasadas, veinte años atrás e incluso más, la mayoría de los jugadores que se los veía con buenas perspectivas de ser profesionales, no se los obligaba a estudiar y se pensaba que debían dedicar todo el tiempo a prepararse para jugar. Hemos comprobado que se trataba de un gran error, no sólo para ese momento particular del futbolista en actividad, sino para el después del fútbol.

Hoy con la aparición de las neurociencias, y el estudio de cómo funciona el cerebro en las distintas fases madurativas, no tenemos dudas que prepararse, estudiar, tener la mente abierta a otros temas es indispensable y potencia al deportista.

Sistemas de pruebas de futbolistas

En general, le damos prioridad al fútbol formal 11 vs. 11, con todo lo que marca el reglamento. Todo bien realizado: saques de arco, laterales; etc.

En edades menores, fases II y III, si la actividad de prueba puede realizarse en espacios reducidos y luego transferirlo a una cancha profesional, es casi el ideal de evaluación. Es necesario en la observación que el niño esté en contacto con el balón la mayor cantidad de veces posible. Y la transferencia es para que se ubique en el espacio mayor y volver a observar sus capacidades de acomodamiento en espacios más reales de juego.

Si no existe la posibilidad, lo hacemos directamente en cancha grande, que es el hábitat donde el niño debe jugar por lo menos en nuestro país, decisión de AFA que no comparto en absoluto, pero que de alguna manera es la realidad que nos toca vivir. Consideramos que recién a los 12-13 años deben pasar a competir en las canchas profesionales, con pelotas reglamentarias para los mayores.

Uso de planillas: Es importante contar con una planilla predeterminada donde anotar secuencias importantes, fundamentos técnicos, signos de carácter, inteligencia y una planilla de errores que luego se analizan si son corregibles o no. Es imposible no equivocarse en una prueba oficial que dura cuarenta minutos. Sin dudas, por más atentos que estemos y experiencia que tengamos, los cuarenta minutos a veces suelen ser injustos, tanto para el entrenador como para el futbolista. Si logramos volver a citar al futbolista ante la duda, lo hacemos con seguridad, de lo contrario, ante una gran duda tomamos riesgo y lo fichamos. Nunca hay que quedarse con la incertidumbre de saber el futuro futbolístico de un niño.

El ideal es no ver tantos futbolistas, es posible estar concentrados en bloques de cuarenta minutos, tres partidos a la mañana y tres a cuatro partidos por la tarde, no más por el aspecto de atención mental fina. Por lo tanto, la cuenta daría alrededor de 120 a 130 futbolistas evaluados por día. Si superamos esa cifra, el efecto de la fatiga mental corre un papel negativo importante de quienes observan.

Si los organizadores no pueden acceder a nuestro pedido, lo hacemos igual y tratamos de tener siempre un asistente que ayude. Si un profesional está solo, corre el riesgo sobre la justicia de elección y aparecen serios peligros involuntarios a cargo del entrenador. Nunca un entrenador puede errar en biotipo y técnica; es de fácil observación y resolución. Pero en carácter e inteligencia es sumamente riesgoso.

A partir de todo lo expuesto anteriormente, debemos reconocer que no todos los entrenadores-formadores son buenos captadores. Podemos diferenciarlos de manera muy concreta.

El entrenador-captador de probada capacidad y talento tiene algo especial difícil de explicar con palabras, está en su ADN, puede ver un niño de 10-11 años jugando fútbol y pensar en su desarrollo y en su futuro casi de inmediato. La visión es más macro que micro (a largo plazo).

Luego de esta reflexión aparece lo que se discute siempre, el biotipo por sobre las condiciones generales. Ahí es donde debemos prestar gran atención. La "fórmula" es sencilla: siempre debemos inclinarnos por la inteligencia, por el talento, por la creatividad, por la toma de decisiones, por la fortaleza espiritual, por la capacidad de superar sus propios errores como si fueran de otro, por pensar siempre en lo que viene, por la próxima pelota y fundamentalmente por sus ganas de ganar no solo al rival, sino a sí mismo.

Nunca debemos decir que un niño a los diez años no tiene futuro como futbolista profesional, los cambios que genera su propio cuerpo, su intelecto y su desarrollo son asombrosos como hemos estudiado en el libro.

LA DETECCIÓN EN EL FÚTBOL JUVENIL (13-19 AÑOS)

En fase IV (13-14 años) no podemos equivocarnos. Tenemos los suficientes datos para confeccionar una planilla positiva de sus posibilidades e intenciones.

En las siguientes fases V y VI (15-19 años) debemos cumplir con su desarrollo profesional y con un entrenamiento mental muy fuerte. Quien sea más fuerte mentalmente, superará al resto. Los márgenes de error decaen enormemente. El día a día con ellos es fundamental, su compromiso y comportamiento que nos dará la posibilidad de corregir o solo acompañar.

Quienes realizan el proceso de captación y aquellos que trabajan en el proceso de desarrollo y entrenamiento de los futbolistas, no deben olvidar que el éxito final se lo deben siempre al entrenador de Primera División, sin él y su apoyo, todo trabajo macro no tiene sentido y se va diluyendo. La responsabilidad de los directores técnicos del primer equipo en la aparición de un futbolista juvenil de elite es fundamental. Con lo expresado, no debemos olvidar que el aspecto clave en el fútbol es el trabajo en equipo.

MÉTODO TÉCNICO-CIENTÍFICO DESARROLLADO DE CAPTACIÓN

Más allá del talento natural, que es la base de todo deportista y en consecuencia la principal característica a observar y analizar en el momento de la selección, el método de detección presentado contempla otras herramientas de análisis, con disciplinas que evalúan y predicen el rendimiento en algunos parámetros fundamentales que hacen a la conformación integral de un futbolista.

Muchas de las áreas desarrolladas en el capítulo anterior ("Departamento Físico-Motor, Neuro-Cognitivo y de Medicina Deportiva") podrán brindar información importante para ofrecerle al director, a los entrenadores de captación y al staff técnico en general, un panorama y marco de elección más completo, con datos a tener muy en cuenta.

En el gráfico presentamos los puntos que contempla el método de selección para luego desarrollarlos.

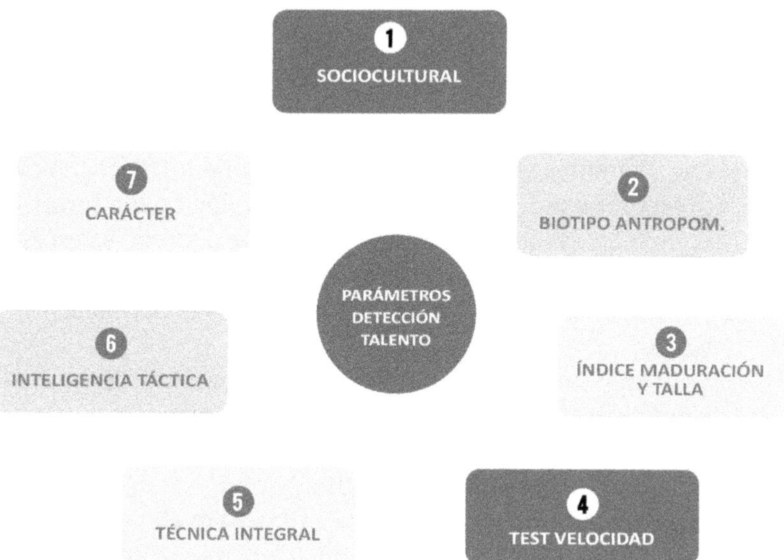

Parámetro socio-cultural

1. Se estudia el contexto social, cultural y educativo del joven.
2. Se toma en cuenta antecedentes genéticos y familiares.
3. Lugar de procedencia y contexto social cercano.
4. En nuestro país, según las regiones, se presentan diferentes características generales.
5. Contacto previo con el fútbol y el deporte en general.

Biotipo deportivo y antropometría

1. Estudios de medicina deportiva orientados al análisis y control del biotipo de los futbolistas seleccionados con nivel de proyección.
2. Estudios de seguimientos y control de talla, masa ósea, masa adiposa, masa corporal.
3. Todos los parámetros se analizan en relación a los requerimientos del fútbol moderno.
4. Se analizan las características de los futbolistas seleccionados en función de los datos de elite a nivel nacional e internacional.
5. Estudio físico minucioso de cada joven futbolista para su elección y posterior desarrollo y perfeccionamiento.

Estudio de predicción de talla e índice madurativo (Test de Mirwald)

1. Índice biológico madurativo.

2. Pico máximo de crecimiento.
3. Momento de maduración puberal aproximado para determinar nivel madurativo al momento de la elección. Ejemplo: un futbolista de 13 años, con escasa técnica, pero que marca mucha diferencia en el grupo por su rendimiento físico. En caso de presentar ese futbolista un estudio biológico madurativo casi completo, es muy probable que marque diferencias en ese momento, pero que en el futuro se quede relegado.
4. Predicción aproximada de talla adulta (clave para puestos puntuales).
5. Test muy importante para evaluar el período de incoordinación motriz y técnica de los jóvenes futbolistas.

Estudio de la velocidad del joven futbolista

1. Evaluaciones físicas computarizadas para determinar niveles de fuerza y velocidad adecuadas a los requerimientos del fútbol moderno.
2. Estudios de rendimiento por medio de tecnología GPS.
3. Este tipo de análisis de las cualidades físicas esenciales pueden realizarse desde edades tempranas sin inconvenientes.
4. Determina con alto grado de eficacia el nivel velocidad que el futuro futbolista puede tener en edad adulta.

Análisis técnico integral de la técnica del futbolista

1. Por medio de batería de ejercitaciones y juegos se evalúa el nivel técnico.
2. Técnica Analítica.
3. Técnica Funcional (en régimen situacional).
4. En todos los fundamentos del juego del fútbol: pase-control-remate-conducción- gambeta- cabezazo-quite.

Inteligencia táctica del joven futbolista

1. Táctica Individual.
2. Táctica Colectiva.

Carácter

1. Se realiza un análisis exhaustivo del futbolista en ámbitos de juego con diferentes tipos de presión interna y externa.
2. También se evalúan conductas y comportamientos mentales fuera del campo de juego con profesionales especializados.

CAPÍTULO 14
LA MEDICINA DEPORTIVA Y LA TECNOLOGÍA COMO APORTES FUNDAMENTALES DEL PROCESO DE ENTRENAMIENTO (DR. ROBERTO PEIDRÓ Y DR. SERGIO MAURO)

ASPECTOS GENERALES

La preparación de un futbolista implica el desarrollo adecuado de cualidades específicas, que incluyen aspectos técnicos, tácticos, fisiológicos, biomecánicos, médicos y psicológicos.

Alcanzar niveles profesionales en la práctica deportiva involucra tiempos de formación prolongados, donde el conocimiento de la estructura fisiológica en los diferentes períodos de la vida cumple un papel preponderante.

El fútbol es un juego. Sin embargo, la competencia extrema que ha alcanzado requiere de una preparación especial para lograr el mejor rendimiento sin alterar aspectos relacionados con la salud física y mental de la "persona-futbolista". Este concepto cobra la mayor importancia en la formación y preparación del deportista infanto-juvenil.

Los profesionales involucrados necesitan los conocimientos adecuados para comprender aspectos específicos del joven futbolista, que van más allá de las variables fisiológicas, técnicas y tácticas del deporte.

Por otra parte, el fútbol es un deporte de equipo y las relaciones personales entre los integrantes redundan en beneficios para el mejor rendimiento. Si bien se apunta a la mejoría individual, la preparación desde edades tempranas para comprender la importancia del trabajo en equipo, el sacrificio individual en pos del bien colectivo, la ayuda y

colaboración hacia el compañero, son cualidades que deben incluirse en el proceso educativo.

La medicina en el fútbol ha dejado de ser sólo el tratamiento de las lesiones producto del propio deporte. Involucra aspectos educativos, evaluaciones específicas de las cualidades predominantes en cada puesto, colaboración estrecha con el cuerpo técnico y de preparadores físicos, prevención de enfermedades y lesiones, promoción de la salud del deportista, rehabilitación psicofísica para la reinserción del futbolista lesionado. En definitiva, el departamento médico del deporte forma parte de un equipo multidisciplinario que interviene en la formación y preparación del futbolista desde la niñez hasta el profesionalismo. El fútbol no es una ciencia, sin embargo, la ciencia puede colaborar en mejorar la aptitud del deportista en forma individual y en su adaptación al conjunto.

La formación del futbolista recorre un amplio camino, que se extiende desde el período del juego y su disfrute como parte de una de las actividades lúdicas del niño, hasta su entrada al campo profesional, donde ese juego se convierte en una forma de trabajo y subsistencia.

A lo largo de ese camino existen situaciones especiales propias de cada edad en general y del individuo particular.

LA FISIOLOGÍA Y EL FÚTBOL

Durante un partido de fútbol promedio se realizan desplazamientos a muy alta velocidad cada 70 a 90 segundos (con duraciones de dos a cinco segundos), 15 a 20 choques con adversarios, 50 a 60 participaciones con la pelota, 30 pases de pelota a compañeros de equipo, todo esto sumado a contracciones musculares para sostener el balón frente a un rival y mantener el equilibrio. Se recorren entre 10 y 14 kilómetros con 1 a 11% de estas distancias realizadas a alta intensidad. Si bien el metabolismo anaeróbico tiene singular importancia en el desarrollo de un partido de fútbol, la tasa de remoción de lactato está favorecida por un mayor consumo de oxígeno (VO_2). Es decir, una mayor potencia aeróbica promueve mayor y más rápida recuperación de ejercicios de alta intensidad, con mayor remoción de lactato y aumento de la regeneración de fosfocreatina.

Por la dificultad para la medición directa del VO_2 durante la competencia, se han realizado mediciones indirectas a través de la frecuencia cardíaca. Para esto es necesario buscar la relación individual de cada jugador entre VO_2 y frecuencia cardíaca en pruebas de laboratorio o

en el campo. Sin embargo, el juego tiene variaciones que pueden elevar desproporcionadamente la frecuencia cardíaca sin modificaciones acordes del VO2. Por ejemplo, el estrés mental, la elevada temperatura, las contracciones musculares estáticas, las carreras muy cortas de alta intensidad. A pesar de estas eventuales condiciones, los promedios pueden ser considerados válidos a lo largo del partido de fútbol. Varios autores compararon los ejercicios intermitentes en campo y laboratorio y avalaron la estimación de los valores de VO2 obtenidos en forma indirecta.

De esta manera es posible calcular que el promedio del VO2 durante el partido pueda estar entre 70 a 75% del VO2 máximo de cada futbolista. Estas estimaciones, que se corresponden con frecuencias cardíacas entre 80 a 85% de las máximas individuales, son superiores a los VO2 obtenidos en forma directa en trabajos de investigación. En estos estudios se encontraron valores de 35 – 38ml/kg/minuto (56 al 61% del VO2 máximo) en los primeros tiempos y 29-30 ml/kg/minuto (47 – 49%) en los segundos. Durante el juego se alternan ejercicios de muy alta intensidad, con acumulación de lactato, con esfuerzos de baja o moderada intensidad, donde la remoción de lactato se lleva a cabo.

En futbolistas adolescentes entre los 16-18 años pudieron observarse mejorías en el VO2 pico en distancias recorridas durante un partido y aumentos en el número de carreras de alta velocidad al aplicar ejercicios intervalados durante ocho semanas. Sin embargo, no hubo diferencias en pruebas de salto, velocidad, fuerza y precisión de pases. Estudios posteriores con ejercicios de la misma intensidad, pero con la utilización de balones y dribbling, también mejoraron las pruebas de salto.

Si bien el VO2 máximo individual tiene importancia en el sostenimiento de esfuerzos prolongados y ha sido relacionado con el mejor rendimiento deportivo, la "economía de carrera" tiene un alto valor. Se podría definir este término como la relación entre la intensidad del esfuerzo y el VO2 a ese nivel. Se han encontrado diferencias importantes entre deportistas con similar VO2 máximo cuando se compararon los valores de VO2 a un mismo nivel de esfuerzo. Esta "economía" significa un "gasto" menor y la posibilidad de alcanzar resistencias mayores a mayores intensidades.

En el caso de futbolistas juveniles pueden encontrarse diferencias. A igual nivel de esfuerzo, el deportista adolescente puede desarrollar un VO2 más cercano al máximo, que el futbolista mayor. Esto se traduce en los niveles de frecuencia cardíaca, que suelen ser menores en ejercicios sub-máximos en los deportistas mayores. Por otra parte, es necesario considerar que los niños tienen menor tolerancia a los ejercicios en cli-

mas calurosos. Los niveles de sudoración son menores y las pautas de hidratación deben ser seguidas en forma rigurosa para evitar golpes de calor y enfermedades derivadas de la intensidad de ejercicio en climas calurosos.

Las razones para esta mayor economía de carrera pueden ser varias y estar relacionadas con factores biomecánicos y neuromusculares, desarrollo muscular y habilidades técnicas adquiridas. Estos factores cobran importancia al momento de planificar y observar entrenamientos de resistencia aeróbica en el futbolista juvenil a partir de niveles de frecuencia cardíaca. Los valores serán mayores a similares niveles de esfuerzo.

Debido a esa menor economía de carrera, las distancias cubiertas por el futbolista juvenil en un encuentro de 90 minutos suelen ser menores y con menores tiempos de alta intensidad. Se han estimado que una mejoría que un 5% en la economía de carrera puede aumentar en 1.000 metros la distancia cubierta en un partido

La fuerza y potencia musculares comparten importancia con la resistencia aeróbica en el futbolista de alto nivel. La potencia se refiere a la capacidad de generar la mayor fuerza en el menor tiempo posible. La hipertrofia muscular y las adaptaciones neuromusculares son mecanismos básicos para el desarrollo de la fuerza. Sin embargo, los entrenamientos para hipertrofia muscular pueden, en algunos casos, disminuir la velocidad de desarrollo de fuerza. Es necesario conocer la necesidad de aumento de la masa muscular en ciertos futbolistas para aplicar este tipo de entrenamientos.

El foco de los entrenamientos de fuerza en el fútbol se ha desplazado hacia las adaptaciones neuromusculares. Esto incluye la activación de unidades motoras, el aumento de la frecuencia de estímulos nerviosos a la unidad motora, el incremento del reclutamiento de unidades motoras, la sincronización de contracciones de agonistas y antagonistas entre otros mecanismos.

Se ha demostrado una correlación positiva entre la fuerza máxima y parámetros relacionados con el mayor rendimiento en carreras y saltos en jugadores de fútbol de elite. También se encontraron correlaciones entre la mayor fuerza y los mejores resultados en pruebas de velocidad de 30 metros. Varios estudios han establecido que la mayor potencia se relacionó con mejorías en economía de carrera y trabajo durante diferentes ejercicios en fútbol.

Una de las claves del rendimiento del futbolista es la mejoría en el poder de repetición de ejercicios de alta velocidad. Los entrenamientos de resistencia a la velocidad con aplicación de altas velocidades y pausas adecuadas han demostrado su efectividad para mejorar el rendimien-

to del futbolista en la velocidad global y en la repetición de ejercicios intermitentes de alta velocidad. Más aún, ha sido demostrado que futbolistas jóvenes que lograron aumentar entre los 14 y los 18 años su capacidad de resistencia a la alta velocidad intermitente, tuvieron mayores posibilidades de alcanzar la competencia a nivel profesional.

El niño y adolescente futbolista

La fisiología y los factores psicológicos propios de cada edad implican aplicaciones específicas de los procesos de preparación.

La eficiencia mecánica es la relación entre el trabajo físico y la energía utilizada para su realización. Un deportista más eficiente puede realizar mayor trabajo con menor utilización de energía. Para realizar un ejercicio intenso, el futbolista de menor edad ocupa casi la totalidad de su VO_2, mientras que el deportista de mayor edad va a utilizar un porcentaje menor de su VO_2 máximo haciendo más eficiente su carrera. Esta es una de las situaciones que explica la menor resistencia en carrera de los niños más chicos. A su vez, el VO_2 máximo va incrementándose con la edad durante la adolescencia.

El niño tiene una tasa de utilización de enzimas del metabolismo aeróbico superior a las que intervienen en la glucólisis anaeróbica. El volumen mitocondrial y sus enzimas oxidativas le permiten utilizar combustible derivado de los ácidos grasos.

El metabolismo anaeróbico láctico es menor en el niño debido a sus escasas reservas glucogénicas musculares y menor capacidad de las enzimas de la glucólisis (fosfofructoquinasa).

Estas características se relacionan con la pobre capacidad para los esfuerzos prolongados de alta intensidad. El conocimiento de estas situaciones debe ser aplicado al tipo de entrenamiento planificado, ya que la estimulación temprana a partir de esfuerzos de este tipo no logrará resultados hasta que el perfil enzimático adecuado se haya desarrollado.

La observación habitual de la hiperventilación del niño futbolista con respecto al adolescente se relaciona con el aumento precoz del equivalente ventilatorio para el VO_2 (VE/VO_2). Es decir, el niño necesita mayor cantidad de aire movilizado (ventilación) para incrementar su VO_2. Su ritmo respiratorio es, entonces, poco económico y, ante un ejercicio determinado, suele responder con altas frecuencias respiratorias. Sin embargo, esta situación no debe alejar la atención de una probable en-

fermedad cardíaca congénita y/o respiratoria ante un niño con dificultad respiratoria ante el esfuerzo.

En los niños de 10 a 14 años existen diferencias entre sus edades cronológicas y biológicas. En el fútbol, la selección para los niveles de competencia se realiza acorde al año de nacimiento. Por tal motivo suelen agruparse los futbolistas de acuerdo a la categoría dada por su año de nacimiento. Es necesario comprender que un niño nacido en el primer tercio del año puede ser muy diferente en términos fisiológicos que el nacido en el último tercio.

Existen investigaciones que han demostrado que la edad, el nivel de sulfato de dihidroepiandrosterona en saliva, el peso, la altura y la masa muscular influyen en el rendimiento "explosivo" de fuerza y carrera. Es decir, el preparador físico debería tener en cuenta evaluaciones específicas (por ejemplo, pruebas de salto en largo) más que el año de nacimiento para planificar los ejercicios de entrenamiento.

Algunos estudios en futbolistas menores de 14 años han demostrado que la selección de talentos por parte de los entrenadores se basan más en la edad cronológica y las características antropométricas que en las específicas cualidades técnicas y fisiológicas. Estos hallazgos deberían llamar la atención acerca de la necesidad de comprensión de las modificaciones que se producen en la pubertad y adolescencia y que pueden dejar en el camino a jóvenes que podrían tener una maduración más tardía.

Los niños no son adultos pequeños. Tienen características fisiológicas que son necesarias conocer para no incurrir en errores en la selección y en las exigencias a que se someten los jóvenes futbolistas. Estos conceptos deben ser comprendidos por entrenadores y padres para evitar el tratamiento de los niños, púberes y adolescentes como futbolistas profesionales de amplia experiencia a la hora de las competencias. Si bien la finalidad de los profesionales formadores del fútbol infanto-juvenil es la preparación del joven futbolista para la práctica competitiva del deporte, se encuentra frente a una función social y pedagógica que va más allá de estas circunstancias. Tiene a su cargo a niños y jóvenes a quienes su labor diaria puede favorecer para el desarrollo de una vida mejor.

El desarrollo de nuevas posibilidades para cuantificar el esfuerzo y definir su impacto biológico permite plantear objetivos más precisos y funcionales en el proceso de entrenamiento. Los mayores aportes podemos agruparlos en dos grandes bloques: fisiología y bioenergética del fútbol, y preparación biológica del futbolista.

FISIOLOGÍA Y BIOENERGÉTICA DEL FÚTBOL

A la hora de establecer estrategias nutricionales y de entrenamiento es importante conocer las características y demandas de la actividad propuesta. Durante varias décadas se discutió sobre la bioenergética del futbol, la predominancia de un determinado sistema energético sobre otro y su prioridad a la hora de entrenar.

Del concepto de predominantemente aeróbico, pasando por la aceptación de la participación de las tres vías clásicas (glucolisis lenta, glucolisis rápida y anaeróbica aláctica (ATP-PC), clasificándolo como un deporte aérobico-anaeróbico alternado, considerando las distintas manifestaciones de la fuerza, aceleraciones y desaceleraciones más la diferentes demandas situacionales del juego, llegamos a definirlo como un deporte acíclico.

Los deportes acíclicos se caracterizan por la compleja organización de las acciones motrices y la intensidad del trabajo realizado en poco tiempo y en condiciones de competencia. Asimismo, presentan una diversidad de acciones técnicas, como en el caso del fútbol.

En el mismo sentido, la evolución tecnológica permitió conocer con mayor detalle las características de los movimientos de los jugadores, distancia, duración, intensidad, carga metabólica que implican etc. Estos aspectos abordaremos en esta primera clave.

¿Para qué nos preparamos? Uno de los primeros puntos que se intentó determinar fue qué distancia recorre un jugador durante un partido. Reportes que van de los nueve a los quince kilómetros han sido referido en la literatura a lo largo de la segunda mitad del siglo pasado y el comienzo del presente.

¿Qué factores afectan la distancia recorrida? Enumeramos factores que inciden sobre la distancia recorrida y la intensidad de la misma: nivel de competencia, puesto de juego, sistema táctico, desarrollo del partido, factores ambientales, motivación y factores emocionales.

En los últimos años la distancia total recorrida en el futbol de elite está entre diez y kilómetros, en función de los factores arriba mencionados.

PUESTO / ROL TÁCTICO	FÚTBOL EUROPEO DISTANCIA (DI SALVO 2007)	FÚTBOL BRASILEÑO (BARROS 2007)
TODAS	11.393	10.012
DEFENSOR CENTRAL	10.627	9.029
DEFENSOR LATERAL	11.410	10.642
MEDIOCAMPISTA CENTRAL	12.027	10.476
MEDIOCAMPISTA EXTERNO	11.990	10.598
DELANTEROS	11.254	9.612

A manera de ejemplo tenemos estos gráficos de la Copa del Mundo Brasil 2014. En ellos se resumen la distancia recorrida e intensidades del partido semifinal y final de Alemania y Argentina. La definición del Mundial requirió de tiempo suplementario, por los que la distancia corresponde a 120 minutos

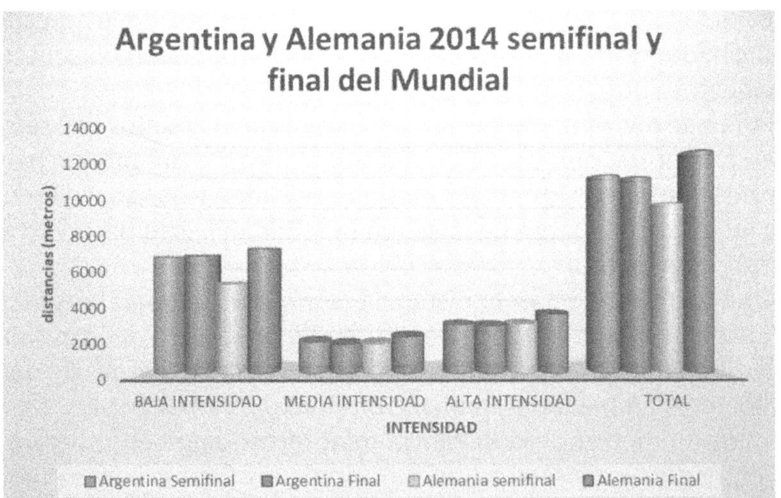

Del análisis de estos datos podemos inferir: en relación a los partidos de semifinal, observamos que en cada una de las intensidades, la distancia recorrida por el equipo de Alemania fue menor que la que necesitó emplear Argentina en la misma instancia.

Cuando ambos equipos se enfrentaron en la final, donde hubo tiempo suplementario, vemos que en cada intensidad, Alemania recorrió

mayores distancias. Vemos también que la distancia total y la de cada intensidad del seleccionado argentino fue muy similar en el partido semifinal y final.

Haciendo las consideraciones ya realizadas, podemos con estos datos evidenciar la mayor intensidad que tuvo el seleccionado alemán en dicho partido.

¿Qué nos representa la distancia recorrida y las diferentes intensidades?

Este dato puede ser tomado como referencia de la carga metabólica de un partido. Es importante para cuantificar el desgaste en dichos aspectos y desde esos datos plantear las estrategias de recuperación y planificación del entrenamiento. Recuperar la carga metabólica se realiza desde la nutrición, la hidratación y el descanso.

¿Es importante este dato aislado?

Si sólo tomamos la distancia recorrida y las intensidades de la misma, no nos sirve demasiado. Es necesaria su valoración en un contexto integral analizando otros factores, como la carga neuromuscular, la toma de decisiones y el estrés de la competencia.

¿Cómo valoramos la carga neuromuscular?

Mediante los dispositivos de GPS podemos determinar la cantidad de aceleraciones y desaceleraciones del jugador durante el juego, como así también la cantidad de sprints realizados. Estos son los datos más importantes a considerar para valorar la carga neuro muscular.

ACELERACIONES POR PARTIDO

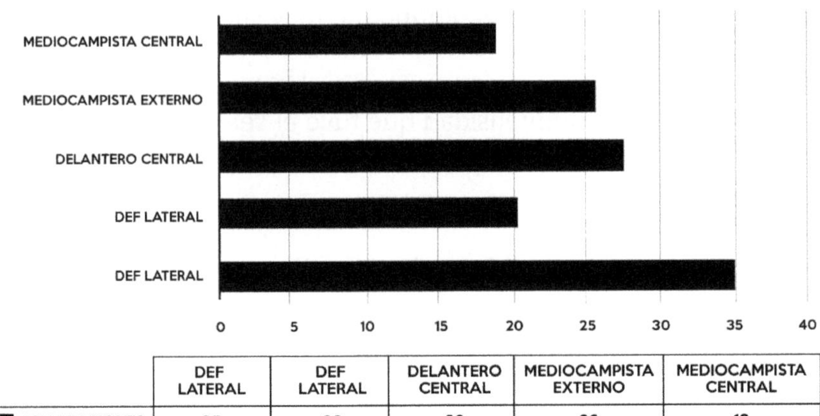

	DEF LATERAL	DEF LATERAL	DELANTERO CENTRAL	MEDIOCAMPISTA EXTERNO	MEDIOCAMPISTA CENTRAL
■ ACELERACIONES	35	20	20	26	18

SPRINTS POR PARTIDO

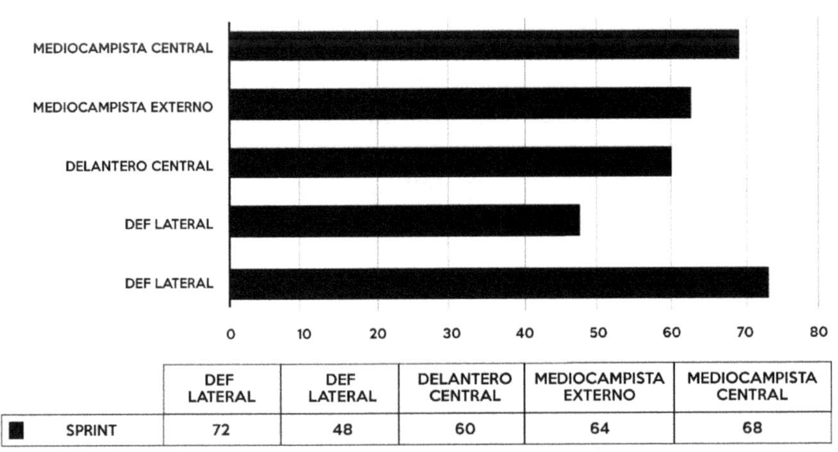

	DEF LATERAL	DEF LATERAL	DELANTERO CENTRAL	MEDIOCAMPISTA EXTERNO	MEDIOCAMPISTA CENTRAL
■ SPRINT	72	48	60	64	68

Debemos tener muy presente que la fatiga neuromuscular es determinante y la más difícil de recuperación. A mayor fatiga neuromuscular, mayor el riesgo de lesión. ¿La toma de decisiones es el elemento determinante a la hora de valorar la performance del futbolista? Sin dudas. Un futbolista que toma las decisiones correctas durante el juego es quien mejor rinde en función del equipo (más de mil decisiones toma en promedio por encuentro).

PREPARACIÓN BIOLÓGICA DEL FUTBOLISTA

El rendimiento del futbolista se sustenta en sus condiciones técnicas y físicas y es sostenida sobre tres pilares fundamentales: alimentación, entrenamiento y descanso. Para lograr equilibrar estos tres aspectos, el jugador necesita diferentes tipos de preparación: preparación física, técnica, táctica, psicológica, biológica y teórica.

En este apartado desarrollaremos el concepto de preparación biológica que se define cómo: "Los medios que se utilizan para conseguir que el organismo se encuentre en condiciones óptimas de rendimiento".

¿Cuáles son los objetivos de la preparación biológica?

Preventiva: Evitar lesiones, fatiga crónica o sobre entrenamiento. Asegurar un adecuado estado de salud.

Optimización del rendimiento: Partiendo de que el cuerpo puede recuperarse de forma autónoma, una recuperación asistida es mejor y más rápida en la regeneración de la capacidad de trabajo.

Función del tratamiento: De la propia lesión deportiva o de la fatiga.

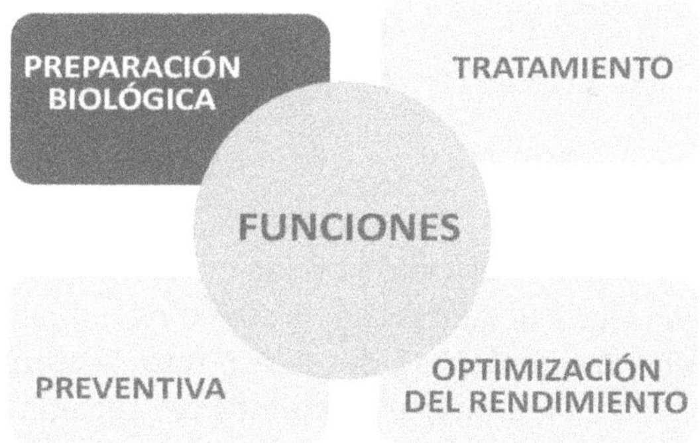

¿Qué debemos considerar en la preparación biológica?

Al momento de optimizar la preparación biológica debemos considerar diversos aspectos que resultan fundamentales. Las características del futbol en relación a su fisiología, diferencias por puestos de juego, nivel de competencia, ya han sido analizadas en otro capítulo. En este capítulo nos ocupamos de los otros aspectos:

PREPARACIÓN BIOLÓGICA			
CARACTERÍSTICAS DEL DEPORTE	CAUSAS DE LA FATIGA FUTBOLÍSTICA	ELEMENTOS DE LA PREPARACIÓN BIOLÓGICA	CONTROL DE LAS CARGAS DE ENTRENAMIENTO Y PARTIDOS

En las causas de la fatiga del futbolista se distinguen dos tipos: aguda, que es la que ocurre durante el juego y tiene relación con la depleción de los depósitos de glucógeno y de fosofocreatina, las perdidas hidroelectrolíticas y la fatiga neuromuscular, y la crónica, que se relaciona con la sobrecarga de partidos, horas de entrenamiento, estrés competitivo, estrategias de recuperación inadecuadas y factores psicológicos. La fatiga, tanto aguda como crónica, afecta la performance técnica, táctica y mental del jugador.

Elementos de la preparación biológica

Debajo resumimos las medidas propuestas como condicionantes de la preparación biológica: el sueño, el aseo corporal, la postura, masajes, hidroterapia y electroterapia. También existen otras como flexibilidad (movilidad más elongación), medidas alimenticias, nutricionales y farmacológicas.

El sueño

En los últimos años se estudió la relación entre el sueño y el rendimiento deportivo. Una buena calidad de sueño es fundamental a la hora de compensar el entrenamiento y descansar para las próximas sesiones y partidos. En la siguiente imagen podemos ver la caída en la en el rendimiento luego de una noche sin dormir:

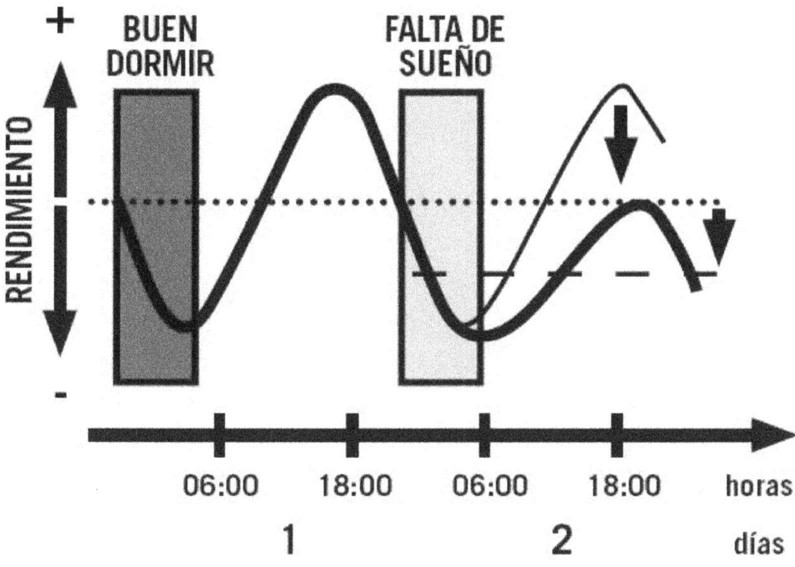

¿Por qué dormimos?

REGULACIÓN METABÓLICA	HOMEOSTASIS SINÁPTICA
ACTIVACIÓN INMUNOLÓGICA	REGULACIÓN ENDOCRINA
CONSOLIDACIÓN DE LA MEMORIA	DESCANSO NEUROMUSCULAR

Cuando no logramos una buena calidad del sueño se evidencias modificaciones biológicas a nivel del sistema nervioso y metabólico. A manera de resumen en referencia al sueño consideramos que hay una alteración del estado de alerta, perdida de reacción y precisión gestual, disminución de la capacidad de recibir estímulos y generar respuesta, disminución de la relajación muscular y mental, alteraciones hormonales (cortisol, testosterona, hormona de crecimiento y tiroidea).

SUEÑO NO REM			SUEÑO REM
ADORMECIMIENTO	SUEÑO LIGERO	SUEÑO PROFUNDO	SUEÑO ACTIVO
ESTA FASE ES POCO REPARADORA. CONSISTE EN EL TRÁNSITO DE LA VIGILIA AL SUEÑO. AÚN SE PERCIBEN LA MAYORÍA DE LOS ESTÍMULOS QUE SUCEDEN EN EL ENTORNO. MOVIMIENTOS OCULARES LENTOS EL TONO MUSCULAR DISMINUYE.	FASE PARCIALMENTE REPARADORA. NO ES SUFICIENTE PARA DESCANSAR. BLOQUEO DE LAS SEÑALES SENSORIALES QUE LLEGAN AL TÁLAMO. DESAPARECEN LOS MOVIMIENTOS OCULARES. EL TONO MUSCULAR ES MENOR QUE EN LA FASE 1. DISMINUYE LA FRECUENCIA CARDÍACA Y EL RITMO RESPIRATORIO.	FASE ESENCIAL PARA QUE LA PERSONA DESCANSE. EL BLOQUEO SENSORIAL SE INTENSIFICA. NO HAY MOVIMIENTOS OCULARES. EL TONO MUSCULAR ES MUY REDUCIDO. LA FRECUENCIA CARDÍACA, EL RITMO RESPIRATORIO Y LA PRESIÓN ARTERIAL DISMINUYEN. EN ESTA FASE SE LIBERA LA HORMONA DEL CRECIMIENTO.	FASE EN LA QUE SE PRESENTAN LOS TÍPICOS SUEÑOS. MOVIMIENTOS OCULARES RÁPIDOS. EL TONO MUSCULAR ES NULO, LO QUE IMPIDE MOVERSE MIENTRAS SE SUEÑA. EL LATIDO DEL CORAZÓN SE ACELERA Y LA TENSIÓN ARTERIAL SUBE.

Las infecciones crónicas (caries, micosis, parasitosis), por su parte, tienen un efecto negativo sobre la preparación biológica, dado que: aumentan el estrés oxidativo, inmune-deficiencias, mayor demanda orgánica de energía, contagios.

En 2012, la Universidad francesa de Lille publicó un relevamiento de los diversos métodos propuestos en la recuperación del jugador (fatiga relacionada con deshidratación, depleción glucogénica, fatiga mental y daño muscular). En 2013, la misma universidad luego chequeó alimentación e hidratación, sueño, masajes, baños de contraste, trabajos regenerativos, elongación, vendajes compresivos y electro-estimulación) y publicó que sólo la recuperación de hidratos de carbonos y proteínas, hidratación y baños de contraste (frío y calor) mostraron ser efectivos.

Control de la carga de entrenamiento y partidos

Sin dudas, conocer el estado de salud del jugador y sus eventuales modificaciones en respuesta a las demandas del deporte es fundamental y determinante al momento de conocer la magnitud de la carga biológica sobre el organismo. El primer punto es la valoración inicial del jugador, ésta debe hacerse en el comienzo de la temporada y de acuerdo a las características de la competencia se sostendrá una periodicidad para estas evaluaciones.

Los componentes de esta evaluación son:

1. Valoración de antecedentes clínicos, traumatológicos y deportivos.
2. Síntomas.
3. Examen físico.
4. Electrocardiograma.
5. Ergometría (en mayores de 35 años o en los que por antecedentes, síntomas o hallazgos se considere necesarios).
6. Ecocardiograma (en los que por antecedentes, síntomas o hallazgos se considere necesario).
7. Análisis bioquímicos.
8. Valoración traumatológica y kinésica.
9. Valoración nutricional.

Al ingreso del jugador, sea juvenil o profesional, se debe realizar una minuciosa historia clínica, recabando antecedentes patológicos, nutricionales, hábitos, lesiones, un examen físico con preponderancia en la valoración cardiovascular y traumatológica y kinésica.

En la valoración cardiovascular deben valorarse antecedentes familiares (muerte súbita o cardiopatías en familiares directos) y personales, como así también la existencia de síntomas relacionados o no con la actividad física (mareos, síncope, palpitaciones, dolor precordial, disnea). También se debe tener en cuenta la presión arterial (sentado y en ambos brazos), soplos, pulsos periféricos y la existencia de latidos anómalos.

Las características de la valoración traumatológico- kinésica son los siguientes:

1. Enfoque preventivo.
2. Antecedentes de lesiones.
3. Flexibilidad.
4. Estabilidad y movilidad articular.
5. Desequilibrios musculares.
6. Postura.

7. Pisada y marcha.
8. Calzado.
9. Examen complementario.

Con esta valoración inicial establecemos un perfil del jugador en su salud y estado nutricional. Complementamos su evaluación con los tests funcionales dirigidos a valorar las distintas capacidades (resistencia aeróbica, fuerza máxima, fuerza explosiva, velocidad, elasticidad muscular, coordinación, capacidad de repetir sprints aislados o combinados aplicados al fútbol).

Su desarrollo minucioso excede el alcance de este libro por lo que lo que sugerimos consultar la bibliografía específica (Proceso formativo del futbolista, del futbol infantil al profesional).

Las pruebas funcionales se articulan con el plan de entrenamiento y se programa su periodicidad como fue mencionado en el presente libro.

Diferentes formas de control de la carga de entrenamiento y partidos

En los últimos años, con el objetivo de cuantificar las cargas de trabajo de entrenamientos y partidos y monitorear su impacto biológico, se han propuesto y desarrollado diferentes métodos:

1. Control de frecuencia cardíaca.
2. Distancia recorrida, aceleraciones, velocidades.
3. Carga de lactato.
4. Escala de esfuerzo percibido.
5. Perdida hidroelectrolítica.
6. Sustratos energéticos.
7. Sistema GPS.

Control de la frecuencia cardíaca: Existe una relación directa entre la intensidad del entrenamiento y el aumento de la frecuencia cardíaca durante el mismo. El descenso de la misma durante la recuperación también permite valorar el impacto de la carga de trabajo.

Del mismo modo, de acuerdo con porcentaje de la frecuencia cardíaca alcanzada durante el esfuerzo, podemos inferir el sustrato energético utilizado (por ejemplo, si la misma es superior al 70% de la frecuencia cardíaca máxima el combustible utilizado es el glucógeno), asociando esto con el tiempo de entrenamiento, podemos calcular estimativamente el glucógeno consumido, con la importancia que este dato tiene en la recuperación nutricional.

Los valores de frecuencia cardíaca basal de reposo y sus cambios en la variabilidad (latido a latido) de la frecuencia cardíaca es un parámetro útil para el monitoreo de la recuperación en las horas posteriores al entrenamiento y la competencia.

Para utilizar la frecuencia cardíaca como parámetro es necesario conocer su valor basal y el valor máximo, que puede ser teórico (con fórmulas como 220 – edad u otra fórmula como la de % de reserva), pero sugerimos conocer esos índices mediante un test específico en cinta o el test de 1.000 metros. Ambos valores (basal y máximo) también pueden averiguarse por medio de las evaluaciones de resistencia intermitente presentadas.

La frecuencia cardíaca se puede controlar manualmente, es simple, aunque puede generar dificultades para el que no esté habituado a tomarla.

Esta es la fórmula de cálculo de la frecuencia cardíaca máxima y de la reserva de frecuencia:

1. Frecuencia cardíaca máxima: 220 – Edad
2. Reserva de frecuencia: FC Máxima – FC Reposo x % deseado = X + FC de Reposo

Ejemplo de monitoreo de la carga de trabajo por frecuencia cardíaca

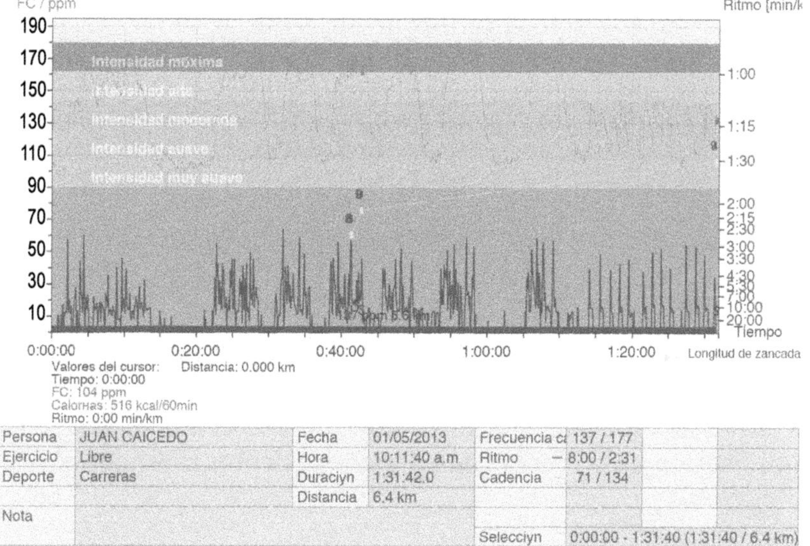

Persona	JUAN CAICEDO	Fecha	01/05/2013	Frecuencia c:	137 / 177		
Ejercicio	Libre	Hora	10:11:40 a.m	Ritmo –	8:00 / 2:31		
Deporte	Carreras	Duraciyn	1:31:42.0	Cadencia	71 / 134		
		Distancia	6.4 km				
Nota							
				Selecciyn	0:00:00 - 1:31:40 (1:31:40 / 6.4 km)		

En el ejemplo de monitoreo de la carga de trabajo por frecuencia cardíaca presentado en el gráfico de arriba, podemos observar el comportamiento de este parámetro en un entrenamiento con el método situacional.

La frecuencia cardíaca en este trabajo se manejó en promedio entre 139-177 latidos por minuto (65-80% del máximo de este jugador). El combustible utilizado en función de la intensidad fue el glucógeno (moderada y alta intensidad) y la distancia recorrida durante el tiempo de trabajo 6.4 kilómetros.

Datos que arroja el monitoreo:

1. Datos Valor Unidad
2. Duración: 1:31:40
3. Gasto de energía: 1060 kcal
4. Número de latidos: 12.569 latidos
5. Recuperación: -29 latidos
6. Frecuencia cardíaca mínima: 98 ppm
7. Frecuencia cardíaca media: 137 ppm
8. Frecuencia cardíaca máxima: 177 ppm
9. Desviación estándar: 23.7 ppm
10. Mínimo ritmo: 66:40 min/km
11. Promedio ritmo: 8:00 min/km
12. Máximo ritmo: 2:31: min/km
13. Distancia: 6.4 km

Otra forma de control posible es la medición del ácido láctico, muy utilizado en la década del 90. En función del valor de lactato en sangre medido en diferentes momentos del entrenamiento, permite conocer la intensidad de la carga, el impacto de la misma e inferir a partir de ello en parámetros aplicables al entrenamiento y la nutrición.

PERCEPCIÓN DEL ESFUERZO COMO CONTROL DEL ENTRENAMIENTO Y FATIGA COMPETITIVA

Las escalas de percepción del esfuerzo que desarrollaremos debajo son fáciles de implementar y brindan información práctica sobre el estado del futbolista, que puede resultar muy importante a tener en cuenta en la dosificación de las cargas de los entrenamientos próximos.

La escala de percepción del esfuerzo es un parámetro basado en una escala numérica que puede ir de 1 a 10 (la más recomendada), o de 1 a 20, en la escala propuesta por Borg.

Modo de realización de la escala de percepción del esfuerzo: El jugador es interrogado al finalizar el entrenamiento o el partido (mínimo treinta minutos después) sobre la intensidad que percibió en el trabajo. Debe señalar con un número de la escala (ver gráfico). Posteriormente ese número se multiplica por la duración del trabajo en minutos y se obtiene un índice que es indicador de la intensidad del trabajo para ese jugador. Por ejemplo, si un jugador refiere el entrenamiento con un 5 (pesado) y el entrenamiento fue de 60 minutos, la multiplicación nos indica que ese entrenamiento fue de 300 unidades. Así hacemos con cada jugador y promediando cada carga tenemos un perfil de intensidad para ese trabajo para todo el equipo.

Si usamos la escala de Borg, la suma de las cargas de entrenamiento semanales debe ser de 3.200 UA y 4.000 UA sin contar partidos. Si utilizamos la escala de 10, los valores deben estar entre de 1600 a 2000. Importante: por encima de estos valores el riesgo de lesión aumenta.

Debajo en el gráfico presentamos las escalas de percepción del esfuerzo.

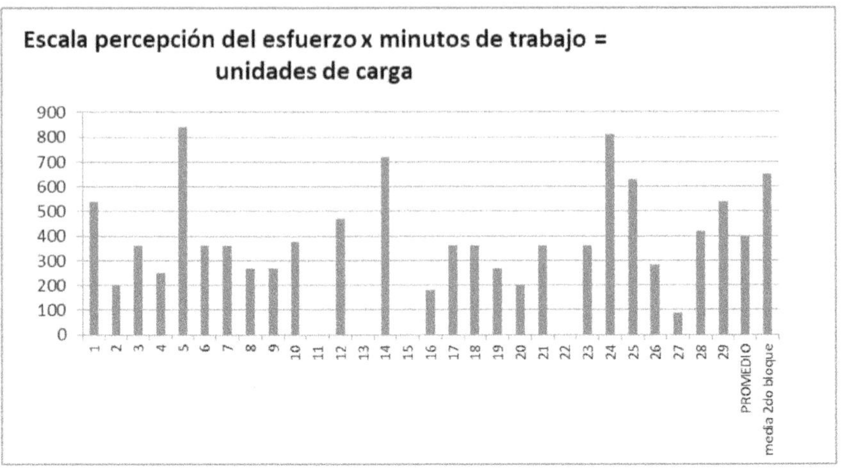

Otra escala utilizada es la de Hooper, que referencia el dolor muscular y se toma a la mañana siguiente al entrenamiento.

Valores Escala de Hooper:

1. Ningún dolor
2. Muy ligero cansancio muscular
3. Ligero o leve cansancio muscular
4. Cansancio muscular
5. Ligeros o leves dolores musculares
6. Dolores musculares de mediana intensidad
7. Fuertes dolores musculares

Importante: Un jugador que refiere valores por encima de cinco en la escala de Hooper debe entrenar de manera diferenciada hasta la recuperación.

CONTROL DE LA CARGA POR SISTEMA GPS

En los últimos años se desarrollaron dispositivos bajo sistema GPS que permiten una exacta cuantificación de la carga en cuanto a distancias recorridas, intensidades de las mismas, aceleraciones y desaceleraciones, potencia metabólica, calorías consumidas, cambios de dirección entre otros parámetros de juego. Existen dispositivos que permiten el control en tiempo real y otros que recopilan la información para su posterior análisis.

Para el correcto análisis de los datos debemos conocer los siguientes datos del jugador:

1. VAM (Velocidad aeróbica máxima).
2. Frecuencia cardíaca basal y máxima.
3. Intensidad de las tareas integradas.

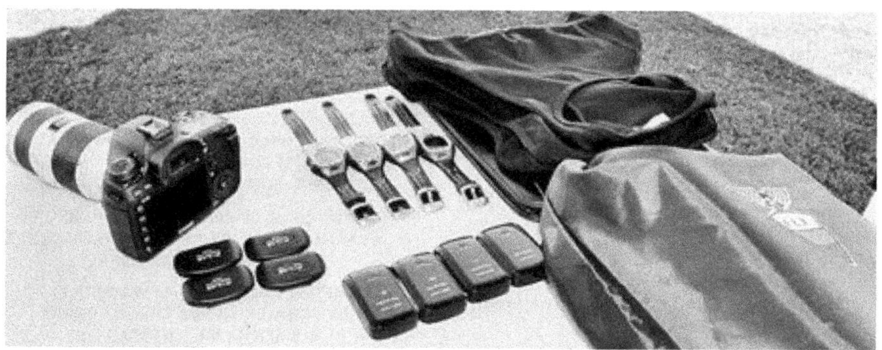

Dispositivo GPS (Lagala Colli), muy utilizado en Sudamérica.

PARÁMETROS	DESCRIPCIÓN	DETALLE AMPLIADO
DISTANCIA TOTAL	DISTANCIA TOTAL RECORRIDA	SOLO DE REFERENCIA, POR SER UN DEPORTE INTERMINTENTE CON VARIACIÓN DE VELOCIDAD ES POCO RELEVANTE.
DISTANCIAS PARCIALES	DISTANCIA A DIFEREN-TES VELOCIDADES	SE PUEDE VALORAR LA DISTANCIA A DIFERENTES VELOCIDADES Y CUANTIFICAR LA CARGA METABÓLICA
DISTANCIA DE ALTA INSTENSIDAD	POR ENCIMA DE 16/18 KM/H	ES LA DISTANCIA DETERMINANTE AL MOMENTO DE VALORAR LA PRESTACIÓN EN LO REFERENTE A LA CARGA METABÓLICA ALTA
VELOCIDAD MÁXIMA ALCANZADA	SPRINT	SON VELOCIDADES POR ENCIMA DEL NIVEL DE ALTA INTENSIDAD Y QUE SE MANTIENEN POR MÁS E UN SEGUNDO, CUANDO ESA VELOCIDAD DISMINUYE (EN UN 80%) SE CONSIDERA QUE EL SPRINT HA TERMINADO. BUENA CORRELACIÓN CON RSA
ACELERACIONES DESACELERACIONES	A DIFERENTES VELOCIDADES	INDICADO DE LA DEMANDA NEUROMUSCULAR DE LA CARGA. ACELERACIONES/DESACELERACIONES ES IGUAL A CARGA CORPORAL
SIMETRÍA DE LA PISADA	CON CADA PIERNA	PARÁMETRO UTILIZADO PARA VALORAR EL IMPACTO UNILATERAL DE LA CARGA Y COMO ELEMENTO PREVENTIVO
POTENCIA METABÓLICA	BASADO EN EL CONCEPTO DE LA "CARGA" QUE IMPONE LA CARRERA CON ACELERACIONES Y DESACELERACIONES	SI SE CORRE A UNA VELOCIDAD POR EJEMPLO DE 5 M/S TIENE EL MISMO COSTO METABÓLICO QUE SI SE CORRE A 2 M/S PERO ACELERANDO (CAMBIANDO EL RITMO) SE EXPRESA EM WATIOS/KG UN PARTIDO EN EL ALTO NIVEL IMPLICA UNA POTENCIA METABÓLICA APROX. DE 25 W/KG

¿Qué utilidad tiene este aporte tecnológico en el proceso de entrenamiento y en la competencia?

Presentamos los parámetros principales que podemos evaluar:

Utilidad del sistema GPS:

1. Valoración de la carga absoluta de la sesión de entrenamiento.
2. Valoración de la carga relativa de la sesión de entrenamiento.
3. Prevención de lesiones.
4. Readaptación de lesiones.
5. Análisis del entrenamiento y periodización.
6. Análisis táctico.

	DISTANCIA TOTAL (MTS)	DISTANCIA DE ALTA INTENSIDAD	% ACELERACIONES	VEL. MÁXIMA (KM/H)	VEL. PROMEDIO (MTS/SEG)
DEFENSOR CENTRAL	9.500	1.400	8	29	102
DEFENSOR LATERAL	10.200	2.450	9	30.5	106
MEDIO CENTRAL	10.800	2.000	6	27	113
MEDIO EXTERNO	11.200	3.100	8	31	120
ATACANTE CENTRAL	9.000	2.500	6	31	111
ATACANTE CENTRAL	9.000	2.800	8	31	116

En el gráfico presentamos algunos valores de referencia del campeonato de Primera División del fútbol argentino. Es importante detallar que los parámetros son condicionados por diferentes factores como sistema táctico propio, sistema táctico del rival, características y desarrollo de cada partido.

En los siguientes ejemplos correlacionamos la masa adiposa y parámetros de performance medidos por GPS en futbolistas profesionales argentinos de Primera División.

Relación entre masa adiposa (suma de seis pliegues) y % de tiempo en alta intensidad durante un partido de 90 minutos.

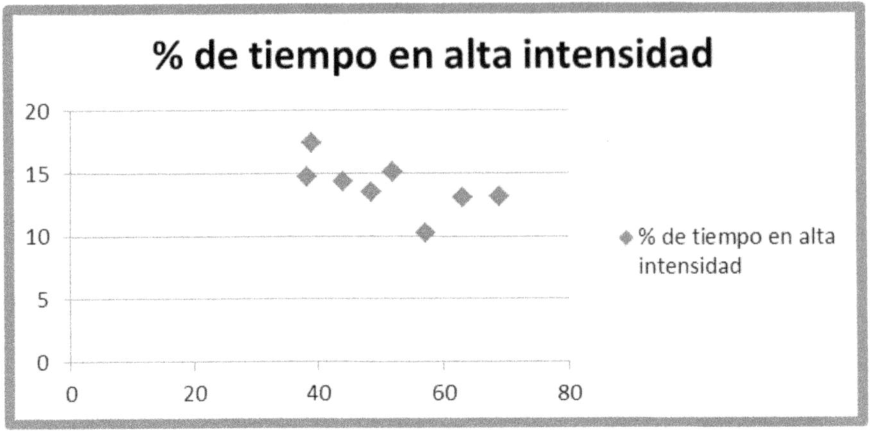

Relación entre masa adiposa (suma de seis pliegues) y tiempo de recuperación durante un partido de 90 minutos.

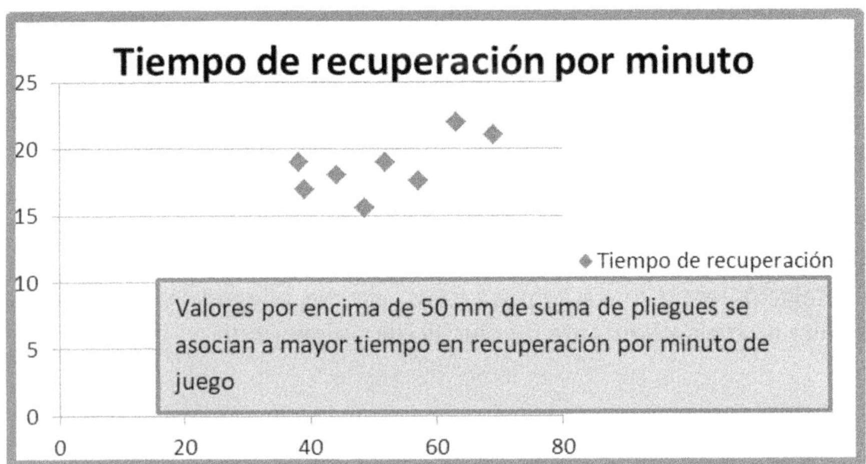

Conclusiones

La preparación biológica es el conjunto de medios que se utilizan para conseguir un estado óptimo de rendimiento. Tiene como objetivo optimizar el rendimiento, prevenir fatiga y lesiones; cuando estas ocurren, se da el tratamiento específico. Debemos contar con un óptimo estado de salud para el alto rendimiento.

El control minucioso y multidisciplinario del futbolista es fundamental para lograr estos objetivos. Una adecuada nutrición e hidratación y los baños de contraste frio-calor aparecen como los elementos con eficiencia demostrada en el control de la fatiga. El control del impacto biológico de la carga de entrenamiento y partido por los diversos métodos descriptos permite optimizar la preparación biológica.

CAPÍTULO 15
EDUCACIÓN, VALORES Y PASIÓN, MOTORES FUNDAMENTALES DEL DEPORTE Y EL FÚTBOL

LA ESCALA DE LOS VALORES PERDIDOS

Es imposible escindir el proceso de entrenamiento estrictamente específico de los factores humanos y personales. En el primer libro analizamos la influencia de los aspectos socio-culturales en la etapa de formación del niño y el joven.

Vivimos tiempos difíciles en lo que respecta a la formación de valores, nos referimos a palabras como educación, humildad, solidaridad, respeto, confianza y honestidad. Todas ellas llevadas a la acción tienen mucho que ver en la formación de una persona y, por consiguiente, de un deportista.

Jorge Griffa suele manifestar que "el futbolista en formación tiene dos caminos por escoger: el del posible éxito o el del seguro fracaso. Nosotros como formadores tenemos que ofrecerle el primero al futbolista, un camino lleno de espinas, obstáculos e inconvenientes. El segundo no exige esfuerzos, es el más cómodo y el más corto. Y la comodidad no es buena para nada, ni en el fútbol ni en la vida".

Hoy, en cambio, es muy común observar futbolistas juveniles y profesionales que optan por el camino del facilismo, del menor esfuerzo. El medio del fútbol ofrece, en varias oportunidades, "beneficios tempraneros" (dinero rápido, exposición mediática, vida nocturna), que atentan contra la formación en valores de ese futbolista, sobre todo si esa persona no cuenta con una base moral sólida que provenga y se forme desde su núcleo familiar, base de todo.

Estamos convencidos de que la educación y la construcción ética y moral de un ser humano se cimientan desde su hogar, a través del ejemplo de sus padres en primera instancia y en la escuela y colegio en segundo orden. Lamentablemente ambas (familia y educación) se encuentran en un proceso de deterioro y por su escasa o pobre influencia han sido reemplazadas por el avance de los medios de comunicación y las redes sociales.

Con este concepto no queremos significar que los medios de comunicación y las redes sociales sean influencias negativas siempre, de ninguna manera. Hay veces que esto no es así y estas herramientas son utilizadas de forma positiva, educativa y constructiva.

De todas formas, por experiencias vividas con cientos de futbolistas, sabemos que en muchas situaciones ocurre lo contrario. Cuando esto sucede, estas influencias de educación negativas provocan una preocupante distorsión en la formación de esa persona, que no sabe discernir entre lo moralmente correcto y lo opuesto (el camino negativo que mencionaba antes Jorge Griffa). Generalmente esto ocurre cuando encuentran a un niño o adolescente en formación sin bases morales y educativas firmen formadas en la familia.

Marcelo Bielsa se manifestaba hace poco sobre este tema: “El procedimiento más poderoso que tiene la sociedad para educar ya no son más las escuelas, son los medios de comunicación. Porque son los medios de comunicación quienes influyen más que la familia y la escuela, que son en verdad los elementos genuinos de formación. Es una vergüenza que los medios eduquen a la gente, porque tienen intereses específicos diferentes a los que tiene la escuela”.

Sostenemos con firmeza que es poco probable que un niño o un joven que no tenga respeto por sus padres o por sus maestros de escuela pueda estar capacitado para valorar palabras fundamentales muy ligadas al deporte como constancia, superación, esfuerzo o trabajo en equipo tan importante para conseguir logros individuales y colectivos.

Porque en definitiva, más allá de nuestro rol de formadores y docentes, no debemos olvidar que preparamos deportistas con proyección al mundo del fútbol profesional, y esos clubes que invierten en la formación integral de los jóvenes valores van a pretender que los futbolistas conformen equipos competitivos, que potencien sus equipos.

Con referencia a este último concepto, Sergio “Cacho” Vigil, director técnico campeón del mundo con el equipo de hockey femenino argentino, asegura: “El campeón se va construyendo, pero para llegar a ser campeón, es necesario primero convertirse en campeón de la vida. Para ello es necesario tener bien claro dónde queremos ir: hacia la excelencia.

El camino es la transformación; transformarse todos los días, superarse, desafiarse a llegar a la meta y romper con todos los límites. Los propios límites egocéntricos, los miedos, las inseguridades, todo por el bien del equipo. Todo esto se entrena". De lo expresado por Cacho Vigil queda claro que no sólo se alcanzará con una excelente programación del proceso de entrenamiento y entrenadores capacitados que lo lleven a cabo, sino que sobre todas las cosas se necesita talentosos con una mente preparada en la inteligencia. Eso lo brinda la escuela y los valores que deberían edificarse en la familia.

Lamentablemente, nos encontramos en un medio como el del fútbol, donde muchas veces el futbolista, sin una educación suficiente y principios de vida poco firmes, es influenciable ante elementos negativos que lo rodean ocasionalmente mientras dura su efímero éxito.

En muchas ocasiones, esta triste realidad hace que los futbolistas juveniles increíblemente apoyados por sus familias copien equivocadamente modelos negativos del fútbol profesional optando por "apostar" todo al fútbol y abandonando el colegio tempranamente.

Es totalmente perjudicial ver futbolistas que se entrenan por la mañana y luego transcurran diez horas de su día en el ocio total. Eso no sólo juega en contra del futbolista, sino también en el desarrollo del ser humano. Entendemos que una persona con la mente ocupada en estudios y abierta a otros temas será un mejor deportista.

Desde nuestra tercera posición dentro de la escala de influencia educativa del futbolista (1. Familia, 2. Escuela/colegio, 3. Club/entrenadores) debemos crear un ámbito sano, digno y honesto, donde los valores sean respetados y fomentados. Sabiendo que quizás no será suficiente para cambiar el rumbo en algunos casos, de todas formas estamos obligados como formadores a intentarlo. Y para hacerlo debemos contar con autoridad moral que sostenga ese accionar.

En su libro Los 11 poderes del líder, Jorge Valdano hace referencia sobre el tema: "La credibilidad se alimenta de valores. La autoridad moral se construye con pequeños y discretos materiales. Como esa coherencia elemental, que consiste en hacer lo que se dice que se va a hacer. Cuando se está al frente de una organización o un equipo, es imprescindible administrar un básico sentido de la justicia, y la justicia tiene un solo medio de premiar y de castigar: atendiendo a los méritos".

Para cerrar este apasionante tema sobre los valores y como éstos influyen en la formación de un pequeño deportista, citamos, a modo de resumen casi perfecto, una idea de Diego Simeone extraída de su libro Partido a partido. Si se cree se puede. "Los valores dentro del grupo son fundamentales. Sin ellos no somos nada. Te hacen ser más fuerte y

más consistente. Lo que yo tengo me lo inculcó mi familia. También fue muy importante la escuela del club Vélez. Los valores que te transmiten desde niño es lo que te marca después en la vida, más allá de lo que puedas ser como futbolista. Cuanto mayor sea la persona, más difícil es cambiarlo o encauzarlo por la senda debida. Por ello, cuando son muy chicos, hay que educarlos moralmente. Incluso por encima de las enseñanzas futbolísticas que le transmitas como entrenador. Los valores ante la vida que tú les muestres son más importantes que las lecciones prácticas sobre el fútbol", dice Simeone.

¿SABEMOS TRABAJAR EN EQUIPO?

Que el fútbol argentino es quizás el mayor productor de futbolistas en el mundo no es novedad, todas las ligas del mundo tienen argentinos jugando y brillando en ellas.

A lo largo de la historia, el fútbol argentino envió súper estrellas al fútbol europeo, muchas de ellas casi ni se pudieron disfrutar en nuestras canchas, porque emigraron muy jóvenes, con pocos partidos jugados, en Primera y en muchos casos hasta sin debutar en los primeros equipos de los clubes donde se formaron. Se marchaban justamente (y lo siguen haciendo) para que esas instituciones pudieran subsistir económicamente, en algunos casos, y, en otros, por dirigentes de poca honradez.

Con todo este contexto, desde hace ya décadas, es muy común escuchar en diferentes ámbitos futboleros de nuestro país la frase "somos los mejores del mundo". Analizando figuras de la talla de Alfredo Di Stéfano, Diego Maradona, Lionel Messi (sin ingresar en debates quizás entre los cinco mejores futbolistas de todos los tiempos junto al brasileño Pelé y al holandés Cruyff) cualquiera podría pensar que ese pensamiento colectivo es correcto.

Ahora bien, si esto fuera cierto, ¿por qué países como Alemania e Italia han conseguido a lo largo de la historia resultados superiores e incluso más sostenidos en el tiempo a nivel internacional, con más campeonatos mundiales obtenidos y finales del mundo jugadas que nuestro país?

La respuesta es relativamente sencilla, resulta que este deporte llamado fútbol es un juego colectivo, una actividad grupal, de equipo, donde no es suficiente con tener grandísimos talentos para alcanzar el éxito que dan los logros deportivos, sino que hace falta una estructura colectiva, una organización de alcance institucional, con comisiones directi-

vas que sean honestas, preparadas y capacitadas, con cuerpos técnicos calificados, con staffs médicos del más alto nivel, con la apoyatura que ofrece la tecnología de punta.

Incluso más allá, es necesario una organización del fútbol a nivel nacional, una estructura deportiva integral, que se desarrolle y trabaje con coherencia en un camino hacia el largo plazo y que acompañe ese tesoro que Argentina posee y que para otros países es lo más complejo de conseguir.

Durante los últimos años, el deporte argentino ha sido muy exitoso, tenemos los ejemplos del básquet, tenis, hockey (femenino y masculino), rugby, fútbol sala, incluso la selección nacional de fútbol ha alcanzado tres finales en tres torneos seguidos, un verdadero mérito para destacar. Todos deportes colectivos, que a pesar de muchas dificultades propias, han alcanzado objetivos de máxima.

Uno de los protagonistas de esos logros, Sergio "Cacho" Vigil, nos deja su idea sobre el concepto de trabajo en equipo: "Un grupo de gente no es un equipo. Un verdadero equipo se sustenta en aptitudes (físico-técnicas, tácticas, mentales), habilidades (inteligencia, compromiso, humildad, unidad), principios básicos (comunicación, adaptación pasión), actitudes (entrega, perseverancia, auto-superación), pero sobre todo en la integridad".

Una eminencia en la dirección de equipos como Julio Velasco también nos deja su reflexión sobre el tema: "Hay que conseguir confianza y humildad. Ese equilibrio no siempre es inmediato ni fácil de lograr en chicos jóvenes. Mi lema es jugar bien al vóley. Los argentinos somos individualmente buenos, en todo, pero nos cuesta más el método y el sistema en lo colectivo".

Para Velasco trabajar en equipo significa "tener una idea clara sobre cómo jugar. Es una diferencia grande con el concepto de grupo. Se usan como sinónimos, sin embargo, no lo son. El grupo es un conjunto de personas que hacen algo en común, sin un objetivo definido y sin roles definidos. Por ejemplo, cuando en los cumpleaños de los nenes se arman partidos de fútbol. Esos son grupos, no equipos. Todos corren detrás de la pelota y el que la tiene no la suelta hasta que la pierde. Para que ese grupo se convierta en equipo debe tener idea de lo que quiere hacer con el juego y definir roles. Después, para que ese equipo se transforme más en equipo y pueda participar en campeonatos, se tiene que poner objetivos. Por ejemplo, no descender, o ser campeón".

"El deporte es un juego muy competitivo donde hay uno que es mejor que el otro. Entonces es necesario ayudar al otro porque es parte del juego. Tener espíritu de equipo no pasa por decirles a los jugadores que

somos todos iguales. Cuando se arma un partido entre chicos, los dos que eligen los jugadores se equivocan menos que un director deportivo profesional. Nadie elige primero al amigo. Siempre eligen primero al mejor y último al peor. Somos diferentes. Un jugador habilidoso necesita al lado uno físico que corra por él, que pegue por él, que no deje que le peguen. Grandes jugadores como Messi, Maradona y Baggio siempre han hablado bien de sus compañeros porque eran conscientes de la necesidad que tenían de ellos", continúa el DT del seleccionado de vóley masculino.

"Es clave que el grupo sea autoexigente. El entrenador deja de ser el que propone y pasa a ser el mismo jugador el que se entrena para mejorarse a sí mismo. En este marco, un gran ejemplo son los deportistas individuales, que quizá mejoran su marca y saben que no les alcanza para ser campeones mundiales ni mucho menos", cierra Julio.

ENTRENAR PARA FORMAR O ENTRENAR PARA GANAR

Según Jorge Bernardo Griffa, quizás el mayor formador de futbolistas argentinos, con quien tuvimos la enorme fortuna de trabajar, "el entrenador juvenil no debe exigir ganar, sino que debe enseñar a ganar". Además, afirma: "La importancia de formar futbolistas con mentalidad ganadora más allá, por supuesto, de remarcar la trascendencia del desarrollo en lo físico, lo técnico y lo psíquico".

En el fútbol juvenil es muy común escuchar frases como "ganar o perder no importa", "lo importante es que jueguen", "el resultado no importa sino la formación". Nosotros consideramos que es algo que requiere un análisis más profundo que eso. Más allá de la formación integral de la persona, que como dijimos debe formarse con la familia, la escuela y el club, quienes trabajamos en las divisiones inferiores de los clubes estamos preparando un deportista para el alto rendimiento deportivo.

Un mundo complejo y exigente, donde el éxito es sinónimo de triunfos. Debemos preparar también a ese futbolista juvenil para esas exigencias, sabiendo que los momentos difíciles siempre van a superar en cantidad a los momentos de triunfos y logros, salvo casos excepcionales y aislados. En definitiva, entendemos el proceso de entrenamiento juvenil como un todo, en el que se prepara al chico a largo plazo en todos los aspectos del deporte.

Todo deporte colectivo es un juego y en la naturaleza de todo juego está el pretender ganar, lo cual es algo muy positivo porque es lo que

provoca el sentido de auto-superación, el motivo fundamental, el ¿para qué entreno?, ¿para qué me esfuerzo? Tiene su explicación final en la competencia tan atrayente como educadora si se la aborda con altura, de manera docente y sin exigencias desmedidas por entrenadores que busquen su propio beneficio del momento.

Por todo lo mencionado, consideramos esencial la competencia como elemento de progreso y crecimiento del futbolista juvenil, siempre y cuando sea tomada en su justa medida, no sólo por los futbolistas, sino sobre todo por quienes los entrenan, forman y conducen.

Reflejamos una idea muy interesante sobre el tema de Julio Velasco: "En la Argentina se usa una dicotomía demasiado fuerte con este tema del ganar. Y eso viene del fútbol, porque es uno de los poquísimos deportes, si no es el único, en el que se puede llegar a ganar sin jugar bien. Es necesario entender que no hay juego donde lo importante no sea ganar. Juegas al scrabble o juegos de mesa y siempre jugás a ganar, porque de otra forma sería aburridísimo. El juego y el deporte por definición es ver quién gana".

Cacho Vigil también nos deja su pensamiento sobre el tema: "De los éxitos hay que olvidarse rápido, no así de la forma que posibilitó conseguirlo. Se puede ganar o perder. Lo que no podemos es dejar de crecer. El éxito es lo que nosotros deseamos que sea éxito. Es capitalizar la fortaleza que nos deja la adversidad. Es caerse y levantarse con más fuerza. Es generar espacios de aprendizaje. El éxito es una permanente conquista, porque es efímero".

Por último, cerramos el tema con un pensamiento de Jorge Griffa, quien se manifiesta sobre la competencia en el ámbito formativo: "Hasta los 13 años, cuando el chico termina el fútbol infantil, no debería haber presión por el resultado, ya que se trata de una etapa netamente formativa y lúdica; pero a partir de que el joven ingresa al fútbol juvenil, ya es una cosa más seria, donde la competencia es más exigente y el querer ganar y desarrollar una mentalidad ganadora forma parte de la formación del futbolista con proyección a la Primera División".

Cuando hablamos de mentalidad ganadora queremos aclarar que se la puede tener aún en la derrota, poseer una mentalidad ganadora implica contar con futbolistas con amor propio, que puedan jugar bien o mal al fútbol en determinado partido, pero que entreguen la máxima capacidad de lo que tienen dentro como personas y deportistas. También tener una mentalidad ganadora se puede manifestar en aquellos futbolistas que al perder un partido "sufren" una derrota, hablamos de un sufrimiento figurado, aquel que provoca el deporte y que también fortalece y hace crecer.

EL SENTIDO DE PERTENENCIA HACIA UN CLUB

Luego de todo lo expresado, llegamos a un tema que consideramos muy sensible en la formación de los jóvenes: nos referimos al sentido de pertenencia, el cual es un concepto que engloba muchos aspectos relacionados a la educación y también a los valores en crisis ya desarrollados.

Todo club que posea una estructura de divisiones inferiores debería tener como uno de sus objetivos formativos que los futbolistas infantiles y juveniles que se forman dentro de la institución deban conocer, respetar y valorar la historia del club que representa.

En el mundo actual, los jóvenes tienen una gran cantidad de distracciones que hace décadas no existían (Internet, tablets, celulares, Playstation, redes sociales). Muchas de esas herramientas tecnológicas aíslan de alguna manera a la persona si se las utiliza en exceso o como única forma de comunicarse.

Hablando con futbolistas consagrados de otros tiempos, muchos de ellos ídolos en clubes importantes de la Argentina, nos manifiestan que en su etapa de formación sólo existía la casa, la escuela, el potrero (donde transcurrían largas horas del día jugando y conviviendo en sociedad en lo que eran relaciones humanas más directas) y, por supuesto, el club.

Ese tipo de vida hacía que se fomente dentro de cada futbolista en formación un sentido de pertenencia hacia el club, que era una especie de unión, de sentimiento muy fuerte entre el jugador y el club donde se formaba.

Hoy, como vimos, la sociedad ha cambiado y son muchos los atractivos y distracciones que ofrece, muchas veces lejos del fútbol. Es por esta preocupante realidad que los clubes deberían de tener dentro de sus programas, actividades orientadas a fomentar el tan importante sentido de pertenencia hacia ese club.

Luego de tantos años de trabajo en fútbol juvenil, pensamos que el sentido de pertenencia e identificación por una camiseta está ligado al sentido genuino de amateurismo y es el mejor estímulo para un futbolista. Es energía y "combustible invisible", difícil de cuantificar, que hace correr más metros, trabar más fuerte, seguir cuando sientes que el físico no da más. No es cierto que por el súper-profesionalismo ya no exista más, muchos de los chicos surgidos de las inferiores, que están jugando en la primera de sus clubes, son las muestras cabales de que sí existe, y ese sentimiento único se forja desde las etapas formativas juveniles.

Marcelo Bielsa se manifestaba hace poco sobre la importancia de que el futbolista profesional posea un sentimiento amateur: "El fútbol es un oficio que se ejerce con un componente amateur. Si el jugador no es muy amateur, no es un buen profesional".

Consideramos que las maneras para fomentar esa forma de sentimiento amateur es creando un ámbito formativo, donde la justicia y la honestidad estén presentes por sobre todas las cosas. Si el niño, primero, y el joven, después, perciben un contexto de injusticia y deshonestidad, difícilmente puedan identificarse con esa institución. La comunicación entrenador-futbolista juvenil y docente-alumno también es parte trascendental de eso.

Una forma de incentivarlo es por medio de la organización de charlas con futbolistas del plantel profesional surgidos de las divisiones inferiores del club. Es importante para escuchar experiencias e intensificar el sentido de pertenencia. Otros elemento que suma es la proyección de material audio-visual con mensajes relacionados a la identificación y la pertenencia a la institución.

Diego Simeone, en su libro "Partido a partido. Si se cree se puede", piensa sobre el tema del sentido de pertenencia: "El entrenador que llega a un club debe interesarse por la historia de la entidad. Debe respetar lo que ha sido tradicionalmente y a partir de esas señas de identidad, construir un proyecto. No puede ir contra la historia y sus raíces. Las características que han forjado su historia son sagradas, más allá de jugar en la institución donde una nace, es muy importante involucrarse como entrenador e involucrar a los futbolistas que dirijo en el club que me toca trabajar".

EL DESARRAIGO TEMPRANO DEL FUTBOLISTA EN FORMACIÓN: VIVIR EN EL CLUB

Dentro de este capítulo, donde nos referimos a educación y valores, nos pareció muy interesante y necesario trasmitir la realidad de cientos de chicos juveniles que, provenientes del interior del país, hacen un sacrificio enorme al dejar sus hogares y familias desde edades muy tempranas para trasladarse a vivir a las pensiones de los clubes donde son fichados.

Un alto porcentaje de los futbolistas juveniles que luego triunfan en Primera División llegan a los clubes de las grandes ciudades (Buenos Aires, Rosario, Córdoba, Santa Fe), desde pueblos y ciudades muy lejanas para intentar vivir del fútbol profesional.

Los clubes les ofrecen un lugar donde vivir, comer, estudiar y, por supuesto, formarse como personas y deportistas. Consideramos que estas estructuras deben contar con profesionales capacitados e idóneos, ya

que no sólo tendrán a cargo la formación deportiva, sino que también serán responsables del cuidado, estudio y formación humana en valores de ese pequeño deportista que, lejos sus seres queridos, intentará transitar el largo y difícil camino al profesionalismo.

Para entender cómo es esta realidad que los juveniles experimentan convocamos a un especialista en el tema, el licenciado en Educación Fernando Langenauer, un profesional altamente capacitado con experiencia en la coordinación y dirección de pensiones de fútbol, quien ha trabajado con nosotros y que desde hace tres temporadas es el responsable máximo de la pensión del Club Atlético Independiente de Argentina. El siguiente texto le pertenece.

*Por el licenciado en Educación Fernando Langenauer, director de la pensión de futbolistas juveniles del Club Atlético Independiente. También trabajó en la misma área en Vélez Sarsfield.

Las pensiones de fútbol son depresivas. Caminar por los pasillos de noche y escuchar adolescentes llorando detrás de las puertas es algo habitual. Almorzar un domingo en una pensión es triste, cabezas gachas, prácticamente en silencio, sólo se escucha el ruido de los cubiertos. Un día que culturalmente es familiar, ellos están solos. De lunes a sábados están llenos de actividades, entrenamiento, colegio, competencia. El domingo no hay nada y duele mucho, los domingos aparecen esas ganas de querer dejar todo y volver a tu pueblo.

¿Quienes viven en una pensión?

Las pensiones de fútbol están pensadas para futbolistas jóvenes del interior del país, que son reclutados en diferentes pruebas que se realizan en las provincias por captadores de los clubes. Las pruebas suelen realizarse en clubes del interior, algunas suelen ser generales y otras con chicos que ya fueron seleccionados por gente del club de origen del interior o por el interesado. En algunas ocasiones, hay pruebas en las que se presentan varios clubes, que son los que se disputan los mejores jugadores. Luego los futbolistas destacados vienen a probarse al club interesado y tras varios filtros se decide por sí o por no. Respondiendo la pregunta inicial, en las pensiones de los clubes viven los futbolistas del interior que el club considera destacados, haciendo una erogación de dinero muy grande en cada uno de ellos durante varios años, en su alimentación, vivienda y educación, con el anhelo de que alguno de esos chicos, llegue a jugar en la Primera división.

¿En qué momento está preparado un chico para estar dentro de una pensión?

Por lo general, los jóvenes ingresan en las pensiones en novena división (13-14 años, fase madurativa IV), siendo muy importante la estructura familiar que acompaña a ese chico. El primer año de pensión suele ser el más duro y difícil para la adaptación del adolescente. La novena división es el primer año de fútbol juvenil, pero también es cada vez más común que los clubes comiencen a traer futbolistas infantiles a realizar una adaptación previa, yendo varias veces al año a quedarse algunos días. En el último tiempo ya son varios los clubes que cuentan con futbolistas infantiles en sus pensiones de manera permanente, esto quiere decir que hay chicos de nueve, diez y once años de edad del interior del país viviendo en pensiones lejos de sus hogares.

Nos encontramos con chicos que vienen a vivir a las pensiones de los clubes, en busca de un sueño, jugar en la primera división. Ahora, ¿ese chico está preparado psíquicamente para vivir dentro de una pensión? La respuesta es no. El proceso de adaptación es duro y difícil, sobre todo en el primer año. Se extraña mucho a la familia y en ocasiones se suele pensar en dejar todo y volver a su provincia de origen.

Por lo general, la adaptación definitiva de un futbolista dentro de la pensión es en el segundo año, en edad de octava división (14-15 años), donde el chico ya tiene más claro los hábitos y costumbres del lugar. Además, ya tiene el registro de lo que tendrá que pasar a nivel emocional, algo desconocido cuando uno llega por primera vez a un club de fútbol.

Como nombramos anteriormente, el desarraigo de la familia y amigos suele ser lo más difícil para la adaptación de un chico a una pensión de fútbol. Esto se hace más duro si las pensiones están aisladas o alejadas de la vida social del club, y los pibes de la pensión no pueden compartir su día con otros actores que pertenecen a la diaria del club.

Por ejemplo, en la pensión de Independiente en Villa Dominico, por la tarde solo quedan los chicos de la pensión, las actividades del club se desarrollan en otras sedes. En Vélez y en Lanús, los chicos van al Polideportivo que están a cien metros de sus pensiones y pueden ver otras disciplinas y tener una vida social dentro del mismo club. Sumamos a la dificultad del desarraigo, el estar aislados.

Más allá del sueño de ser futbolista: ¿puede un chico de 13 años tener tan claro cuál va a ser su profesión?

Y si así lo fuera, ¿puede tener la seguridad a esa edad, de estar dispuesto a dejar, su casa, sus amigos y su familia por ese sueño que es hoy tan lejano? En la gran mayoría de los casos la respuesta es no.

Una persona que se dedica a cualquier otra profesión, por lo general, a los 17-18 años, cuando finaliza el secundario, comienza a pensar en la elección de su carrera. Muchos necesitan orientación vocacional y algunos cambian de carrera dos o tres veces, estamos hablando de una diferencia de cinco o seis años desde lo madurativo para tomar una decisión tan importante. En el caso del futbolista, muchas veces la misma estructura del fútbol, el entorno familiar y el deseo o sueño de un joven, que tiene un hobby que le gusta, le apasiona y ama, hacen que esa decisión tan importante, que debe tener un proceso lógico de reflexión y de trabajo, se tome en poco tiempo y muchas veces a las apuradas.

Por supuesto que nada de esto es gratuito, el chico sufre en la pensión, extraña en todo momento su hogar y los bajones de ánimo están a la orden del día. Teniendo en cuenta que la temporada deportiva comienza a mediados de enero (dos meses de pre-temporada) y culmina a principios de diciembre, hemos detectado tres momentos en el año que son críticos para un futbolista de pensión.

Primer momento: Fin de mayo, principio de junio

Los futbolistas ingresan a la pensión a mediados de enero, a realizar la pretemporada luego del receso de vacaciones. Son varios los meses que pasaron desde aquel momento y empiezan a experimentar un bajón anímico, el frío del invierno pega fuerte, el ritmo de la jornada diaria se hace muy extenso y todo esto se agrava si en la competencia el futbolista no juega o se encuentra lesionado. En muchos casos, varios de estos chicos sólo han ido a su casa durante el fin de semana largo de Semana Santa. Algunos, por temas económicos, no han podido hacerlo, lo que significa que no pudieron ver a su familia durante cuatro meses. Aquí comienza el primer momento crítico del año, que requiere intervención de los profesionales a cargo y puede traer las primeras bajas.

Segundo momento: Septiembre

El año está a poco de llegar a su fin, se hace difícil sostener todas las responsabilidades que implica estar en una pensión. Son momentos de definiciones en lo escolar, donde en ese momento se empieza a vislumbrar el panorama de si pasa de año o no. Desde lo futbolístico, es posible que su equipo ya no esté peleando por nada a nivel competencia, lo cual hace que para el futbolista destacado, por el que el club esté haciendo una inversión, sea difícil de llevar adelante. El chico sabe muy bien que su responsabilidad, al estar en pensión, es mayor que la del resto de los jugadores, eso hace que le genere temor por su continuidad.

Tercer momento: Mediados de noviembre

El año está a punto de finalizar, las energías disminuyen, nos encontramos en la etapa más importante de definiciones, en cuanto a lo escolar y lo futbolístico, donde la palabra quedar libre del club es la que causa mayor temor.

En cualquiera de estos tres momentos del año, el futbolista está más expuesto a estar involucrado en situaciones de conflicto. Esto puede darse, en la convivencia en la pensión, en el vestuario, en la escuela, el entrenamiento o la competencia. Suele ser común que las reacciones sean en cadena, por ejemplo: el mismo futbolista que estuvo involucrado en una gresca en la escuela y tuvo alguna dificultad disciplinaria dentro de la pensión, es muy posible que sea expulsado durante la jornada de competencia.

Aspectos escolares y culturales

De las cosas más difíciles de lograr en futbolistas de pensión es el tema escolar. El jugador juvenil viene de su provincia con el sueño de jugar al fútbol y normalmente no tiene mucho interés en el estudio. Sabe que es obligatorio, que lo tiene que hacer, pero no le importa. Transgrede de manera permanente las normas, suele buscar cualquier excusa para faltar al colegio y buscará de cualquier forma la manera de no entrar al establecimiento educativo.

Es necesario que la estructura de la pensión tenga un cuerpo docente que estimule el estudio y que pueda estar cerca del jugador, de lo contrario es casi imposible que el futbolista estudie. Un futbolista que se forma, lee y estudia, tiene más posibilidades de resolver situaciones problemáticas: en la convivencia, en el día a día en la pensión, en el entrenamiento, en sus vínculos y mismo las situaciones a resolver que se presenten dentro de un partido.

Por otro lado, es fundamental acostumbrarse a formar personas, que sean grandes seres humanos, con buenos hábitos y valores. Hay que tener en cuenta que los clubes tienen una responsabilidad civil. La formación que reciba ese chico durante sus años en divisiones inferiores

será de vital importancia en el transcurso de su vida. Nadie le asegura a un joven futbolista, residente de pensión, que va a jugar en Primera División.

Un día en la pensión, estructura ideal de una pensión de fútbol

El futbolista se entrena tres horas por día, las otras 21 horas está cargo del equipo de profesionales de la pensión, salvo cuando asiste a la escuela. Creemos fundamental la realización de actividades culturales, salidas recreativas y charlas vinculadas al deporte y las filosofías de liderazgo, que se desprenden de la competencia de alto rendimiento, viéndolo como un aspecto vital en el desarrollo cognitivo de los futbolistas.

Los días de un futbolista pensionado suelen ser mucho más extensos que el de personas adultas que cumplen un régimen laboral. El día comienza aproximadamente a las 6.45, para desayunar a las 7-7.30 horas y, según la edad, ir a la escuela o al entrenamiento. Alrededor de las 12 horas vuelven a encontrarse a la pensión para almorzar y luego cambiarse. Quienes fueron a entrenar por la mañana irán al colegio por la tarde y viceversa, invirtiendo los roles. Luego vuelven a encontrarse una vez finalizada la actividad escolar y los entrenamientos, para merendar en el club a las 17.30-18 horas y luego de ello tener tiempo para el espacio de estudio.

Según el caso de cada pensión, podemos encontrarnos con estructuras preparadas para lo académico, con apoyo escolar, o con estructuras menos profesionalizadas, con algún voluntario que da una mano para que los chicos estudien, o estructuras más precarias en donde no hay nadie para ayudarlos.

Entre las 20-20.30, vuelven a reunirse todos para la cena, y entre las 22.30-23 deberían estar todos en sus habitaciones con las luces apagadas para el tan necesario descanso. La jornada promedio de un futbolista de pensión es de 13-14 horas de actividad permanente, lo cual es superior a un adulto con un trabajo full time.

Cada club tiene una pensión en las medidas de sus posibilidades y su decisión de apostar a la formación de los futbolistas juveniles. Hay instituciones deportivas que tienen acompañantes al cuidado de los jugadores, por ejemplo. En otros clubes, el cuidado está a cargo de personas de la seguridad.

Si los encargados de las pensiones de los clubes no son personas profesionales y preparadas, se corre el riesgo de que la estadía y el se-

guimiento de esos jóvenes futbolistas no sea el adecuado y ese chico termine queriéndose ir.

Las bases fundamentales para una pensión ideal son: un lugar digno y ameno para vivir, que pueda tener las comodidades básicas que un adolescente necesita; que la alimentación sea acorde a la dieta de un futbolista de alto rendimiento, y que esté supervisada por un nutricionista. Por otro lado, es importante que las 24 horas de los siete días de la semana haya siempre profesionales idóneos a cargo de los chicos que estén en la pensión. En cualquier momento del día puede surgir la necesidad de alguna intervención y esa persona debe estar preparada.

Como ideal, en toda estructura debería haber una coordinadora de estudios, que haga las veces de tutora académica, haciendo un seguimiento en las escuelas y organizando el espacio de estudio. Esta tutora será un poco como la segunda madre de estos chicos, que están tan lejos de sus afectos. Tendrá una comunicación permanente con las familias y, entre tantos directores técnicos, será la contención femenina del espacio. Es un rol fundamental, ideal para una pensión de fútbol.

La estructura académica ideal, debería estar acompañada de profesores particulares, en el mejor de los casos, de las cuatro materias más difíciles: Matemática, Lengua, Inglés y Físico- Química.

Es importante que haya un gabinete psicológico que esté a disposición de los jugadores, psicólogos especializados en psicología del deporte, pero que a la vez estén abocado en el trabajo con adolescentes. Las intervenciones son permanentes, hay mucha necesidad de los jóvenes futbolistas de contar con ese espacio, que ellos mismos demandan y donde acuden voluntariamente.

Como nombramos al principio, las pensiones son depresivas, por lo que debería haber un encargado de recreación que se ocupe de generar de manera permanente actividades para que los jugadores disfruten y se diviertan, que los jugadores se rían, tan simple y tan difícil como eso. Esa persona debería estar a cargo de organizar las salidas los fines de semana, distintos espacios recreativos y los cumpleaños de los jugadores. Es una fecha muy dura para estar lejos de la gente que uno quiere y las pensiones de los clubes tienen que asegurar que el chico lo pase lo mejor posible en su día.

En el esquema ideal, también debería haber coordinadores encargados de turno: mañana, tarde y noche. En lo posible, ese rol debería estar cubierto por alguien que tenga alguna relación con el fútbol, pero que también se haya formado y estudiado en Educación Física o alguna carrera afín a lo educativo.

Y por último, debe haber un coordinador general de pensión que esté a cargo de toda esta estructura, que tenga comunicación permanente con el coordinador general de fútbol amateur, con los técnicos y los preparadores físicos de las categorías. Al mismo tiempo, necesita estar en contacto en todo momento con las familias de los jugadores y con los encargados de captación que acercaron a esos chicos al club. Un profesional que, además de coordinar, sea un nexo permanente de la comunicación entre todos estos actores y los dirigentes del club. Solo así se podrá optimizar y estar informado del día a día del jugador en el club. Si un jugador es cuidado, contenido, estimulado, educado y formado, tendrá muchas más herramientas para defenderse en la vida, llegue o no a ser futbolista de Primera División.

BIBLIOGRAFÍA

Anselmi, Juan Cruz y Borrelli, Enrique. (2015) *Proceso formativo del futbolista infantil y juvenil hasta el fútbol profesional*. Buenos Aires: LIBROFUTBOL.com.

Bangsbo, Jens. (1996) *Aerobic and anaerobic training in soccer*. Noruega: Stormtryk

Bangsbo, Jens. (1994) *Fitness training in soccer*. Estados Unidos: Reedswain Incorporated

Bangsbo, Jens. (1993) *La fisiología del fútbol*. Barcelona: Paidotribo.

Bosco, Carmelo. (1990)*Aspetti fisiologici della preparazione física del calciatore*. Italia: Stampa Sportiva.

Bosco, Carmelo. (1992) *La valutazione della forza con il test di Bosco*. Italia: Stampa Sportiva.

Bosco, Carmelo. (2002) *La forza muscolare, aspetti fisiologici e applicazioni pratiche*. Italia: Stampa Sportiva.

Cannavacciuolo, Fausto e Filippo. (2000) *Calcio, Il sistema de la forza veloce*. Italia: Calzetti Mariucci.

Cometti, Gilles. (1995) *Calcio e potenzamento muscolare*. Italia: Calzetti Mariucci.

Cometti, Gilles. (2002) *L'allenamento della velocita*. Italia: Stampa Sportiva.

D'Ottavio, Stefano. (2003*) La prestazione del giovane calciatore*. Italia: Junior Edizioni.

D'Ottavio, Stefano. (2000) *Young Coach Educator*. Italia.

D'Ottavio, Stefano. (1998) *Didattica del calcio*. Italia.

D'Ottavio, Stefano. (2008) *Guida Tecnica per le scuole di calcio*. Italia.

Federación Alemana de Fútbol. (2014) *Talente Fordern und Fordern*. Alemania: Grin Publishing

Federazione Italiana Giuoco Calcio. (2004) Guida Tecnica per le scuole di calcio. Italia.

García Manso, Navarro Valdivieso, Ruiz Caballero. (1996) "*Planificación del Entrenamiento Deportivo*. Madrid: Gymnos.

Griffa, Jorge. (2001) *39 años en Divisiones Inferiores*. Buenos Aires: Continente.

Lucarelli, Marco. (2009) *Lavorare e programmare ad alto livello nei dilettanti*. Italia: Calzetti Mariucci.

Mallo, Javi. (2013) *La preparación física para el fútbol basada en el juego*. España: Fútbol del Libro.

Maxwell, John C. (2007)*El talento nunca es suficiente*. Estados Unidos: Grupo Nelson.

Meinel, K. (1984) *Teoría del movimiento*. Habana: Editorial Orbe.

Roticiani, Sergio. (2000) *Young Coach Educator.*

Roticiani, Sergio. (2008) *Guida Tecnica per le scuole di calcio.*

Simeone, Diego. (2014) *Partido a partido. Si se cree se puede*. Barcelona: Platadorma Editorial.

Tell, Massimo. (2000) *Young Coach Educator.*

Tell, Massimo. (2008) *Guida Tecnica per le scuole di calcio.*

Rocca, Antonio. (2000) *Young Coach Educator.*

Valdano, Jorge. (2013) *Los 11 poderes del líder.* Argentina: Conecta.

Verkhoshansky, Yuri. (2003) *Conferencia sobre entrenamiento deportes colectivos*. Barcelona: Paidotribo.

Verkhoshansky, Yury. (1997) *Mezzi e método per l'allenamento della forza esplosiva* . Italia: Stampa Sportiva.

Weineck, Erlangen. (1989) *El entrenamiento físico del futbolista*. Barcelona: Paidotribo.

AGRADECIMIENTOS Y DEDICATORIAS DE LOS AUTORES

El deporte me enseñó que nada se consigue por sí solo, por eso es un momento en el que quiero agradecer:

A mis compañeros de trabajo y futbolistas con los que compartí estos casi veinte años de fútbol y que, en cada entrenamiento, competencia y viaje, me hicieron crecer como profesional.

A todos aquellos lectores de Argentina y Latinoamérica que confiaron en el primer libro Proceso formativo del futbolista infantil y juvenil hasta el fútbol profesional y que gracias a esa fantástica repercusión hicieron posible este segundo libro.

A mis colegas y amigos de la Federación Italiana de Fútbol, que me recibieron como un italiano más en varios de mis viajes por Europa, en experiencias que fueron para mí de un aprendizaje profesional increíble; en especial a mi amigo, el profesor Massimo Tell, quien me albergó en más de una ocasión en su casa de Roma, mi segunda ciudad después de Buenos Aires.

A mi gran amigo Manfred Hobohm, quien me abrió las puertas de su casa en Leverkusen, Alemania, las veces que estuve en ese tan hermoso país, donde conocí una organización de fútbol realmente envidiable.

Al profesor Raúl Garrandés, por su ejemplo de vida y también por iniciarme en este camino del fútbol.

Al "Nene" Manuel Magán, una de las personas con más convicción y honestidad que conocí en el fútbol y en la vida, quien confió en mí y me permitió trabajar y progresar en un ámbito de trabajo decente y digno.

Al "Maestro" Jorge Bernardo Griffa, por el prólogo que nos regaló y por sobre todo por esos dos años que compartimos trabajando juntos, en una relación casi paternal, con largas charlas enriquecedoras que fueron una enseñanza invalorable e inolvidable para mí.

Por último, quiero dedicar este libro a la persona que más amo en este mundo, mi hija Lara.

Juan Cruz Anselmi

A todos los futbolistas que han pasado por mis manos a lo largo de estos veintiséis años, ellos me han obligado a crecer día a día.

A mi mujer Mónica y a mis hijos Victoria y Tomás, por todo el tiempo que les he quitado.

Enrique Ezequiel Borrelli

SOBRE LOS AUTORES

JUAN CRUZ ANSELMI

Entrenó al fútbol infantil y juvenil de Independiente (1999 a 2001 y 2005 a 2016), San Lorenzo (2002 a 2005) y Argentinos Juniors (desde 2017).

Creador del Test TRENM (Test Resistencia a Esfuerzos Neuromusculares Máximos) y del "Modelo dinámico sostenido". Es docente de ATFA e instructor de la CONMEBOL. Ha disertado en diferentes cursos y congresos internacionales.

ENRIQUE BORRELLI

Fue futbolista de Chacarita, River, Racing e Instituto. Se desempeñó como Coordinador General del fútbol juvenil de Chacarita (1991 a 2005), Independiente (2005 a 2013) y Argentinos Juniors (desde 2016).

En 2014 fundó el Centro de Entrenamiento Deportivo "Neuro-Fútbol". Es Director de la escuela de ATFA (sede River Plate) e instructor de la CONMEBOL.

www.ingramcontent.com/pod-product-compliance
Ingram Content Group UK Ltd.
Pitfield, Milton Keynes, MK11 3LW, UK
UKHW021905190726
13853UKWH00002B/524

9 789873 979408